易迁安置区域的治理
与发展研究

谭志松　胡孝红　等　著

以恩施州
实地调查为例

社会科学文献出版社
SOCIAL SCIENCES ACADEMIC PRESS (CHINA)

《易迁安置区域的治理与发展研究》课题组

课题组组长

谭志松　三峡大学二级教授、博士、博导，享受国务院政府特殊津贴专家；湖北省人文社科重点研究基地三峡大学区域社会管理创新与发展研究中心学术委员会主任

课题组成员

胡孝红　三峡大学三级教授、博士、硕导，湖北省人文社科重点研究基地三峡大学区域社会管理创新与发展研究中心主任

邓莹辉　三峡大学三级教授、博士、博导，湖北省人文社科重点研究基地三峡大学区域社会管理创新与发展研究中心副主任、研究员

时胜利　三峡大学副教授、博士、硕导，湖北省人文社科重点研究基地三峡大学区域社会管理创新与发展研究中心研究员

覃美洲　三峡大学副教授、硕士、硕导，湖北省人文社科重点研究基地三峡大学区域社会管理创新与发展研究中心副主任、研究员

骆东平　　三峡大学三级教授、博导，湖北省人文社科重点研究基地三峡大学区域社会管理创新与发展研究中心研究员

潘大礼　　三峡大学教授、博士、硕导，湖北省人文社科重点研究基地三峡大学区域社会管理创新与发展研究中心研究员

谭　瑜　　中南民族大学副教授、博士后、硕导，湖北省人文社科重点研究基地三峡大学区域社会管理创新与发展研究中心兼职研究员

参与部分调研和资料整理及撰写等工作的人员

黄　丽　　张海龙　　林　畅　　黎小兰　　杨　梓
张楚茜　　田　莉　　朱晓薇　　张弋明

目 录 CONTENTS

CONTENTS

第一章 绪 论

谭志松

2021 年 2 月 25 日，习近平总书记在全国脱贫攻坚总结表彰大会上庄严宣告："我国脱贫攻坚战取得了全面胜利，现行标准下 9899 万农村贫困人口全面脱贫，832 个贫困县全部摘帽，12.8 万个贫困村全部出列，区域性整体贫困得到解决，完成了消除绝对贫困的艰巨任务，创造了又一个彪炳史册的人间奇迹！"这标志着中国全面建成小康社会。中国特色社会主义建设进入新时代，迈向新征程，向着建设社会主义现代化强国目标前进！在这场史无前例的伟大反贫困斗争中，地处全国 14 个连片特困地区之一的武陵山连片特困地区的恩施土家族苗族自治州，在党的坚强领导下，经全州各族人民团结奋斗也如期脱贫，随着全国人民一道迈入小康社会，向着更大目标前进。

恩施土家族苗族自治州于 1983 年 8 月设立，原名鄂西土家族苗族自治州（1993 年 4 月改名为恩施土家族苗族自治州，以下简称"恩施自治州"），是湖北省唯一的少数民族自治州。40 多年来恩施自治州的建设发展一直得到党中央和湖北省委的高度重视与大力支持。1984 年 4 月，时任中共中央总书记胡耀邦来恩施自治州考察（当时随同来恩施州考察的中央领导还有乔石同志、胡锦涛同志等）时提出，要把鄂西建设成为一个最先进的自治州，这给了恩施自治州人民极大的鼓舞。党的十八大以来，以习近平同志为核心的党中央把脱贫攻坚作为实现第一个百年奋斗目标的重点任务，做出了一系列重大部署和安排，多名党和国家领导人先后视察恩施自治州，历任湖北省委书记、省长等领导同志也先后多次到恩施自治州调研指导，为恩施自治州的脱贫攻坚注入不竭动力。与此同时，党中央、国务院与湖北省委、省政府出台了一系列扶贫政策，这些政策极大地惠及恩施自治州，使其快速健康发展。

一 恩施自治州易迁安置区域的基本状态

所谓易迁是"易地扶贫搬迁"的简称，是在易地扶贫搬迁实践探索中，干部群众的一种习惯表述，简便且清晰。在脱贫攻坚战打响前，恩施自治州所辖的 8 个县（市）均为国定贫困县，2013 年建档立卡贫困人口为 109 万人、贫困村有 729 个，贫困发生率为 30.6%，贫困人口规模占湖北省的 1/5，属于典型的全域贫困山区、老区和少数民族地区，是湖北省脱贫攻坚的主战场。

由于恩施自治州地理环境恶劣，这些贫困人口中还有不少居住在"一方水土养不起一方人"的地方。这是该州脱贫攻坚最关键、最艰难的瓶颈。随着国家"五个一批"扶贫攻坚工程之一的"易地扶贫搬迁"工程的实施，恩施自治州坚决贯彻习近平总书记关于易地扶贫搬迁的重要指示精神，根据湖北省委、省政府《关于全力推进精准扶贫精准脱贫的决定》的要求，秉持群众自愿、积极稳妥的方针，对居住在"一方水土养不起一方人"地方的建档立卡贫困人口实施易地搬迁。在这场伟大的搬迁工程中政府加大了投入力度，创新投资模式和组织方式，完善相关后续扶持政策，强化搬迁成效监督考核，重点落实了 7.28 万户 24.28 万建档立卡贫困人口的易地搬迁任务（占湖北省易地搬迁总任务的 27%）。在搬迁过程中，其中一部分村民在本村就近按户分散搬迁安置（简称"分散安置"）；另外一部分村民被易地集中安置，即由政府根据需要跨村或跨乡镇选定一个适宜居住生活的地方，按标准统一由政府建设单元式楼房，在贫困户自愿的情况下将其统一搬迁到安置楼房中，这样就将分散在不同地方的贫困户集中到统一的安置楼房中，形成新的群体，该群体通常被称为"易迁群体"、"易迁户"或"安置群体"等，这类新形成的社区被称为"易迁社区"、"易迁小区"、"安置社区"、"安置点"或"安置小区"等（关于"易迁群体"与新成立的社区在各地调研材料中表述不一，且随着安置点的发展，有些安置点已成为社区或小区等，本书依行文需要而选择表述方式，达意即可）。

在这场易地扶贫搬迁工程中，全州形成了1425个集中安置点，总共安置24.48万人。集中安置率为71%，其中建成容纳3000人以上的集中安置点3个，建成容纳800（含）~1000人的易迁集中安置点33个。另外，还有容纳1000人及以上的安置点16个（成为社区的10个），设置134个村（居）民小组。① 所以从整体来看，易地扶贫搬迁工程的实施不仅使全州乡村地区增加了多个易迁社区，而且改变了迁入乡村（城镇社区）的人口及其社会结构。这对安置地区的治理和发展提出了新的挑战。所以，关注易迁安置区域的治理和发展，必将对全州社会治理与发展产生积极的推动作用，也会对全州乡村振兴战略的实施产生积极的影响。

二 选题立项及其意义

（一）选题立项

2020年，湖北省人文社科重点研究基地——三峡大学区域社会管理创新与发展研究中心（以下简称"三峡大学社管中心"）的团队在完成武陵民族自治地方精准扶贫调查课题研究之后，由笔者提出，以三峡大学社管中心研究人员为主体，对武陵民族地区易地扶贫搬迁安置社区的治理与发展情况进行研究。经三峡大学社管中心学术委员会和中心领导研究，该课题被确定为"社管中心2020年度开放基金重大委托项目课

---

① 材料来源于2022年11月22日，恩施州乡村振兴局局长代表恩施州在全省易地扶贫搬迁后续扶持工作会上作的经验交流发言稿。

题"，并予以立项。课题名称为"武陵民族地区易地扶贫安置社区的社会治理研究"，由于受疫情等因素影响，实地调研困难重重，后经三峡大学社管中心研究同意，将实地调查范围限定在恩施自治州和湖南的龙山县与重庆的黔江区（原来的四川黔江土家族苗族自治县），课题遂调整为"易迁安置区域的治理与发展研究"。

（二）选题的意义

将易迁群体搬迁（一种嵌入式搬迁）到一个新的乡村或城镇（我们称之为迁入地），使得迁入地结构发生变化而形成新格局。首先，嵌入的易迁群体作为陌生人群体，要与迁入地原有村（居）民构成新的更大的陌生人群体。由于实际生活的需要，这些易迁群众在开启全新生活时，需要适应新的生活方式、新的人群和自然环境与文化环境等，更需要建立新的安全感和归属感。其次，原有村（居）民需要有一种良好的接纳陌生群体进入并与其共同生活的心态和包容心理。因此，对此类易迁安置区域的社会治理和发展研究包括多方面内容：一是如何将这个安置区域建设成和谐的乡村或社区，形成新型乡镇社会。二是由于这些区域的人员结构、文化结构、社会活动、生产生活资源等发生了重大变化，这些区域的社会建设和社会治理显得更为复杂，传统的管理方式已不适用，需要创新。三是安置区域要想探索新的发展路径，以巩固脱贫成果，全面推进乡村振兴战略的实施，就必须加快乡镇产业发展步伐，促进易迁群体创业就业，增加其收入等。四是加强易迁安置区域的社会治理研究，包括对社区安全治理、社区自我治理、社区道德教化和提高法治意识以及提升社区居民（村民）文明思想素质和内生动力等的研究，以提高安置区域新型乡镇社会治理现代化水平。以建设人们向往追求的幸福美好乡村为目标，让安置区域的每一步发展成果都惠及全体易迁群体。用成就凝聚人心，大力推进乡村振兴。

三　课题研究执行

（一）调查研究的组织架构

本课题以实地调查为主，由笔者编制总课题提纲、集中调查提纲、资料收集提纲以及访谈提纲；各专题负责人根据总课题提纲，结合自己负责的专题编制各专题的调查提纲。本课题采取集中实地调研与分地区调研，总课题调研与专题调研相结合的方法，总课题调研由笔者负责组织联系安排，各专题调研由专题负责人负责组织联系安排，笔者给予必要的相关支持，以保证各调研顺利进行。整个课题组设课题学术秘书一人，由时胜利博士兼任，负责调研具体联络和协调，以及资料收集和整理工作；设课题行政秘书一人，由覃美洲副教授兼任，负责课题调研的行政和后勤工作安排，以及经费账目管理、交通和生活组织安排工作。

（二）实地调查的思路与方式

除了按学术规范程序调研外，本课题组成员还不定期与当地乡镇干部讨论座谈，跟踪总结和探索改进安置地区的治理和发展的策略和措施。课题组的调查研究从四个层面进行：一是对自治州、县（市）两级党委政府的规划、政策、机制的制定依据进行研究，并对各类政策形成过程以及督查落实验收标准的制定和运行方式及过程的科学性、可行性和可持续性等方面进行考察和研究。二是对县（市）级党委政府职能部门在发挥作用和各部门之间的协调性、凝聚力以及处理事务公正性方面进行考察。三是考察乡镇及其村（社区）相关部门在易地扶贫搬迁过程中发挥的作用，特别是关注其在执行相关政策过程中的精准性、公正性、公开性以及合理合情性，并考察党的群众观念在村（居）民中所形成的正向影响。四是注重考察易迁群体在获得感、幸福感和安全感提升上的实际情况，特别关注易迁群体在"归属感"和"责任感"方面的状况，这是因为归属感是安定易迁群体的基础，易迁群体的安全感和归属感越强，其稳定程度就越高；有了较强的归属感，易迁群体才有信心从外来人变成当地人，从而达到易迁群体"搬得出、留得住、能发展"目的，所以，"归属感"也是我们的考察点之一。此外，"责任感"是指易迁群体应该具有两方面的责任：一方面是自主发展的责任感，即通过易地扶贫搬迁工程和"扶志和扶智"教育活动，让易迁群体认识到，巩固脱贫和走上致富路是自己的事，不能总依赖政府的扶持，要走自力更生、艰苦奋斗、自己劳动获得财富的道路；丢掉依赖性和幻想，强化靠自己劳动致富的思想和精神。另一方面是以主人翁的意识与积极的心态参与安置区域的治理创新活动，在易迁安置区域各种公共事务中发挥其自觉性和创造性；积极参与就业创业活动，易迁群体要从安置区域治理和发展的边缘走向中心，逐步成为易迁安置区域治理和发展的贡献者和维护者，并以易迁安置区域的治理与发展进步、和谐与美丽而自豪。易迁群体的"责任感"是实现村（居）民自治的内生动力和重要源泉。所以，易迁群体的"责任感"也是课题调研的重要考察点之一。

三年来，本课题组开展集中大规模团队实地调研 10 次，各类小规模调研总共 20 次，深入自治州直属相关单位、各县（市）的相关部门、相关乡镇、相关乡村和集镇社区，建立了 6 个研究基地。调研了恩施自治州及州直相关部门、所辖 8 县（市）以及周边的重庆黔江区和湖南龙山县。通过各种座谈调研会，本课题组收集了第一手相关资料和直接访谈资料，并整理成 22 卷本 660 余万字的资料汇编。完成各专题研究报告 7 个，总共 40 余万字。各研究报告经过笔者审阅并分别提出过修改意见和建议，再经专题负责人根据修改意见修改完成，经审查，各专题研究完成结题。各专题还发表相关学术论文共 8 篇，其中一名课题组成员出席全国学术会议，并作学术报告。

（三）本书的主要创新点

一是内容布局具有较强的系统性和结构性。虽然本书是由七个专题构成的整体，但纵向上由三个部分组成：搬迁与安置、治理与发展、巩固与振兴。这三个部分系统全面地反映了自恩施自治州脱贫攻坚战打响以来，从易地扶贫搬迁安置到安置区域的治理探索，再到巩固脱贫成果衔接乡村振兴战略实施三个阶段的过程和经验。从横向来看，本书内容包括易迁的理念与安置的机制、治理创新、文化发展、经济发展、土地与产权制度改革、乡村振兴探索、党建引领等。

二是对每个专题所研究的问题提出了比较准确好用的解决办法或模式。如概括提出"两个融入"的易迁安置实施思想，概括提出 3 种易迁类型，5 种嵌入融合管理体制机制（第二章），易迁社区治理模式的创新（第三章），文化软实力助力易迁社区治理的经验模式（第四章），易迁社区"易迁＋"多维经济发展模式（第六章），以及易迁农民土地权益和各类投资产权制度改革建议（第七章），此外，还研究了脱贫乡村实施乡村振兴战略的"一统三合"实践探索模式（第八章）。这些经验和模式将持续有效推进易迁安置区域的经济社会发展。

三是强化了党建引领在易地扶贫搬迁工程中的政治保障和组织保障地位与作用（第五章专论及相关章节都有具体经验模式），确保了易迁安置区域各项治理工作的持续完善，并将进一步推动易迁安置区域的高质量发展。

四是坚持了"实事求是"的调研作风，把总结出来的经验和模式以及相关的重要观点公布出来，与当地干部群众及时交流形成共识。这样做，既是对研究成果的验证，可进一步提升结论的可靠性，也是对经验和成果的宣讲与推介，有利于研究成果的推广与应用。

第二章　搬迁与融入

——恩施州易迁扶贫安置的创新实践

谭志松　谭　瑜

摘　要：恩施州作为国家级全域性贫困地区，在党中央、湖北省委的坚强领导下，在脱贫攻坚战中充分利用"易地扶贫搬迁"工程实施机遇，解决了居住在"一方水土养不起一方人"地方的贫困群众的脱贫问题。为恩施州按时全面实现脱贫目标，发挥了关键性的作用。同时，广大干部群众在艰苦卓绝的反贫困斗争中，创造了具有恩施州特色的经验。恩施州用"以村域为单元本村集中""以乡镇区域为单元跨村集中""以县（市）域为单元跨乡镇集中"3种集中安置搬迁方式，顺利完成易地扶贫搬迁7.28万户24.28万人的任务；用"区—村"嵌入、"区—居"嵌入、"区—区"嵌入、"区—城"嵌入和"区—乡"嵌入5种嵌入融合管理体制实现了对安置群众的集中管理。同时，将"两个融入"思想贯穿易迁扶贫搬迁工程始终，逐步提升了安置群众在安置社区中的归属感和责任感，助力安置目标的全面实现，并在恩施州的大山深处呈现1425个村中"星城"的壮丽图景。

关键词：恩施州　易迁安置　实践创新

2020年，中国脱贫攻坚战取得了全面胜利，完成了消除绝对贫困的艰巨任务，创造了又一个彪炳史册的人间奇迹。这是全国各族人民在中国共产党领导下团结一心、共同奋斗，取得的又一伟大成就。在这场伟大的脱贫攻坚战中，"易地扶贫搬迁"工程的实施打通了全面脱贫的"最后一公里"，帮助近千万居住在极度恶劣环境中的特困人口摆脱了贫困，同全国人民一道迈入小康社会。作为全域性贫困的恩施自治州（以下简称"恩施州"）同样在"易地扶贫搬迁"工程实施中，做出了艰苦卓绝的实践探索，创造了拥有自己特色的脱贫经验和精神。本章将集中讨论恩施州易地搬迁和安置问题，它是本书的一个重要基础。

第一节 "易地扶贫搬迁"工程的提出及意义

一 "易地扶贫搬迁"工程的提出

为完成全面建成小康社会的伟大壮举，2015年11月召开的中央扶贫开发工作会议提出了脱贫攻坚的"五个一批"工程，即"发展生产脱贫一批、易地扶贫搬迁脱贫一批、生态补偿脱贫一批、发展教育脱贫一批、社会保障兜底脱贫一批"。这为推动脱贫攻坚和精准扶贫指明了方向，也为脱贫攻坚提供了有效路径和有力战略措施。在实践探索中，"易地扶贫搬迁脱贫"工程的实施发挥了重要作用，并对特困地区的贫困户脱贫和推进乡村城镇化发展具有重要的历史意义和现实意义。

"易地扶贫搬迁"指一些特殊贫困户通过易地搬迁到另一个有利于生存发展的地方实现脱贫。在实际工作中，一般将"易地扶贫搬迁"简称为"易迁"。易地扶贫搬迁安置包括易地搬迁分散安置和易地搬迁集中安置两种方式。分散安置是依托安置区域已有公共设施、空置房屋等资源，由当地政府采取回购空置房屋、配置耕地等方式对安置群众进行安置，或者由安置群众自主选择进城务工、投靠亲友等。分散安置基本没有改变乡村的社会结构，原有的管理体制机制以及原住村民拥有的生产生活资料都没有发生大的变化，安置群众需要在政府帮助和支持下实现搬迁脱贫，并与原住村民一道脱贫发展。

二 易地扶贫搬迁的阶段

易地扶贫搬迁作为脱贫攻坚的一项重要工程，经历了不同的阶段。最早可以追溯到 1983 年国家在部分地方实施的"三西"扶贫开发计划。"三西"指甘肃省的定西市、河西地区和宁夏的西海固地区。"三西"扶贫开发计划的实施有两大特点：一是易地搬迁开发，二是因地制宜发展特色农业。随后，20 世纪 80 年代至 90 年代中期，国家在广西部分地区实施类似脱贫措施，这个时期对易地扶贫的表述是"异地扶贫"[1]，但其内涵与现在的"易地扶贫搬迁"基本一致。20 世纪 90 年代末至 21 世纪初，易地扶贫搬迁模式逐渐推广开来。2001 年，国家发改委安排专项资金，在全国范围内组织开展易地扶贫搬迁试点工程。[2] 2015 年 10 月，习近平总书记在减贫与发展高层论坛上明确指出易地扶贫搬迁的重要地位。随后国家将"易地扶贫搬迁"作为脱贫攻坚"五个一批"工程之一在全国正式实施。在实践过程中，研究政策的学者们也把扶贫搬迁的群体表述为扶贫移民或安置移民。[3]

实际上，从我国脱贫攻坚的历程来看，我国实施易地扶贫搬迁工程与部分地区恶劣的生态环境有关，是恶劣的生存环境迫使这些地区不得不采取"移民"的方式解决部分贫困人口的脱贫问题。有关数据显示，1978 年我国贫困人口有 2.5 亿人[4]，到 2016 年降为 4335 万人[5]。随着贫困人口总量的不断减少，剩余农村贫困人口多集中在环境极端恶劣地区。[6] 特别是

---

① 杨柳：《特困地区异地安置效果好——凌云县异地安置扶贫试点的调查》，《广西农村经济》1994 年第 5 期。
② 马明、仇旭辉等：《宁夏实施国家易地扶贫搬迁试点工程初步设想》，《市场经济研究》2002 年第 2 期。
③ 陆汉文、覃志敏：《我国扶贫移民政策的演变与发展趋势》，《贵州社会科学》2015 年第 5 期。
④ 国家统计局农村社会经济调查总队：《中国农村贫困监测报告 2000》，中国统计出版社，2000。
⑤ 中华人民共和国国家统计局：《中华人民共和国 2016 年国民经济和社会发展统计公报》。
⑥ 许源源、熊瑛：《易地扶贫搬迁研究述评》，《西北农林科技大学学报》（社会科学版）2018 年第 3 期。

在全面建成小康社会的收官阶段，近 1000 万贫困人口居住在深山、高寒、荒漠化、水土流失严重等生态环境恶劣、不具备基本发展条件地区，这些贫困人口的脱贫任务更加艰巨。[①] 对此，易地扶贫搬迁工程的实施解决了根本性问题，助力实现全面建成小康社会的宏伟目标。

三　易地扶贫搬迁集中安置及其安置社区

易地扶贫搬迁集中安置指为解决居住在生存环境恶劣地区的建档立卡贫困户的生存和发展问题，由各级政府主导，在条件较好的地区投资建设满足安置群众生产生活需要的集中安置房，将一部分建档立卡贫困户集中安置在这些统建的地方。我们统一称这样的集中安置地区为"安置区"（在当地，甚至一些县、乡镇、村及村民也有一些习惯上的简称，如"易迁点"或"安置点"）或"易迁社区""易迁小区""安置小区"（对于此类区域的叫法本书不作统一，达意即可）。易地扶贫搬迁集中安置是在脱贫进入关键时期，在以中央扶贫开发工作会议以及习近平总书记关于易地扶贫搬迁的重要指示精神为指导，全面贯彻落实全国易地扶贫搬迁电视电话会议的总体部署下大规模进行的。经过"十二五"时期的易地扶贫搬迁工作，一部分相对容易搬迁的贫困群众基本已完成易地搬迁，还没有搬迁的贫困群众，大多是散居在高山峡谷里的极度贫困人口，当地基础设施和公共服务很难覆盖，搬迁成本高；许多贫困群众存在"想搬、怕搬"的矛盾心态，可供安置的土地资源少，土地调整难度大。易地扶贫搬迁集中安置成为帮助这些极度特困人口达到"两不愁、三保障"目标的有效途径。近 10 年的成功实践探索，易地扶贫搬迁集中安置工作达到预期目标，成为打赢脱贫攻坚战的关键一招，解决了全面消除绝对贫困的根本问题，同时推进了乡村城镇化建设，兑现了"绝不能落下一个贫困地区、一个贫困群众"的承诺，并使易迁贫困农民变成了事实上的新型市民。

---

① 国家发展改革委：《全国"十三五"易地扶贫搬迁规划》。

第二节　恩施州易地扶贫搬迁集中安置状况

一　恩施州易地扶贫搬迁集中安置的宏观政策和实施原则

易地扶贫搬迁是贯彻落实党中央精准扶贫理念，创新扶贫工作机制和打赢脱贫攻坚战的重要战略措施。从中央到地方各级党组织和政府都高度重视，相继制定了精准可行有效的搬迁规划方案和相关政策与搬迁原则。恩施州也印发了《恩施州关于加快推进全州"十三五"易地扶贫搬迁工作的指导意见》，全州各县（市）相继出台了相关文件。在 2015年中央扶贫开发工作会议提出的"六个精准""五个一批"总目标总要求指导下，各项任务指标细化到人到月。"十三五"时期，恩施州规划重点解决全州 7.28 万户 24.43 万建档立卡贫困人口扶贫搬迁，水、电、路、气等配套基础设施和教育、卫生、文化等公共服务设施建设问题，坚持搬迁和发展"两手抓"，与推进城镇化和农业现代化紧密结合，着力改善贫困户生产生活条件，提升基本公共服务能力，培育优势产业，努力提高搬迁群众收入水平和生活质量，确保搬得出、稳得住、能发展、可致富。①

易地扶贫搬迁要坚持七项基本原则：①政府主导，群众自愿；②量力而行，保障基本；③因地制宜，科学规划；④精准瞄准，创新机制；⑤突出重点，统筹安排；⑥绿色发展，改善生态；⑦州级指导，县抓落实。就具体操作恩施州又提出了对搬迁对象和集中安置点建设的要求。搬迁对象必须满足三个条件，即"一方水土养不起一方人"、"建档立卡贫困户"和"易迁户自愿"。

集中安置点建设要求坚持三个原则：①安全为要、经济适用、利于发展；②"三避开"，即避开"基本农田、国土整治区、国家公益林"；③"三

---

① 《恩施州关于加快推进全州"十三五"易地扶贫搬迁工作的指导意见》。

利用",即利用"闲置集体土地、废旧办公场地、村民置换土地"。此外,恩施州还确定了优先选集中安置点的方式:"以产量迁"(产业发展较好的地方)与"以业定点"(利于搬迁人员就业的地方)。将集中安置点着重选在工业园区、旅游景区、城镇、中心村等区域。在房屋建设工作方面要求"四统一""三严观",即"统一规划、统一建设、统一标准、统一风格"以及"严守人均 25 平方米标准,严格工程质量监督、真正实现'拎包入住',严把资金管理和进度"。恩施州还提出了集中安置点建设的三大支撑,即产业支撑、就业支撑、政策支撑;以及三项机制,即组织领导机制、工作推动机制和督办检查机制。[1]

在恩施州政府的统一领导和指挥下,根据这些基本规范,各县(市)委、县(市)政府根据本县(市)实际,创新性地制定了各自"十三五"时期易地扶贫搬迁集中安置的规划和工作方案,并如期圆满完成了全州易地搬迁集中安置任务。

二 易地扶贫搬迁集中安置的三种类型

按照恩施州制定的易地搬迁集中安置规划,2015～2018 年全州建成集中安置点(之后有很多安置点成立了社区)1425 个,其中容纳 3000 人以上的安置点 3 个,容纳 800 人以上的安置点 33 个;累计搬迁集中安置 7.28 万户 24.28 万人,占全省搬迁集中安置总规模的 27%,实现了建设任务完成率、搬迁入住率、撤旧复垦率、搬迁贫困人口脱贫率、有劳动力搬迁家庭就业率"5 个 100%"的目标。2016 年、2017 年、2019 年湖北省易地扶贫搬迁现场会相继在恩施州召开,2019 年 8 月全国易地扶贫搬迁现场会在恩施州召开。2020 年 11 月,恩施州发改委被评为"十三五"搬迁工作担当有为集体,恩施州的宣恩县、建始县被国家发改委评为"十三五"搬迁成效显著县,咸丰县坪坝营镇杨洞安置区、恩施市白杨坪镇青春大道安置区、巴东县官渡口镇晴帆园安置区被评为"十三五"

---

[1] 恩施州脱贫攻坚指挥部办公室:《恩施州的脱贫攻坚白皮书》。

美丽搬迁安置区。①

全州建成 1425 个集中安置点，意味着有 1425 个村（社区）（集中安置点所在地）被嵌入一个新的群体，这个群体又是由不同地方的贫困户组成的，他们将在新的环境中生存和发展。因此，易迁后当地政府遇到的第一个问题就是这些易迁群体的管理问题，例如他们的诉求向谁反映、遇到困难向谁求助等。所以，新群体的管理体制机制是当地干部群众在搬迁前和搬迁后一直思考、探究的重要问题。为探索解决这个问题，首先必须弄清楚这些集中安置点的具体形成方式和基本结构。从搬迁人口群体构成看，搬迁方式主要有三种类型。

（一）第一种类型——村内易地扶贫搬迁集中安置

在整个易地扶贫搬迁中比较常见的集中安置方式是以村为单元，在村内集中安置贫困户。根据本村贫困户情况和意愿，将本村的部分贫困户集中搬迁安置在本村另一个条件较好的地方。具体操作是乡镇根据政府投资和筹资情况，按要求集中修建房屋（一般是集中的连体平房，地点一般选在村"两委"所在地附近），集中安置对象一般是住在本村偏远地点的"三留守"人员、孤寡老人或病残人员等（多为享受低保待遇的特殊贫困人员）。这类集中安置，可以充分利用当地原有的生产生活资源，由于人和物的管辖所属没有改变，所以管理体制和机制没有实质性改变。而这类搬迁安置方式需要解决的社会治理问题是村内邻里的和睦相处问题。怎样使村民和睦相处、相互帮助，尽快形成良好的邻里氛围，使易迁户在村内新地点获得归属感、安全感是有关部门急需解决的问题。这种类型的集中安置点规模不大，但数量较多。在本村集中安置点，易迁群体可以在原有的基础上开发一些特色产业，同时当地村集体应加强对外出务工人员的培训、法律援助等服务工作，提升村民的自主发展能力，确保村民不返贫，在乡村振兴的道路上不断前进。

———————

① 本数据来自恩施自治州乡村振兴局领导 2022 年 11 月 22 日在全省易地扶贫搬迁后续扶持工作大会上的典型发言材料。

（二）第二种类型——以乡镇为单元跨村易地扶贫搬迁集中安置

所谓跨村易地扶贫搬迁集中安置是指在乡镇内选择一个适合人生存发展的村，主要由乡镇党委、政府按规定集中统筹建设一定规模的易迁安置房（大多是单元式楼房），将乡镇内相关村内符合搬迁条件的贫困户迁入这些安置房。这一搬迁类型集中安置的贫困户要离开自己所在的乡村，属于跨村安置，在大山区乡镇里有的贫困户甚至要远离自己的土地和山林几十公里。所以，其原拥有的生产生活资料已基本不能直接使用，由于规模较大以及土地政策的规定，搬迁农民的土地和山林的管理与利用就成为一个难题，而且搬迁安置后的农民身边没了菜园子，其饲养的牲畜家禽以及生产生活用具的放养放置等也成了问题。这些都需要安置地区的管理体制机制基本建立后，有组织地逐步解决。这一类型的集中安置点一般选在乡镇附近或旅游景区附近，或在某产业发展基础较好的地方；还有一种情况就是选在管理基础较好的乡村中心地，或是教育、医疗卫生条件较好的乡村。

（三）第三种类型——以县域为单元的易地扶贫搬迁集中安置

所谓以县域为单元的易地扶贫搬迁集中安置是指由县政府直接统筹，在县城附近或某生存发展条件较好的乡镇选择一个地方，按统一标准集中建设单元式安置楼房，安置县内有关乡镇中的建档立卡特困户的方式。这种集中安置点有以下几个特点。

一是优势特点。其一，因为这种集中安置点的交通、教育、卫生、水电、通信等公共服务设施可以统一建设，基础设施条件较好，同时，方便易迁群众享受优质教育资源和医疗卫生资源；其二，由于县城市场相对繁荣，有利于易迁群众就近务工，获得适当的就业机会；其三，这种集中安置点离县委、县政府近，县直各职能部门方便进行对口支援，及时解决易迁群众的诉求，有利于集中安置点的稳定；其四，能够满足易迁群众对城市生活的向往。

二是劣势特点。其一，易迁群众文化素质相对较低，很难在短时期内适应陌生的城市生活；其二，由于人户分离、人田分离，易迁群众无法再通过劳动直接在自己的"园子里"种菜，一切生活必需品要靠钱购买，这种生活对有些收入低的家庭冲击较大；其三，城市公共秩序的规范，让易迁群众"失去了"过去乡村生活的"自在"。如何使这些优势特点在易迁群众的生活中发挥更好的作用，使这些劣势特点尽快弱化甚至消失，是今后发展的关键。

第三节　集中安置"嵌入融合"管理体制

安置地区的干部最关心的是这些易迁群体应该以什么样的方式融入安置地区当地原有的群体和乡村社会，真正成为安置地区的主人，并不断增强在新乡村（社区）中的归属感，进而逐步提升易迁群众的安全感、获得感、责任感和幸福感。在实施搬迁的过程中，各级干部自始至终都特别注意贯彻"两个融入"的思想：一是使易迁群众融入迁入地原住群体，从"外来人"成为"当地人"；二是使易迁群众尽快融入城镇化的生活，使之适应新型城镇化的"市民"生活，成为"新市民"。所以，当地干部群众在实践探索中因地制宜地形成了五种"嵌入融合"管理体制。

一　"区—村"嵌入融合管理体制

我们用罗溪坝社区（原为集中安置点后改为社区，本书所提到的"社区""小区"等均由集中安置点演变而来，后文对二者不再作区分说明）作为例证阐述"区—村"嵌入融合管理体制的内容。罗溪坝社区隶属恩施土家族苗族自治州巴东县沿渡河镇，巴东县属于国家级贫困县，也是课题组在县政法委推荐下深入调研的第一站。

巴东县面积为3352平方公里，县域内大巴山、巫山、武陵山"三山"纵横，长江、清江"两江"横贯，是集"老、少、边、穷、库"于一体的国家级贫困县，也是湖北省 9 个深度贫困县之一。"十三五"时期建立易迁集中安置点 265 个，其中容纳 50～200 户的集中安置点有 22 个，200 户以上的有 6 个，规模最大的是容纳 462 户 1581 人的罗溪坝社区。罗溪坝社区位于巴东县沿渡河镇罗溪坝村的神农架支流——罗溪南岸。社区由社区党支部和社区管委会管理。罗溪坝村集镇是原"拆区并社"时的"公社行政中心"，所以比较繁荣，该村常住人口为 1068 户 4979 人。为进一步促进易迁群众与本村居民深度融合，2018 年巴东县政府正式将罗溪坝村与集中安置点合并成立社区，命名为"罗溪坝社区"。新社区常住人口有 6551 人。社区管委会正式选举前由原罗溪坝村"两委"履行管理职责，在社区党支部的带领下，新社区管委会以开拓进取、实干创新、精准细致、包容温暖的工作作风和实际行动，把罗溪坝社区治理得井井有条、焕然一新，逐步实现"搬得出、留得住、能发展"的目标，并形成了具有自我特色和借鉴价值的治理经验以及重要成就，涌现出许多党员干部和优秀群众服务社区的感人事迹，领导班子和党员用实际行动赢得了群众的高度认可。

特别是他们探索出的"1234＋X"模式（其中"1"指夯实一级组织，即党组织；"2"指推行两大公开，即党务、政务公开；"3"指召开 3 个会议，即两委会议、党员大会、居民代表或居民大会；"4"指健全 4 项制度，即民主理财、民主议事、民主决策、民主监督；"X"指特色发挥）。此经验后由巴东县委纪委、组织部、县民政局联合下文命名为"214 民主管理"模式。

同时当地还实践探索并总结出独具特色的社区工作方法——"罗溪工作法"：一是党建统领落实组织建设"两建"，即建强支部堡垒，建实服务体系；落实队伍建设"两定"，即两委干部定岗定责、全体党员定标定责。二是建好"三张网"，即小组防控网、片区防控网、社区防控网；配好"三把锁"，即锁住对象、锁住事项、锁住事态。三是矛盾处理坚持"三公"原则，即公正、公平、公心；打好"三张牌"，即亲情牌、友情牌、法律牌；唱好"四部曲"，即问诊、冷疏、热调、回脚（方言，意指"巩固"）。四是社区稳定"三融合"，即居民融合"四入手"（思想教育入手、互帮互助入手、平安建设入手、建章立制入手）；事务融合"四到位"（民主公开到位、民主议事到位、民主决策到位、民主监督到位）；就业融入"三稳住"（产业发展稳住人、生活富裕稳住心、文明建设稳住神）。五是社区发展"两划"（五年发展规划和年度工作计划），事业发展"五兴"（产业振兴、人才振兴、文化振兴、生态振兴、组织振兴）。

罗溪工作法的总目标是密切党群干群关系，搭建社区组织与居民之间的"连心桥"；理顺工作机制，形成服务人民的"风景线"；促进经济发展，打造企业增收的"致富园"；促进社会融洽，建造居民共生"幸福湾"。

罗溪坝社区的管理模式和工作方法，都有完整细致的考察考评制度及指标体系，并且在实践中逐步完善，实施效果非常明显。笔者在考察中，每次都有新的感受和新的收获。最近的一次实地考察感受是社区各类公路车道路面平整、清洁、稳固、安全，新老房屋整洁、各项设施功能齐全，幼儿园、小学、初中等教育机构生机勃勃、书声琅琅，卫生医疗场所安静有序，社区内楼栋的架空层里引进的服装、缝纫企业发展红火，易迁群众笑容满面。在这些企业里按照技术熟练程度和业绩，工人一般的月工资在 3000 元左右，最高的可以达到 8000 元；企业规模还在不断扩大，人们也看到了希望。

社区实行公墓式集中安葬，红白喜事的举办有专用的公益活动房，还有服务队等，解决了易迁群众的后顾之忧。当笔者随着社区干部来到田野和山地高处看到一片片新开发的茶园、柑橘等经济林，加工厂房；农用车、工程车络绎不绝。笔者仿佛看到了未来美好的丰收景象。这些都是社区干部想尽办法引进的同乡企业家回家乡投资创业带动发展的典型项目，一部分外出务工农民已返乡进入当地企业就业。最后，座谈会时笔者询问社区居民（特别是易迁群众）的安全感、归属感、获得感、责任感、幸福感情况时，当地干部从不同的角度，用一件件实事深刻地阐释了社区居民这 5 个方面的提升状况，令人信服和感动。

二 "区—居"嵌入融合管理体制

本节以恩施市白杨坪镇的青春大道社区为例证来阐释"区—居"嵌入融合管理体制。白杨坪镇青春大道社区共建有安置房 19 栋 33 个单元，共容纳扶贫易迁户 234 户 862 人，他们来自白杨坪镇 12 个村。

2017 年，白杨坪镇政府设立了搬迁服务中心并指派一名得力干部任服务中心主任，由中心主任在易迁群众中挑选两人组建服务中心办公室，直接负责社区相关事务。在镇政府支持下，社区公益性岗位招聘 7 人，其中保洁员 4 人、管理人员 3 人。服务中心的宗旨是全心全意为易迁群众服务，开展政事宣传、思想教育、引导创业就业、清洁家园建设等工作。

服务中心是安置过渡时期的临时机构，受镇政府领导，全权代表镇政府受理和处理易迁群众的诉求，给易迁群众带来方便。服务中心还根据需要组织社区人员学习和适应城镇生活；在镇党委、政府的支持下，社区选举楼栋长 32 人，主要承担信息上报、政策宣传、矛盾纠纷调解、清洁卫生监督等工作。时任镇党委书记和镇长在笔者实地调研时介绍说："开始拿不准，这个新近迁入的群体究竟该怎么管，用什么体制机制。为了不把原有地方的良好秩序搞乱，产生大的矛盾纠纷，增加不稳定因素，就成立了这个服务中心，希望通过服务中心的工作帮助易迁群众基本适应新环境、新组织、新邻里等，让易迁群众在就业和生活有了较好的基础和发展势头以及社区干部积累一些管理经验后，再选择一种可持续的长期运行的体制机制。我们设想的发展出路有两条：一是将易迁群体直接嵌入所属行政村——白杨坪村（人员由集镇村民和集镇周边村民构成）；二是将易迁群众并入白杨坪镇集镇社区——白杨坪社区（人员由集镇居民构成）。"

在白杨坪镇政府的统一领导规划下，青春大道社区发生了较大变化，社区配套服务设施逐渐完善，通信网络、水网、电网、气网、消防安全器材全覆盖；有医院、党小组、生活超市、红白喜事筹办处、文化娱乐广场等社区服务组织。所有门面租售优先服务于贫困户的创业就业，当地还办起了服务于易迁群众就业的鞋袜厂，以及引进企业办"扶贫车间"；还有农家乐3家，自办酒厂1家，个体工商户18家。社区组织劳动力外出务工300人，在市外务工117人，人均月收入最高至5000元，最低的也有2000元；市内务工183人，人均月收入最高至3000元，最低的也有1500元。易迁群众生活稳定和谐，安全感、归属感、获得感得到满足。

2021年3月，镇党委、政府经研究决定将青春大道社区并入白杨坪社区，由此，青春大道社区正式成为乡镇中心集镇的一分子，被纳入城镇社区治理体系，属白杨坪社区居委会管辖。目前，该社区正走在逐步致富的道路上。白杨坪镇青春大道安置区也被评为"十三五"美丽搬迁安置区。至此，"区—居"嵌入融合管理体制正式形成。

但是，由于多方原因，总体来看该社区还存在以下几个问题。一是社区人口文化素质不高、老龄化严重、就业技能欠缺，这导致社区发展不平衡、不充分，矛盾比较突出，易迁群众自主就业创业能力欠缺，内生动力不足；二是社区缺乏精英带头人，社会组织不健全、自治能力有限，还有少部分特殊群众缺乏自救能力，"等、靠、要"的思想仍然存在。因此，探索社区持续高质量发展、实现共同富裕的路径与体制机制仍需要做大量工作，走出一条适合社区发展的特色之路，促进治理改革向纵深发展。

三 "区—区"嵌入融合管理体制

对于这一类嵌入融合管理体制，比较典型的是咸丰县坪坝营镇的杨洞安置小区。"区—区"嵌入融合管理体制指将安置小区直接建设在已有社区中，作为这个社区的一个小区，进行统一管理。这与"区—居"嵌入融合管理体制看起来有些类似，但还是有较大区别的。所以，我们把"区—区"嵌入融合管理体制作为嵌入融合管理体制的一种单独介绍。咸丰县坪坝营镇杨洞社区中的安置小区就是这种体制的代表。

杨洞安置小区属于咸丰县坪坝营镇杨洞社区居委会管辖，位于杨洞村集镇，该居委会是 2013 年 5 月 5 日经咸丰县人民政府批准成立的。杨洞社区居民委员会的管辖范围是集镇规划区。该规划区东邻小朝门老院子、食品厂（老公社时期的食品加工部门所在地）至马车队（老公社时期运输单位所在地）、新田湾一线；南邻杨洞老街至剪朝沟一线；西邻栽花堡、朱家丫口、桂花树到杨家沟一线；北邻刘家堡至小朝门一线（含杨洞村的 2、3、9、10 组，原土司坝村的 5、6、7、8 组）。社区下辖镇直机关事业单位、学校、医院、社会团体、厂矿企业、个体工商户，以及居住在其他区域的非农业人口。辖区原总户数 1223 户，总人口 4484人，其中常住人口 2154 人、暂住人口 286 人，农业人口 4158 人、非农业人口 326 人。

2016 年杨洞安置小区启动建设，2019 年 6 月全镇完成易地搬迁 35 个行政村，易迁户 536 户 1967 人。杨洞安置小区是咸丰县规模最大的集中安置点，按照靠近集镇、靠近景区、靠近产业园区的原则，该安置小区紧邻坪坝营中心集镇和国家森林公园，交通便捷，区位优势明显。安置小区占地 94 亩，采用土家族杆栏式风格设计，投资约 1.1 亿元，分两期建设安置房 26 栋，建筑总面积为 63601.57 平方米，住房面积为 49150 平方米，商用面积为 14282.2 平方米。小区党支部直管党员 23 人（其中流动党员 4 人），2019 年 5 月 21 日确定党员发展对象 1 人，2019 年 8 月 5日确定入党积极分子 1 人，2019 年 9 月 2 日确定党员发展对象 1 人。2019 年 8 月 31 日转入安置小区党员 13 人（其中流动党员 6 人）。[1]

社区居委会下设 6 个居民小组（安置小区是其中之一），设有居务监督委员会、居民议事协商委员会，工会、共青团、妇代会等群团组织，

---

① 数据由杨洞社区居委会提供。

民主议事协商机构，建立人民调解、社会保障、治安保卫、公共卫生、计划生育、群众文化等下属委员会，推选网格和楼院门栋管理员，积极推进居民自治，形成了上下贯通、左右联动、无缝对接的社区组织体系。设立社区公共服务站，内设劳动就业、社会保障、社会管理、人口计生、社区党务等服务窗口，为辖区居民提供"一站式"服务。

安置小区规划建设功能配套设施：社区管理中心、就业扶贫车间、群众活动中心、新时代文明实践站、农家书屋、妇女儿童之家、老人日间照料服务中心、社区精神障碍康复中心、文化广场、球场、公共用房、购物中心、警务室、停车场、垃圾收集站、公共厕所等。为适应集镇社区管理模式，社区"两委"针对安置小区情况，从基础抓起，逐步实现既定目标。

四　"区—城"嵌入融合管理体制

本部分以建始县民富安置小区为例证，说明"区—城"嵌入融合管理体制。建始县是国家级贫困县，2020年4月整县脱贫摘帽，并被国家发改委评定为"十三五"搬迁工作成效显著县。该县的民富安置小区是一个容纳全县9个乡镇1028户3708易地扶贫搬迁人口的安置小区，这个小区在建始县新城区建设规划之内，也就是说，民富安置小区从一开始就直接嵌入县城新城区的规划发展中。所以，小区从一开始就是围绕让易迁群众真正从山里走出来，进入城市生活，彻底摆脱贫困，成为真正的新市民的目标而建的。具体做法如下。

一是规划布局"让利"。建始县在新城区划出市场价每亩约400万元的土地建设民富安置小区，为易迁群众提供最优质、最便捷的公共服务，"让利"于易迁群众。小区紧邻建始大道、金建大道（在建），交通便利。周边设有高平国际小学、高平初中、高平高中、中等职业技术学校、民族医院、市民之家、文体服务中心、疾控中心、妇幼保健院等公共服务机构和长兴产业城等大型商贸中心，水、电、路、气、网等基础设施配套齐全，务工、上学、就医、休闲便利，物流、金融、购物、便民功能完备。

二是稳定就业"增利"。为长效解决易迁群众稳定就业问题，让易迁群众通过务工"增利"，小区内开办"扶贫车间"，建筑面积为1.4万平方米，已入驻企业3家，提供500多个就业岗位。另外，还在邻近位置配套建设易迁产业园，一期配套标准化厂房建筑面积为14万平方米，占地面积为13万平方米，二期建筑面积为9万平方米，占地面积为5万平方米。目前已建成标准化厂房12栋，建筑面积为7万平方米，正在招标建设标准化厂房8栋，建筑面积为5.5万平方米，后期还将建设标准化厂房、双创孵化园、员工宿舍8栋，建筑面积约7万平方米。小区先后与特达阀门、汇佳科技、君达锂电池等企业签订招商引资协议，入驻企业正在进行装修及设备安装，配套厂房建成后，预计可为易迁群众提供2500个以上的就业岗位。

三是长效管理"稳利"。为了让易迁群众留得下、稳得住，各部门认真做好易迁群众上学、就医、社会保障等接续服务工作。同时当地建立健全了社区、安置小区、楼栋的网格化长效管理机制，5名公益性岗位人员参与网格化管理。制定小区公约，推选有公信力、有执行力的易迁群众担任安置小区"小管家"，管理安置小区公共事务，消除易迁群众的后顾之忧。通过开展"三先教育"（先规范再入住、先教育再入住、先交接再入住）和乡风文明建设，易迁群众的文明习惯逐渐养成，精神文化生活逐步丰富。

五　"区—乡"嵌入融合管理体制

本部分以恩施州最大规模的易迁安置社区——宣恩县酉水情社区为例，说明"区—乡"嵌入融合管理体制。该社区是湖北省第三大规模的易迁安置社区。受到中央、省、州党委、政府的特别关注，创造了独具特色的经验。

（一）酉水情社区的基本情况

酉水情社区位于恩施州宣恩县沙道沟镇松坪村19组，是沙道沟镇44

个村的集中安置点，它不在乡镇集镇。该社区于 2017 年 4 月开工建设，2018 年 9 月完成主体工程，2018 年 10 月交房；总投资 2.6 亿元，占地面积为 310 亩，建设房屋 66 栋 1722 套，共安置来自沙道沟镇 44 个村的贫困村民 1235 户 4594 人，其中低保户 432 户 935 人。社区有 60 岁以上老人 961 人，留守老人 108 人、留守儿童 125 人、留守妇女 95 人。社区采取独立社区管理模式，并按城镇社区需求建设公共配套服务设施，是恩施州规模最大的一个易迁集中安置社区。易迁群众 70% 以上是少数民族，以土家族、苗族为主。

（二）酉水情社区的嵌入融合管理体制机制

由于酉水情社区的易迁群众来自最偏远的乡村，他们在搬迁后均远离了自己承包的耕地和山林，因此搬迁后他们只能另谋出路。在州、县、镇各级党委、政府的高度重视下，这个特殊的安置社区实行特殊管理体制。直接成立酉水情社区，其社区书记由镇党委委派，负责社区全部工作（社区居委会要按选举法，待正式换届选举后产生），配工作人员 12 人（公务员 3 人、公益性岗位负责人 1 人、聘请人员 8 人），6 名网格员负责统计各项信息、协调矛盾纠纷、监督社区卫生、组织文体活动、提供便民服务等重要工作。安保人员 2 名，负责维护社区日常生产生活秩序。8 名保洁员皆是建档立卡贫困户，这在改善社区环境卫生的同时，也相应地解决了部分易迁群众的就业问题。另外，社区定期开展各项普法宣传教育活动，发放各类宣传资料 1000 余份。社区综治办成立了夜晚巡查小组，分工明确，确定专职人员在社区各处进行巡逻，确保居民住得安全、住得放心。深入开展禁毒与反邪教警示教育活动，加强居民防范意识，社区以"不让毒品进我家"等活动为切入点，在社区内发放禁毒宣传单并入户宣传，强化社区居民的禁毒意识。目前，社区无新滋生吸毒人员，无制毒、贩毒行为。此外，社区积极排查和化解人民内部矛盾，按照"预防为主，教育疏导，依法处理，防止各类矛盾激化"的原则，把各类矛盾化解在萌芽状态，维护社会稳定。随着发展和管理的需要，社区将网格化管理建立在社区管理的体系中，实行楼栋管理；一切管理活动都是按城市社区居委会活动运行标准执行。另外，在县乡统筹下，易迁群众户籍在原村的，其原有土地和山林所有权不变。与户籍和土地、山林等产权相关的事务由原村负责管理和服务。易迁群众的生活由酉水情社区负责管理和服务。这种双重协同管理服务机制解决了易迁群众远离土地、山林的担忧，使他们安心融入安置社区。

（三）在完整的社区管理体系下，加速建设完善社区十大公共基础设施和公共服务体系

安置社区重视公共服务体系建设，加速建设完善十大公共基础设施，进一步完善社区服务功能和公共服务体系。一是建成区域性便民服务中心，按功能分区设有便民大厅、警卫室、阅览室、会议室等，设施齐全，功能完备，可为老百姓提供多方面的日常服务。二是在社区中心位置配套建设文化广场。三是利用一楼架空层建起一个生活超市，面向社区贫困户招工，确保超市商品齐全、价格便宜，在为老百姓带来方便的同时，解决了部分易迁户的就业问题。四是配套建设一个标准化医疗卫生室，配备1名经验丰富的社区医生，老百姓的小病小痛在家门口就能得到治疗。五是着眼于老百姓最基本的生活需求，为每一户老百姓分发了一块菜地，既节约其生活成本，又能让易迁户切实感受到家园的温暖。六是配套建设了一个红白理事会，由专人负责管理。七是设立了恩施州图书馆沙道沟分馆，分馆现有书籍3217册，整个图书馆分为儿童阅读区和成人阅读区，依托恩施州图书馆资源，借书、还书全部智能化，方便快捷。八是为丰富社区老年人的生活，设立了老年活动中心，配有舞蹈室、棋牌室、阅读室、健身室等活动场所。九是社区设立了爱心超市，激励社区居民在平时生活中多做一些力所能及的好人好事，帮助他人，比如拾金不昧、乐于助人，社区居民做这些事都是可以获得积分的，积分细则有详细的说明，例如，10个积分可以兑换价值10元的爱心超市物品，兑换之前会在社区的公示栏进行公示，做到公平公正。爱心超市里都是生

活用品，如抽纸、油、大米、毛巾等。十是新建学校和学堂，满足社区适龄学生就近上学需求，使之享受较优质的教育资源，安置社区内配套建设了宣恩县松坪实验小学，现有学生和教职工 1000 多人；新建宣恩县松坪实验幼儿园，现有学生和教职工 300 多人，实现易迁群众让孩子在家门口上学的愿望，当地还设立"四点半课堂"，旨在为社区内放学后无人监管的孩子们提供一个舒适、安全、稳定的学习环境。让他们在社区社工及老师的辅导下完成作业，培养学习兴趣，养成良好的学习习惯，实现孩子的健康成长。充分发挥社会扶贫力量，切实解决易迁群众的后顾之忧，同时减轻特殊家庭家长的教育管理压力。这十大公共体系建成后，不仅服务于安置社区的 1235 户 4594 人，也服务于周边村民，并且由于交通等公共设施不断完善，从沙道沟镇政府到酉水情社区、宣恩县城到酉水情社区的公路得到改善，班车也陆续开通。酉水情社区不仅是周边乡村村民的文化交流分享地、贸易市场，也成为周边乡村通往其他县的中转地，是宣恩县旅游产业发展的中间集散地。

（四）加快社区产业发展，增加就近就地就业岗位和就业创业机会，支撑酉水情社区与周边乡村融合发展

为有效解决安置社区居民后续就业问题，当地政府规划建设创业致富园，占地面积为 57 亩，项目总投资达 7730 万元，分 3 期进行建设，其中一期项目，位于酉水情社区 51 号楼附近，于 2019 年投入使用，现已改为胶浆印花车间。二期项目已于 2020 年 2 月投入使用，2020 年产值破亿元，缴纳税收 500 万元以上，解决就业 350 人以上。按照湖北准者体育用品有限公司第三期投资计划，当地将建成成套服装生产智能工厂，以及自动化鞋业生产车间，预计用工人数达 1000 人，产值达 3 亿元，年税收达 1500 万元。三期项目修建标准化厂房 2 栋，已于 2020 年 10 月开工建设，2022 年 1 月投入使用。沙道沟镇酉水情社区有劳动力 2722 人，其中在准者体育用品有限公司就业的人员有 116 人，在公益性岗位就业的有 13 人。在省外务工就业的有 1737 人，大多数在沿海地区，就近务工人员 985 人。社

区定期开办厨师、月嫂等技能培训班，增强社区居民的就业能力。

由于产业发展带来的公共需求在不断增加，市场功能增强，扩大并增加了区乡群众间交流、交往、交融的空间和机会，文化活动的内容和空间也有了丰富和拓展，酉水情社区成为当地群众交流、交往、交融的集聚地。"区—乡"融合度得到提升，人们的安全感、归属感、获得感、责任感也得到了切实增强。

第四节　多维度融入，夯实稳定基础

在安置社区搬迁和融入管理体制形成的过程中，当地各级党政干部牢记"一切为了人民"的宗旨，把脱贫群众的发展和利益需求放在首位，以安置社区的实际情况和特点，按高质量发展建设目标和新型城镇化建设目标的要求，展开了全方位、多维度的融入治理和建设提升工作。在全部完成《恩施州关于加快推进全州"十三五"易地扶贫搬迁工作的指导意见》规定的任务后，进一步加快统筹落实《恩施州易地扶贫搬迁后续扶持工作方案》和《关于实现巩固拓展脱贫攻坚成果同乡村振兴有效衔接的实施方案》中的任务要求。对标相关政策要求，进一步完善易地扶贫搬迁后续扶持政策体系，保持主要帮扶政策稳定，对有关易地搬迁后续的扶贫工作进行进一步落实。各县（市）坚持安置社区建设要以新型城镇化思想为引领，提升安置社区的治理发展与城镇化水平，并在许多方面创造了可借鉴的经验和模式。

一　"三感""四融入"推进安置社区城镇化

（一）咸丰县强化易迁群众"三感"，加速安置社区融入新型城镇化

在完成贫困人口易迁安置任务后，咸丰县从多个维度加大易迁群众融入城镇的力度，开展以增强易迁群众"归属感、尊严感和价值感"为内涵的建设和管理工作，取得良好的实践效果。

1. 实行属地管理，保障合法权益，增强易迁群众"归属感"

一是实行属地管理，让易迁群众心理上从"我是搬来人"变成"我是这里人"。咸丰县对跨乡镇、跨村搬迁的群众按照"合理布局、界定清晰、方便管理、便于服务"的原则，将集中安置点（社区）合理编制成村（居）民小组或就近编入已有村（居）民小组，实行属地管理，同时在尊重易迁群众意愿的基础上积极做好户口迁移服务。咸丰县6个容纳800人以上的安置社区均划入各乡镇集镇社区，按其入住时与村（社区）委员会签订的房屋交付使用协议中明确的权利和义务实行属地管理。

二是保障合法权益，让易迁群众从"我担心"变成"我放心"。让易迁群众继续享有原村集体经济组织的土地承包经营权、集体收益分配权。鼓励易迁户把土地经营权依法自愿有偿流转给新型经营主体或将承包地经营权作价入股，流转收益或入股分红归易迁户所有。土地流转后，易迁群众继续享受依附在原土地上的退耕还林、森林生态效益补偿、耕地地力保护等各种惠农政策，做到权属不改变、权益不受损。做好迁出地和迁入地间易迁户的各类社会保障政策转移接续工作，确保易迁群众在医疗保险、养老保险、城乡低保等方面应保尽保。同时加强对易迁群众防止返贫的动态监测，精准落实临时救助等各类帮扶措施。

三是创新安置社区管理模式，让易迁群众从"局外人"变成"主人翁"。咸丰县6个大型安置社区均建立了党群（社区）服务中心，构建"社区大党委＋社区党支部＋小区党小组＋网格"四级组织体系，实行网格化管理，提供"一站式""全天候""点对点"服务，所有安置社区均建立自治管理制度或公约，中心户长或楼栋长，安全信息员、矛盾调解员、卫生监督员的"一制一长三员"自治管理机制，全县6个大型安置社区共有楼栋长19名，"三员"57名（安全信息员19名，矛盾调解员19名，卫生监督员19名）。同时，通过建立"群众会""坝坝会"等常态化议事平台，征集群众意见、排查安全隐患、化解邻里纠纷、完善楼栋管理，商谈解决办法、达成共同认识，推动解决环境卫生、设施改造等发展难点、痛点问题，形成群众事群众议、人人参与社区管理的自治新局面。

2. 完善配套设施，提升公共服务水平，增强易迁群众"尊严感"

一是完善配套基础设施建设。为满足易迁群众生产生活需要，按照"缺什么补什么"和"量力而行"的原则，完善提升各安置社区配套设施。进入后扶阶段以来，中央、湖北省共下拨咸丰县巩固脱贫成果衔接乡村振兴易迁后扶资金 4809 万元，同时县级配套资金 900 万余元，全部用于安置社区基础设施提档升级和产业发展，全县所有安置社区水、电、路、网全部畅通，污水、垃圾全部实现集中收集处理，医疗卫生设施、社区服务设施、综合活动室、文化广场全部实现配套或共享。

二是提升基本公共服务水平。咸丰县发改局发挥牵头抓总的作用，要求教育、卫健、人社、医保、民政、财政、农业农村、林业等部门与各乡镇密切配合，切实保障易迁群众在迁入乡镇、村（社区）同等享有教育、卫生、养老、救助、文化、社保、就业等基本公共服务，实现易迁群众子女就近入学，全面落实家庭医生签约服务，加强安置社区养老服务体系建设，切实满足易迁老年人的基本养老服务需求，落实社会兜底保障政策。

三是积极开展社区服务活动。以"一下三民"①活动开展为契机，建立社区党员干部联系结对服务群众机制。鼓励安置社区成立红白理事会、志愿者协会、乡贤理事会等组织。依托新时代文明实践中心，将辖区党员、教师、医疗工作者、退役军人、文明居民等纳入新时代文明实践中心志愿服务队。探索引进社会服务新力量，组建党员志愿服务队、退役军人志愿服务队、居民志愿服务队等多支队伍，积极开展各类活动。2022 年，咸丰县 6 个容纳 800 人以上的安置社区共投入 113 万元购买社会服务，建立志愿服务队、乡风文明理事会、乡贤联谊会。组织开展困难群众送温暖、留守儿童送关心、空巢老人送关爱等志愿活动 40 余次，

---

① "一下三民"活动指党员干部"下基层、察民情、解民忧、暖民心"活动。

社区服务质量大幅提升。

3. 创造就业条件，提升城镇融入能力，增强易迁群众"价值感"

一是建立稳定就业扶贫车间。咸丰县通过社区"搭台"、企业"唱戏"，在房屋租金上实行优惠政策，吸引企业入驻安置社区，按照优先安置易迁户的原则①，安排易迁群众就业。2022 年，全县 6 个容纳 800 人以上的安置社区共引进鞋帽、服装、箱包等劳动密集型企业 12 家，为 400 多名易迁人员提供了就业岗位；建立就业帮扶车间 26 个，吸纳 200 多名易迁人员就业。2022 年累计向易迁群众推送岗位信息 50 期、招工需求 12.5 万人，在全县 6 个容纳 800 人以上的安置社区开展专场招聘会 6 场，公益性岗位安置易迁人员 422 人，实现全县易迁群众就业全覆盖。

二是积极开展技能培训。咸丰县围绕农村实用技术、茶艺、工艺编结等专业开展技能培训，不断提升易迁户就业创业能力。2022 年，咸丰县共举办烹饪、母婴护理、家政服务、电商创业等就业创业技能培训 6 期，其中易迁群众共计参与 829 人次，为易迁人员发放创业担保贷款 5 笔，累计放贷金额达 62 万元，全力为易迁群众实现就业创业营造有利环境。

三是大力推进移风易俗。深入推进"四治"（法治、德治、自治、智治）建设，平均每年举办法治讲座和大型法治宣传活动 4 场次以上，开展形式多样的慰问文艺演出、广场舞比赛、趣味运动会等文化惠民活动 2 次以上，开展"最美易迁群众""文明家庭""最美人物""好媳妇、好公婆、好儿女""卫生先进户"等评选活动 1 次以上。带动社区形成"知荣辱、讲正气、树新风、促和谐"的文明风尚，促进传统农民向新型市民加快转变。

（二）宣恩县深化"四融入"，促进安置社区融入新型城镇化

1. 宣恩县基本县情

宣恩县于清朝雍正十三年（1735 年）建县，县名寓"传布恩德"之

---

① 《咸丰县财政局关于落实服务业小微企业和个体工商户承租行政事业单位房屋和租金减免政策有关事项的通知》（咸财行资发〔2022〕116 号）。

意。宣恩县地处湖北省西南部、武陵山区腹地。面积为 2737 平方公里，总人口为 35.7 万人，辖 5 镇 4 乡 140 个行政村和 22 个城镇社区、1 个国家级自然保护区、1 个省级工业园区。宣恩县是湖北省山区农业的窗口县，也是"国家农产品质量安全县"，宣恩县是绿色资源聚宝盆，是国家生态文明建设示范区，被誉为华中动植物基因宝库；目前建成国家 4A 级旅游景区 3 个，仙山贡水旅游区成为全省唯一一个以县城核心区域为支撑的国家 4A 级景区。宣恩县是特色文化交融区，贺龙元帅曾带领红军在宣恩转战 8 年，创建湘鄂边、湘鄂川黔革命根据地，当地有土家族、侗族、苗族等 13 个少数民族，具有丰富的红色文化、民族文化等特色文化。宣恩县是特色村寨云集地，彭家寨被誉为湖北吊脚楼群"头号种子选手"。宣恩县是全国文明城市提名城市，是改革开放新天地。"恩高宣"一体化发展的强州城市战略赋予宣恩新机遇；县内有 4 个高速公路出入口，县城距恩施火车站、恩施机场仅半小时车程。2022 年，全县地区生产总值迈过百亿元大关，在恩施州委、州政府主抓的"比招商、抓项目、强产业、争资金、促进位"工作中，连续 3 年位居全州前三。

2. 宣恩县安置社区"四融入"新型城镇化的做法

脱贫攻坚期内，宣恩县组织建档立卡贫困户 9579 户 33945 人实施易地扶贫搬迁，集中安置 9135 户 32200 人，集中安置率达 95%，城镇安置率达 53.18%。建成安置点 56 个，其中，容纳 3000 人以上的大型安置点 2 个，容纳 800~3000 人的安置点 11 个。2020 年，宣恩县被国家发改委评为"十三五"搬迁工作成效显著县，沙道沟镇酉水情社区成为首批全国脱贫攻坚交流基地考察点。2023 年 2 月，宣恩县作为易迁安置社区融入新型城镇化探索典型之一，在全国易地扶贫搬迁后续扶持工作现场会作交流发言。

一是超前布局"融入"的规划。2016 年，宣恩县按照国家、省实施易地扶贫搬迁工作要求，将融入新型城镇化作为目标导向。按照"六靠近"原则（靠近城区、靠近集镇、靠近园区、靠近景区、靠近中心村、靠近国省道）统筹规划安置社区建设，推动宣恩城乡布局由点多线少、零星分散、差距悬殊向城乡统筹、节约集约、生态宜居发展。

二是倾力打造"融入"的基础。宣恩县选派 2341 名公职人员组建驻村"尖刀班"一线攻坚，统筹整合资金 20.06 亿元用于安置社区建设，于 2018 年底，建成 56 个安置点、9579 套单元房、12.7 万平方米架空层及标准化厂房。

三是系统建设"融入"的支撑。宣恩县健全公共配套设施，在安置社区内及周边同步配套建设便民服务中心、学校、医院、便民超市等公共配套设施。完善服务体系，创新推行"1 + 6 + N"配套服务模式，新建社区服务中心 56 个，设立党组织 91 个、村民自治组织 56 个、专业化服务的社会组织 43 个。推进规范治理，健全"社区党组织 + 社区居委会 + 网格员 + 楼栋长 + 社会组织 + 易迁群众"的组织架构和治理体系。

四是大力加快"融入"的步伐。宣恩县多措并举引导、促进易迁群众就业创业。大力发展特色产业，引进盒马鲜生等农产品龙头企业，培育新型农业经营主体 962 家，流转易迁群众土地 6200 余亩、林地 1800 余亩，建成设施农业、特色产业基地 84 家。准者体育、鼎城家具、威尔达服饰等近 100 家劳动密集型中小微企业入驻安置社区，吸纳 4000 余名易迁群众就业。开展订单式就业技能培训，每年有 9800 多名易迁群众外出务工。完善公益性岗位政策，设立保洁、保安、生态护林员等公益性岗位 586 个。①

二 "共同缔造"破解"四难"

利川市积极构建易地扶贫搬迁后续帮扶工作机制，建立市、乡、村三级包保工作责任制，因地制宜谋划实施产业发展项目，分类开展创业就业培训帮扶，全面优化配套公共服务设施，全力破解易迁群众"稳住难、就业难、致富难、融入难"问题，推动安置社区实现共治共建共享，

———————————

① 宣恩县发改局：《易地扶贫搬迁后续扶持工作情况汇报》。

引导鼓励脱贫群众共同缔造美好生活。

优化社会公共服务，破解"稳住难"问题。利川市开展安置社区基础设施建设"回头看"工作，全面摸排易迁群众心愿诉求和意见建议，实施安置社区水、电、路等基础设施补短板项目，配套完善道路交通、安全饮水、垃圾清运、污水处理、文体娱乐等公共服务设施，新建污水处理设施 22 个、垃圾中转站 10 个。建立"村委会、安置社区、易迁户"网格服务体系，设立党群服务中心一站式服务点，实行指导办、上门办、帮代办，为易迁群众提供政务服务事项就近办、就业创业辅导扶持、矛盾纠纷调处化解等服务。

开展就业培训帮扶，破解"就业难"问题。利川市探索推行"技能培训＋专场招聘＋送岗上门"就业帮扶机制，分类举办新型职业农民、安保、护理、保洁等职业技能培训活动，设立"零工驿站"易迁安置服务点，举办安置社区专场招聘活动，支持易迁群众到园区企业、产业基地、扶贫车间、物业公司就近就业。积极开发公益性岗位，用好容纳 500 人以上的安置社区设立 1 个公益性岗位的政策，采取公开招聘方式帮助 353 名易迁群众在公益性岗位就业，引导扶持 2143 人在各类市场主体就业。

实施产业发展项目，破解"致富难"问题。利川市大力实施"一乡一业""一村一品"工程，精准对接安置社区所在片区特色产业基地规模化发展需求，实行"一户一特色产业""一户一企业帮扶""一户一采购订单"，建立完善"企业＋基地＋合作社＋易迁户"利益联结机制，推行捆绑式培植、保姆式扶持、订单式种植、保底式销售，引导扶持易迁群众大力发展硒土豆、山药、莼菜等特色优势农业，实现"扶持培养一户、稳定脱贫一户"的目标。2022 年实施易地扶贫后续扶持产业发展项目 16 个，带动 1670 名易迁群众实现就近就业，2023 年推行易地扶贫后续扶持项目 12 个，预计带动 200 名易迁群众就业，3000 名易迁群众将从中受益。

推进共建共治共享，破解"融入难"问题。利川市坚持党建引领农村社会基层治理，推行驻村单位党组织联系安置社区、驻村单位党员联系易迁户工作机制，因地制宜组建安置社区党小组、安置小区业主委员会、矛盾纠纷调解委员会、红白理事会等基层组织和群众自治组织，制定发布安置社区文明公约，引导易迁群众主动参与安置社区管理和服务，有效促进邻里人际交往、琐事交流和情感交融，推动易迁群众全面融入集体、融入社区、融入社会，实现社区共建、设施共管、要事共商、成果共享。①

三　两个"三三经验"推进"融入"保稳定

（一）建始县的"前三三"经验

所谓前三三经验，是指在搬迁规划、搬迁安置、搬迁发展三个环节中的"'三定'抓搬迁、'三新'谋发展、'三小'促致富"。建始县是国家级贫困县，2016 年建始县人民政府被湖北省表彰为易地扶贫搬迁工作先进集体，2020 年被国家发改委评定为"十三五"搬迁工作成效显著县，2020 年 4 月整县脱贫摘帽。"十三五"期间，建始县扎实推进易地扶贫搬迁，着力解决易迁群众后续发展问题，全县共搬迁 14269 户 48830 人，占总贫困人口（137418 人）的 35.5%，搬迁规模居恩施州第一、湖北省第三，易地扶贫搬迁让全县 1/3 以上的人口"挪了穷窝、断了穷根"。

1. 实行"三定"抓搬迁

建始县着眼"定责任、定规程、定布局"，确保易地扶贫搬迁目标任务高质量完成。

定责任，强化整体联动。建始县坚持高位推进，县委书记、县长挂帅任组长抓易地扶贫搬迁，周调度、旬汇报、月通报，统筹解决各类困难和问题。县级领导分别担任 10 个乡镇前线指挥长，指挥前移、决策前移、工

———————

① 参见利川市易地扶贫搬迁亮点材料。

作前移，现场协调调度，并健全责任体系。建立县领导联席会议制度，制定"5个清单"（安置政策、工作流程、年度任务、部门责任、工作时序清单），形成"四联四包"责任推进体系（领导联点、部门联事、干部联户、整体联动；县包规划、包调度，乡镇包落实、包进度，村"两委"包管理、包具体，监督小组包监工），既确保项目加快建设，又保障其合规合法。

定规程，强化项目监管。建始县严守政策底线，强化过程监管，确保易迁房建得快、住得好。一要打通审批"绿色通道"。按照程序合法、流程简化、要件齐全原则，坚持容缺预审、并联推进，缩短审批时限，提高审批效率。二要规范流程统一建设。集中一户一宅按照"五统一"（统一规划、统一设计、统一标准、统一建设、统一验收）原则，实行统规联建；单元房按照"六统一"（统一规划、统一设计、统一标准、统一建设、统一验收、统一分配）原则，由政府整合资金统规统建。三要全面加强质量监管。出台易迁工程质量检测工作方案、工程竣工验收办法、工程质量控制要点及施工质量管理指导意见，全方位、全过程监管，确保将易迁项目建成民心工程、放心工程。

定布局，强化分类施策。建始县优化安置布局，采取三种模式鼓励贫困群众搬迁。一是"集中搬迁＋就业创业扶持"。对人多地少、有劳动能力、家庭条件较好的贫困户，引导其向城镇、景区周边集中，鼓励其就近务工或自主创业。二是"就近搬迁＋产业扶贫"。对耕地面积多、土地依赖性强的贫困户，在中心村集中安置，或在通村主干道沿线"串珠"安置，就近发展特色产业，帮助其脱贫致富。三是"鼓励搬迁＋重新组合"。对居住环境恶劣、基础设施投入大、条件难以改善的贫困户，引导其"下山"集中安置。截至目前，全县所有计划搬迁对象已全部完成搬迁。

2. 强化"三新"谋发展

通过发展壮大特色产业基地、增加就业岗位、开展乡风文明建设等方式，建始县培育"新农民""新工人""新居民"，让易地扶贫易迁户稳步发展、稳定增收。

一是壮大基地培育"新农民"。支持涉农市场主体以土地流转、租赁等方式壮大特色产业规模，返聘贫困户，让其参与分红，增加贫困户收入来源。例如，花坪镇漆漆村招引慧民农业投资建设蔬菜示范园，租赁土地近400亩，用工1.2万人次，安置贫困户月人均增收2000余元；引导涉农市场主体组建专业合作社，实现"121＋X"模式全覆盖，即每村1个主导产业、2个合作社（1个专业合作社和1个金融互助合作社）、1个龙头企业，X代表若干贫困户，全县发展特色产业占地面积60余万亩，19家州级农业龙头企业、1409家专业合作社带动近10万农民增收。切实解决农民"种什么、怎样种、销哪里"的问题，让"新农民"得到实惠。

二是扩大就业培育"新工人"。通过鼓励农业龙头企业到贫困村发展农副产品深加工、鼓励工业企业到贫困村建立分厂或生产车间、引导回乡创业人员创办劳动密集型工厂等方式，让农村剩余劳动力就近就业。为有条件的安置小区建设扶贫车间28个，带动2000余名贫困人口就业增收，14个容纳50户以上的安置小区全部有了扶贫车间。另外，在县城工业园建设易迁配套厂房10余万平方米，帮助县城安置对象实现家门口就业。

三是移风易俗培育"新居民"。公共文化资源重点向集中安置小区倾斜，实施基础设施配套工程400多个，建设文体广场、卫生室、公共厕所等公共服务设施，实施道路硬化、亮化、美化等工程，确保易迁群众和城镇原住居民享有同等基础设施和基本公共服务。同时，以乡风文明建设为抓手，制定小区文明公约，开展人居环境整治，推进移风易俗。通过最美家庭、文明家庭等评选活动，不断激发群众思想认同、情感共鸣和效仿意愿。

3. 推进"三小"促致富

建始县以易迁群众稳定致富为目标，围绕公共设施管理推选一批

"小管家",围绕农业经营主体参股成就一批"小股东",围绕乡村旅游培育一批旅馆、电商"小老板"等,促进易迁群众增收致富。

一是干群共治培育"小管家"。积极探索公共设施设备共建共治共享,推行"属地管理,以奖代补"模式,提高群众参与积极性,引导安置小区居民成立公共设施管理委员会,责任分区分片、到户到人。由小区居民公推1名有公信力、有执行力的"小管家",安排1个公益性岗位,配合监督管理、调解矛盾纠纷等工作,并定期公示监督检查情况。例如,高坪镇赶场坝村安置小区,通过"管家监督""委员会负责制",及时维护、保养公共设施,确保矛盾纠纷不出小区,群众幸福指数不断提高。

二是盘活资产培育"小股东"。鼓励易迁群众以土地承包经营权、农业设施等参股新型农业经营主体,增加分红收入。积极探索在县城、集镇、中心村及旅游区集中建设商业门店、出租摊点,租金收入合理分配,易迁群众按股分红。例如,茅田乡集镇安置小区建单元房集中安置贫困户,单元房一楼修建出租商铺,贫困户年均可分红2000元以上,变成"小股东"。

三是依托旅游培育"小老板"。以创建国家全域旅游示范区为契机,在旅游点上布局9个安置小区,引导易迁群众参与商贸、餐饮服务等。目前,已建农家乐160余家、小旅馆200余家、电商310家,贫困群众逐步实现"老板梦"。例如,龙坪乡楂树坪村安置小区引进恩施力拓建筑公司,实行"公司+贫困户"经营模式,贫困户提供易迁安置房,公司出资打造特色民宿,利益共享,贫困户既可在家当"小老板",又可在公司务工,人均月工资约4000元,实现稳步脱贫致富。

(二)巴东县的"后三三"经验

近年来,巴东县委、县政府始终把易地扶贫搬迁当作脱贫攻坚的重要抓手,牢牢把握"搬迁是手段、脱贫是目的"的根本要求,创新扶贫思路举措和体制机制,强化易迁后续扶持政策,真正让易迁群众搬得安心、住得舒心、过得开心，不断提高幸福感和满意度。在易迁扶贫中形成了推行"三变"、探索"三融"和实现"三升"的"后三三"经验。

1. 推行"三变"，让闲置资源活起来

一是让闲置土地和资产变出效益。土地是农业之本、农民之根，是易迁户远离故土后的心之所系，更是巴东县委、县政府关注的头等大事。巴东县积极出台产业奖补政策，大力引进市场主体，集中流转易迁户土地，规模化、集约化发展产业，最大限度发挥闲置土地效益。让闲置土地变活资产。集中流转易迁户闲置土地，依托市场主体大力发展产业。截至目前，全县共计流转易迁户6316户土地45833亩，支付土地流转金989.9万元。以沿渡河镇为例，该镇累计流转易迁户1247户土地4739亩，引进企业17家，成立专业合作社18家，带动发展茶叶和柑橘产业，仅土地流转每年即可获利128.78万元，充分发挥了土地资产效益。

二是发展方式由粗放型变为集约型。巴东县地形以山地为主，高山面积占66%，平均坡度为28.6°，受地形地势影响，长期以来农业产业多零星分布、品种杂乱且经营管理方式粗放，产业效益不高。土地流转后，巴东县打造特色产业板块基地92.75万亩。当地主导企业实施规模化经营管理，统一种植、加工、销售各环节，科学推动产业发展由粗放型向集约型转变，切实提升产业规模化水平与经济效益。

三是把贫困户变为上班族。流转土地后，易迁群众"离土不离权"，既获得流转资金，又参与基地管护获得劳务报酬，促进了易迁群众增收致富。沿渡河镇石喊山村通过流转土地发展茶叶种植1200亩，2020年该村农户通过在茶园产业基地从事茶园管护工作实现劳务收入50余万元。

2. 探索"三融"，让易迁群众富起来

依托资源要素，巴东县因地制宜探索"易迁＋"多维发展模式，"挪穷窝"与"换穷业"并举，推动一、二、三产业融合发展，促进易迁群众稳定增收致富。

一是探索农企融合，形成链接式帮扶机制。探索"农业产业＋企业＋车间＋易迁群众"模式，累计投入资金12.56亿元，新建"扶贫田"109万亩，建设扶贫车间17.6万平方米。信陵镇土店子村推行"种植养殖＋企业＋易迁户"模式，市场主体整合资源打造500亩观光梨园，发展黑猪养殖订单农业，实现了企业带动、群众主动、融合发展的良好态势。官渡口镇晴帆园社区紧邻红花岭京援创业扶贫园，园区配套建设标准化厂房2.8万平方米，入驻茶叶加工、医疗器械制造等企业11家，为易迁群众提供就业岗位1000余个，被国家发改委评为"十三五"美丽搬迁安置区。

二是探索农网融合，推动便捷式就近就业。紧抓国家电子商务进农村示范项目建设机遇，启动"电商公共服务中心＋电商企业＋乡村服务站点＋合作社＋扶贫户"的扶贫机制，建成县级电商物流仓储运营中心、分拨中心和11个镇级、165个村级电商物流综合服务站，构建县、乡、村三级农村电商物流服务体系。全力打造线上线下多种渠道、多方参与的农产品营销之路，引导和扶持易迁户通过发展电商等方式实现增收致富。2020年全县销往东部地区的农产品累计销售额达9437.5万元。涌现了"全国劳动模范"陈兹方等一批农村电商人才。

三是探索农旅融合，强化辐射式扶贫增收。巴东县旅游资源丰富，拥有6个A级景区，乡村旅游蓬勃发展、势头强劲。围绕"宜居宜业、休闲度假"功能定位，探索了"易迁＋旅游"脱贫路径。茶店驿站紧靠巴人河4A级景区，96户易迁群众通过租赁门面创业增收；福馨嘉苑安置小区与绿葱坡滑雪场签订政企帮扶协议，为易迁户提供200个就业岗位；革命老区金果坪乡依托红色资源开辟了"金果红路"教学研究基地，利用安置小区产业用房打造特色民宿，依托扶贫车间自产自销"红军服"等红色文化产品，被中央电视台作为典型经验推广报道。此外，巴东县抢抓北京对口支援、东西部扶贫协作等机遇加强劳务输出，2020年累计输出劳动力 7975 人，实现劳务增收 11963 万元。

3. 实现"三升"，让特困群众乐起来

特困人口作为建档立卡贫困户中的特殊群体，普遍存在"起居难、看病难、出行难"等问题。巴东县 6 个乡镇建成 8 个老年公寓安置点，集中安置 342 户 456 名特困人口，有效破解难题。

一是从分散到集中，救助资金使用效率显著提升。老年公寓安置点的建设改变了传统的分散供养模式，实行集中供养，采取批次入住、替补入住方式，不仅降低了建设成本和服务成本，提高了社会救助资金的使用效益，也避免了特困人员离世后房屋等资源闲置浪费，提升了土地等固定资产综合利用率。官渡口镇投资 1000 余万元，建成 20 栋 80 套老年公寓，有效解决了全镇 593 名特困人员供养、生活等问题。

二是从饥困到颐养，特困人员生活质量显著提升。针对部分特困人员存在自理能力不足等问题。老年公寓配套电视、沙发、床铺、衣柜等生活设施，聘用厨师、护工等工作人员，对特困人员进行精心看护、细心照料。特困人员的救助金由公寓管理机构统一管理，实行按餐结账、每月公示，有效提高和保障了特困人员的生活质量。

三是从传统到自治，公寓居民幸福指数显著提升。不断健全安置社区基层治理机制，探索实行生产活动管理自治、日常生活管理自治、环卫及护理管理自治等模式，让社区居民在集体生活中团结互助，共同营造"向上、向好、向善"氛围，携手共建文明和谐新家园。沿渡河镇罗溪坝社区通过线上线下村务公开，召开民主管理大会，建立了"民主理财、民主议事、民主决策、民主监督"四项制度，形成了"214"民主管理模式，获得中央有关部门关注推介。

自脱贫攻坚以来，巴东县充分运用"易迁 + 后扶"模式，依靠"三变"思路、培养"三融"模式、实现"三升"目标，在土地流转、产业融合、集中养老等方面创新举措、积累经验，破题易迁"后半篇文章"，持续提升脱贫成色，确保易地扶贫搬迁后续扶持工作有序推进，为巩固

拓展脱贫攻坚成果与乡村振兴有效衔接奠定了坚实基础。

第五节　易迁安置中的反思与展望

本章前四节的论述主要阐明了恩施州在易地扶贫搬迁中如何创造性地圆满完成预期搬迁安置任务；多维度构建和完善安置社区的社会生活秩序。恩施州以新型城镇化为引领建设安置社区；确保易迁群众在搬迁安置后生活水平持续提高，并逐步由农民成为"新市民"，然而，面对新时代人民群众对美好生活的不断追求，当地各级党委、政府头脑是清醒的，对现状和未来进行了思考，并提出措施与展望。

一　存在的问题

易迁安置社区目前有四大问题需要高度重视，并应加大后续治理力度，进一步提升安置社区新型城镇化水平。

一是安置户新增人口住房需求强烈，应增加安置房建设及对已建公共设施进行维护和管理。脱贫攻坚任务完成后，随着易迁群众家庭发展，部分易迁群众家庭因婚嫁、生育、户籍迁入等原因，家庭人口数量变化较大，原分配的安置住房不能满足人口增加的居住需求，人口动态新增与住房静态保障的矛盾日益突出，妥善化解新增人口住房矛盾困难较大。主要体现在以下两个方面。一方面上级政策难落实。根据中央、湖北省关于易地搬迁新增人口住房保障的现行政策要求，仅允许易迁安置户申请自主加层，但多数易迁安置社区房屋为多层建筑不能加层，且在各乡镇均未规划建设保障性住房，不能有效解决易迁群众新增人口住房需求。另一方面易迁群众愿望难满足。通过走访调查了解，大部分有新增人口的易迁群众家庭解决住房需求的愿望是政府无偿再分配安置住房，这项要求既没有政策依据，也没有充足房源，难如群众所愿。

二是安置社区产业发展不充分也不平衡。总体上看，一些安置社区的产业发展还不充分、不平衡，还不能支撑其社区经济的高质量发展，社区还有大量劳动力不能就近就业，他们多以外出务工的方式获取经济收入，一部分已就近就业者工资也不高，这导致两大问题：一方面，安置社区中的劳动力较少，使得社区中许多需要劳动力参与的工作没人去做，直接影响社区相关事务的开展。与此同时，外出务工的人多，社区留驻人员减少，社区人气减少，当地市场不繁荣。另一方面，产业发展不充分必然影响社区集体经济收入的增长和积累，社区集体经济发展不快将直接影响社区建设发展的自我调控能力和处理应急突发事件的能力，此外，社区干部的收入低、积极性不高，内生动力也会受到较大影响。此外，安置社区还应特别解决好产业发展的方式问题，以及处理好企业组织和村集体与产业工人的权益保护三方之间的关系问题，把握好多方投入与生产分红的运行机制问题。此外，如何发挥党组织在产业发展中的统领作用，以及如何处理好社区集体组织与企业经济组织之间的关系是值得高度重视的问题，既要确保社区集体组织的产权，又要确保企业组织健康有效地发展；既要保证社区群众的切身利益，又要积极组织群众参与和支持产业发展，让群众在产业发展过程中，既有较高的收入，又有个人尊严。要让工人融入产业做产业的主人，从而发挥积极的作用。

目前来看，如何让易迁群众承包的土地和山林等资源尽快通过产业发展被有效利用，取得更好的效益，是当地安置社区与原籍乡村组织及其上级各组织共同需要考虑的问题。

三是安置社区的治理水平离现代城市社会治理的要求还有较大差距，公共服务体系有待提升和完善。这主要表现在以下三个方面。第一，治理组织体系有待完善，特别是由于安置社区的人口素质不高，部分安置社区的自治社会组织没有完全建立起来，社区人员的自治动员力不够，而建立起来的社会组织也没有很好地发挥应有的作用；第二，社区缺乏足够的管理精英人才，"领头羊"应有的作用发挥不够；第三，安置社区两个方面的融入度还需继续提升，一个是易迁群众融入现代新型城镇化的程度还有待提升；另一个是易迁群众与原住村（居）民群体的融入度需要持续提升，要防止新矛盾的产生和蔓延。要解决这两个融入问题，还有大量服务和管理方面的创新工作要做。

四是安置社区治理发展的内生动力仍显不足。易迁群众的自治力不强，一部分人对政府的依赖思想还比较严重，没有脱贫后自主发展的意识，认为自己生存和幸福是政府的事，是组织、是干部必须负责到底的事情，在一些公共事务处理上，没有自主发展的思想准备，认为那只是政府的事，与自己无关。自治积极性不高，法治意识不强，自觉遵守社区公约精神不足，缺乏社区治理责任感和主体意识，没有从思想上融入新型城镇化的发展。

二　措施与展望

面对以上问题，笔者经过实地考察和讨论研究提出了五大应对措施。

措施之一，紧抓乡村振兴战略的大好机遇，进一步做好安置社区产业发展工作，扎实推进安置社区经济高质量发展，创造更多有利于当地原有村（居）民和易迁群众创业就业的平台与岗位，要真正使易迁群众和原住村（居）民都能富起来，要使安置社区和乡村的集体经济强起来，真正建立起当地群众和集体经济的"自我造血"功能。解决好安置社区发展过程中不断出现的新问题。这是易迁群众能够获得"安全感、获得感、归属感、责任感和幸福感"最重要的基础。

措施之二，要以长远的眼光看待安置社区治理发展内生动力不足的问题，要有计划、有目标、有具体措施地培养安置社区治理和乡村振兴所需的人才，持续提升安置社区和乡村振兴发展的内生动力。

笔者深入调查发现，这些安置社区的居民在整体脱贫摘帽之后，都遇到了很多困难和急需解决的问题。最为突出和关系到持续发展核心的问题是人的问题，具体表现在以下三个方面。一是自主发展内生动力不足。党员和能人、贤人较少，居民法律意识淡薄。正气难以形成和保持，

"等、靠、要"的思想和习气依然存在，难以形成自主发展的核心力量。二是人口素质整体亟待提升，居民文化程度较低，缺乏公共卫生和遵守公共秩序的意识，我行我素，只顾自己意愿和诉求的实现，缺乏群体互敬交往的友善态度和行为，容易引起个体之间，甚至群体之间的摩擦，影响社区团结和睦，与当地社区居民的相容情况不容乐观。三是自主管理的社会组织建立较难，或建立了社会组织，而运行效果不理想，社区自我管理能力和协调能力不强，甚至较弱。这些问题虽然不是直接的物质财富缺乏问题，但它是影响社区持续发展与进步的本质性问题。在乡村振兴战略实施背景下，当地更应高度重视安置社区中存在的这些问题。笔者提出创新乡村人才培育机制，着眼于打造安置社区自我管理和自主发展的乡村优秀人才队伍，形成安置社区持续发展和乡村振兴的内生动力源、精神与思想智慧源。

一是以县（市）党委、政府为主体创新建立安置社区和乡村人才培育体系与机制，要抓好县级总体规划，制定长效精准、多方式、重实践实效、有考评的教育培训规划和配套的相关政策，并将构建此类体制机制作为各级干部工作考核的重要指标之一。具体而言，一要重视建立完善的乡村人才培育平台和政策，二要重视完善教育培训的内容和方法，三要重视教育培训人员的考评，四要重视教育培训工作目标的落实。

二是完善教育培训平台，完善乡村人才培养体系。其一，充分发挥当地各类各级学校的作用。现在所有县（市）虽基本具备幼儿园、中小学、党校等比较完善的教育机构。但是，缺乏培育乡村人才的具体机构与支持政策；当地中小学、幼儿园是从长远着手培养热爱乡村、热爱家乡的优秀人才的基础机构，它们除了要培养走出大山满足国家大发展需要的优秀专门人才以外，还要为乡村培养爱家乡、建设家乡的本土优秀人才，所以应在劳动课和第二课堂尽可能融入爱乡兴乡的教育内容，开设介绍本土资源、文化、历史和现状方面的课程，使之有意识地培养一批未来乡村建设所需的人才。其二，在安置社区挑选有发展潜力的乡村干部和村民（具有初中文化程度）进入中等职业学校学习，根据实际需要分类培养成各类优秀人才，使中等职业学校成为安置社区优秀人才的摇篮。县级党校要把在岗和后备安置社区干部工作能力、政治素质提升作为办学的重要使命之一，让在职村（社区）干部在实践和不断学习中成长为治理和自主发展的优秀领头人。其三，创新安置社区人才培养方式，建立安置社区优秀人才培育机制，即由县政府统筹协调，分期分批把在岗的安置社区书记和安置社区主任以及班子成员或乡村企业负责人，选派到本县或外县甚至外省的示范村（社区）和优秀乡村企业挂职学习，使之直接参与先进地区的乡村治理与管理过程，让先进的经验和精神直接融入挂职在学人员的心灵深处，学成回本地安置社区发挥领头作用。还可以将先进示范村的相关优秀带头人请到安置社区兼职，对当地工作做不定期指导，把先进经验传授给当地干部群众，既推进了工作又培养了人才。①

以上提出的平台和机制，主要是为安置社区（其实也适用于一般乡村）培育社会治理与社区自治发展方面的人才。有了这些人才，就可以凝聚社区群众，增强安置社区治理与发展的内生动力。概括起来主要是抓好六类精英人才的培养：安置社区书记、主任和班子成员及其后备干部，农村创业精英，农村产业技术精英，产业发展精英，社会组织的组织与运行精英，社会乡贤精英。

三是加强易迁群众的民生教育和乡村融合发展教育，增强易迁群众的自我发展精神和意志，既可采取个体对口帮扶性体验教育，也可采取乡村融合发展大众教育。乡村融合发展大众教育，是指创造以乡村融合发展为核心的社会团结进步教育。用文化活动、乡贤讲堂、评先表彰等方式营造浓厚的乡村融合发展社会氛围，使乡村与社区的融合发展实践成为易迁群众追求幸福美好生活的主旋律。

---

① 谭志松：《加强安置社区精英人才培养，促进社区治理发展内生动力》，《中国社会科学报》，2022年12月30日。

加强社会团结进步教育是阻断代际贫困最坚固的"防火墙",是贫困县域社会融合发展的内在动力源泉;乡村融合发展是农村产业融合发展的重要推手和不竭动力,也是减少相对贫困的必然要求。因此,社会团结进步教育是促进农村经济发展的动力源泉。社会团结进步教育实际上也是推进乡村振兴战略实施的内在动力,它有利于乡村共同体建设,也有助于村(居)民铸牢中华民族共同体意识和国家认同意识。

措施之三,切实加快完善安置社区的公共服务体系,并加强日常维护,进一步提升安置社区的治理水平,让安置社区的城镇化水平不断提高。安置社区关键要建立起在党组织领导下的社会自治组织体系、良性运行机制,要提高社区群众自我治理的自觉性,虽然现在这些社区也探索了一些治理经验和模式①,但就其实际效果和运行情况来看,还有待进一步提高和改进。特别是在信息化、智能化建设应用方面还与先进地区有较大差距,应急处理能力有待进一步提高。在本书最后一章中,笔者从乡村振兴的角度提出乡村社会治理要"五治结合",即"自治、德治、法治、智治和共治"有机结合,全面推进新时代乡村振兴社会治理,也可作为安置社区社会治理的一种模式。

措施之四,进一步加强安置社区文化文明建设,大力提升易迁群众精神文明水平,使社区精神文明建设成为社区干部群众的自觉行动。这就要求社区创新精神文明建设的机制,让落户社区的各行各业、各类团体,按照上级和社区的具体要求与安排履行自己的义务和职责。

措施之五,大力开展开源节流社会行动,建立和形成公共秩序准则。倡导安置社区居民遵守公共生活秩序,爱护和维护公共设施。要节约用水、节约用电以及其他相关资源;养成勤俭节约的良好社会风气,形成爱干净、守安全、保生态、护家园的良好"市民"品德。引导社区居民形成文明健康的交往、交流、交融氛围;鼓励支持易迁群众做有责任的

---

① 除了本章已介绍的一些经验以外,在本书第三章中,覃美洲副教授和胡孝红教授专门系统总结了恩施州易地扶贫搬迁安置社区社会治理的典型模式。

"新市民"；发挥社区党组织、党员的先锋模范作用，凝聚社区力量和精神，形成幸福美好的生活共同体。

参考文献：

［1］习近平：《习近平谈治国理政》（第一至第四卷），人民出版社，2015。

［2］中共中央党史和文献研究院：《习近平新时代中国特色社会主义思想专题摘编》，党建读物出版社和中央文献出版社，2023。

［3］郑杭生、杨敏主编《和谐社区建设的理论与实践——以郑州市实地调查为例的河南特色分析》，党建读物出版社，2008。

［4］郑杭生主编《社会运行学派成长历程—郑杭生社会学思想述评文选》，中国人民大学出版社，2013。

［5］陆学艺：《当代中国社会结构》，社会科学文献出版社，2010。

［6］张卫良主编《"城市的世界"：现代城市及其问题》，社会科学文献出版社，2012。

［7］钱振明主编《城市管理学》，苏州大学出版社，2005。

［8］张琢、马福云：《发展社会学》，中国社会科学出版社，2001。

［9］马明、仇旭辉、张闽剑：《宁夏实施国家易地扶贫搬迁试点工程初步设想》，《市场经济研究》2002年第2期。

［10］陆汉文、覃志敏：《我国扶贫移民政策的演变与发展趋势》，《贵州社会科学》2015年第5期。

［11］国家统计局农村社会经济调查总队：《中国农村贫困监测报告2000》，中国统计出版社，2000。

［12］中华人民共和国国家统计局：《中华人民共和国2016年国民经济和社会发展统计公报》。

［13］许源源、熊瑛：《易地扶贫搬迁研究述评》，《西北农林科技大学学报》（社会科学版）2018年第3期。

［14］国家发展改革委：《全国"十三五"易地扶贫搬迁规划》。

第三章　易迁社区治理模式创新研究

——以恩施州的实践调查为例

覃美洲　　胡孝红

摘　要：易地扶贫搬迁（以下简称"易迁"）作为"五个一批"工程之一，对如期完成精准扶贫、打赢脱贫攻坚战，全面建成小康社会具有重要作用和意义，再次彰显了我国集中力量办大事的制度优势。然而，对易迁群众而言，国家主导的易迁工程或会引起跳跃式的社会变迁，给易迁群众带来生产生活、文化心理等方面的变化，进而产生"三多三难"等社会治理问题。由于社会治理问题和风险的相对滞后性，目前在易迁社区，上述问题呈多样态交织并存，如不能对症下药，寻找到有效解决路径，可能会引发更深层次、更为严重的社会治理危机。为有效解决易迁社区存在的"三多三难"等社会治理问题，有效预防可能产生的社会治理危机，本课题组对恩施州易迁社区治理现状进行了多次深入的调研考察，在对恩施州易迁社区治理经验和做法予以总结提炼分析的基础上，提出了党建引领、"四治"融合、民主管理、矛盾纠纷排查化解、社区服务、突发公共事件应急处置等易迁社区治理新模式，以期实现易迁社区的共治共建共享。

关键词：易迁社区　"三多三难"　社会治理

第一节　强化党对易迁社区治理工作的领导

一　组织建设强化易迁社区的党建引领

（一）切实加强党对易迁社区治理的组织领导

湖北省恩施土家族苗族自治州（以下简称"恩施州"）各地各级党委、政府始终把切实加强党对易迁社区的组织领导贯穿易迁社区治理全领域和全过程，坚持用习近平新时代中国特色社会主义思想及习近平关于社会治理的重要论述武装头脑，扎实推进习近平新时代中国特色社会主义思想及习近平关于社会治理的重要论述进社区、进企业、进校园、进楼栋、进家庭。各级党组织通过切实加强对乡村社会治理的领导，着力构建党委领导、政府负责、社会协同、公众参与、法治保障、科技支撑的乡村社会治理体系。州、县（市）党委成立乡村社会治理领导小组，组长、副组长由党政主要负责同志担任，领导小组办公室设在同级党委政法委，负责日常工作。党委、政府主要负责同志作为乡村社会治理的第一责任人承担易迁社区治理的领导责任，分管领导作为易迁社区治理的直接责任人对易迁社区治理履行相应职责，班子成员履行分管责任。州政法委负责乡村社会治理工作的领导规划和统筹协调工作。

（二）强化易迁社区组织体系建设

持续抓好易迁社区基层党组织建设，建立健全以"社区党组织—网格（楼栋）党支部（党小组）—党员联系（中心户）"为链条的易迁社区党组织体系和以易迁社区党组织为核心、群团组织和社会组织共同参与的社区组织体系。如恩施州宣恩县抢抓基层党建"整县推进"机遇，以党支部规范化建设为抓手，全面加强易迁社区党组织建设，在摸清党员底数的基础上，成立党小组、建立党员之家，针对无党员的社区，统一选派党建工作指导员，做好党员纳新工作，实现党的工作全覆盖、无盲点。按照社区居委会的模式，规划安置社区的基层治理体系，全面增强乡镇政府的服务能力，每个社区安排 1 名乡镇干部，配备 1 名公益性岗位主任，牵头协调林业、国土、公安、民政等部门为回户籍所在村办理相关事项的易迁群众提供全程代办服务；全面完善社区党组织架构，加强 9 个易迁社区党组织建设，形成"社区党组织 + 社区居委会 + 网格员 + 楼栋长 + 社会组织 + 易迁群众"的社区组织架构。[①]

（三）着力深化易迁社区基层党组织建设

给钱给物，不如给一个好支部。只有搞好易迁社区的党组织建设，才能增强易迁社区党组织的凝聚力和向心力，也才能充分发挥易迁社区党组织的战斗堡垒作用。为此，恩施州委、州政府因地制宜探索实施了旨在提升易迁社区党组织建设成效的路径和措施。例如，恩施州巴东县沿渡河镇罗溪坝社区通过"两定两划抓党建"，提升易迁社区的组织领导力。"两定"即两委干部定岗定责、全体党员定标定责；个性化制定《党员职责量化考核表》和《党员合格标准》，每张考核表就是党员行动的一把尺子，天天都是一场考试。"两划"即制订五年发展规划、年度工作计划，实行量化管理，社区两委干部聚焦岗位职责，普通党员发挥带头作用，探索出流动党员"八个一"（每周与家人通一次电话、每月缴纳一次党费、在网络平台每月主题党日报到一次、每季度上交一份学习心得、每季度参加一次支部党员民主评议、每半年汇报一次思想动态、每年参加一次所在支部活动、每年开展一次流入地不忘初心党组织活动）管理模式。该量化管理模式的总分为 100 分，其中共性部分占 40 分，个性部分占 60 分；制定出台具体的操作办法，对评议步骤、操作程序、分值等次、结果运用进行界定，规范运用量化考评结果；严格开展民主评议；该评议由党支部组织，每季度集中评议一次，年终总评，根据年终总评及民主评议评出优秀、合格、基本合格、末位党员后，将结果进行线上线下公示，考评过程接受群众监督，年度评议结果将存入受评个人业务档案，作为考核、评优表模、子女参军、选拔任用的依据；对优秀党员

---

① 根据在宣恩县易迁社会治理调研座谈会上宣恩组织部发言材料整理，2020 年 8 月 21 日。

通报表彰，对末位党员依据相关规定分别给予"帮扶教育""限期改正""党纪处分"等相关处置。通过抓党建工作和作风建设，社区党支部的战斗力、凝聚力、执行力进一步提升，党员的党性意识进一步增强，带头示范作用更加明显，社区干部的工作作风更加务实。罗溪坝社区先后荣获湖北省"百佳村民委员会"、恩施州"先进基层党组织"、巴东县"最美乡村"等荣誉。[①]

（四）发挥党组织优势，统筹各类资源，充分激发易迁社区治理活力

要想推进基层社会治理体系和治理能力现代化建设，就必须坚持党的全面领导。恩施州易迁社区治理在党的全面领导下，充分利用党建优势和资源，把党建资源转化为易迁社区的治理资源，也把党建优势转化为易迁社区的治理优势。充分发挥党组织统筹各类资源的优势和能力，充分激发易迁社区的治理活力。

恩施州宣恩县通过充分发挥党组织优势，把各类资源统筹起来，最大限度地凝聚社区治理合力，一起"搭台唱戏"，构建联动共治的工作格局。当地以"党建＋"为统领，建立易迁社区"125"（"1"指党支部，"2"指党小组长、楼栋长，"5"指思想引领员、就业服务员、排忧解难员、权益维护员、文明倡导员）管理服务模式。将来自多个乡镇的易迁党员的组织关系转隶到社区，并采取跨区选派、区县下派、安置点推选的方式，将政治素质好、"双带"能力强、组织协调能力强的党员干部、能人推选进入社区"两委"队伍，组建易迁社区党支部。当地采取网格化管理模式，根据易迁对象、居住单元等要素，把易迁社区划分为若干个网格，设立网格党小组，差异化配置党小组长、楼栋长。选拔社区无职党员、退伍军人、有威望的老人、热心群众进入社区"五员"队伍，对其设岗定职，打造功能型"五员"服务队。目前，该县共整合打造"新市民"服务中心124个，采取联合建、单独建等方式组建91个安置点党组织，选配党小组长150余名、楼栋长400余名、"五员"620名，

---

① 根据在罗溪坝社区调研座谈会上党建汇报发言录音整理，2020年9月15日。

实现安置社区党组织和工作全覆盖，构建起联系无障碍、管理无盲点、服务无缝隙的社区管理服务体系。①

二 政治建设引领易迁社区治理

2020 年 6 月 29 日，习近平总书记在主持中共中央政治局就"深入学习领会和贯彻落实新时代党的组织路线"举行的第二十一次集体学习时着重强调："基层党组织是贯彻落实党中央决策部署的'最后一公里'，不能出现'断头路'，要坚持大抓基层的鲜明导向，持续整顿软弱涣散基层党组织，有效实现党的组织和党的工作全覆盖，抓紧补齐基层党组织领导基层治理的各种短板，把各领域基层党组织建设成为实现党的领导的坚强战斗堡垒。"②

由此可见，基层党组织是乡村社会治理的领导核心、化解矛盾纠纷的中坚力量、维护社会稳定的第一道防线、应对突发事件的坚强堡垒和凝聚各方力量的重要纽带。而易迁社区党组织凝聚力强不强，是否能充分发挥战斗堡垒作用，关键取决于易迁社区党支部书记及社区"两委"成员的政治思想素养高不高，是否能够起到模范带头作用。

为此，恩施州各地各级党委以基层党建工作为抓手，加强党的政治建设，将基层党组织的组织资源转化为社会治理资源、把组织优势转化为社会治理优势、把组织活力转化为社会治理活力，把建设好、巩固好、发挥好基层党组织作用作为重点，筑牢易迁社区治理的前沿防线。

恩施州委组织部为把易迁社区（易迁安置点）党组织带头人真正培养成为易迁社区（易迁安置点）工作的核心力量，积极探索出"红色头雁"党建工程，结合易迁社区（易迁安置点）的实际情况，提出了诸多有针对性的有效措施和办法。

---

① 根据在宣恩县易迁社会治理调研座谈会上宣恩组织部发言材料整理，2020 年 8 月 21 日。
② 习近平：《在中共中央政治局就"深入学习领会和贯彻落实新时代党的组织路线"举行第二十一次集体学习上的讲话》，《人民日报》2020 年 6 月 29 日。

一是要求各县（市）组织部门采取集中学习、分批培训、送课上门等方式，对易迁社区党支部书记和易迁安置点所在的村（社区）支部书记单独开班，进行全员培训，切实提升其政治思想素养、服务群众和解决实际问题的各项能力。二是实施村（社区）后备干部"三个一批"计划，即从在职村（社区）干部、村（社区）医村教、致富能手、外出务工人员中培养一批书记人选、一批"两委"成员人选、一批入党积极分子，形成易迁社区组织后备干部的梯次储备。三是根据实际情况，县委组织部门将为易迁社区（易迁安置点）所在的村（社区）选派"第一书记"，切实增强基层党组织在乡村社会治理中的主导作用。恩施州委组织部要求各县（市）对易迁社区（易迁安置点）所在村（社区）的"两委"班子进行深入细致的摸底调查，对软弱涣散、组织力量不强，但又无法在短期内解决的"两委"班子，及时选派"第一书记"全面领导和组织易迁社区（易迁安置点）所在村（社区）的工作。四是实施农村"五老助力"工程，选聘农村"五老"人员担任易迁社区（易迁安置点）所在村（社区）顾问，助力易迁社区发展，服务易迁社区治理。[①]

在恩施州委组织部的指导下，恩施州各县（市）还结合实际情况，因地制宜开展相应的党组织书记"红色头雁"党建工程，取得了较好的社会实效。如恩施州来凤县坚持县委主导、县乡联动，严把三关，做好四统筹，对易迁社区党组织书记选、育、管、用等方面、环节进行全方位、全过程备案管理，把易迁社区党组织书记队伍建设抓在手上。一是严把选任标准关，如来凤县委制定了村（社区）党组织书记选任的"四有四能"标准，明确不称职党组织书记的"八条红线"，旗帜鲜明树立"能者上、平者让、庸者下"的选人导向。二是严把人选质量关，县委明确规定按研判、动议、联审、考察、任命五个步骤选任易迁社区党组织书记。三是严把人才储备关，县委要求建好用好乡土人才库和村（社区）党组织书记后备人选库。四是统筹教育培训资源，县委办好办实政治课

堂、业务课堂、产业课堂、实践课堂、群众课堂"五个课堂",育强易迁社区党组织书记队伍。五是统筹管理考核机制,由县委制定考核办法,保证易迁社区党组织书记干成事、不出事。六是统筹激励保障政策,落实基础保障,建立关怀帮扶机制,保证易迁社区党组织有干头、有盼头。七是统筹健全责任体系,强化县委主体责任、乡镇党委直接责任、县直部门和驻社区单位帮扶监管责任,保证易迁社区党组织书记队伍建设"一盘棋"。

三 思想建设提升易迁社区党员干部的党性素养

对历史最好的纪念,是叩问初心;对未来最好的宣言,是坚守使命、担当使命。习近平总书记在"不忘初心、牢记使命"主题教育总结大会上指出:"我们党要始终得到人民拥护和支持,书写中华民族千秋伟业,必须始终牢记初心和使命,坚决清除一切弱化党的先进性、损害党的纯洁性的因素,坚决割除一切滋生在党的肌体上的毒瘤,坚决防范一切违背初心和使命、动摇党的根基的危险。'不忘初心、牢记使命'主题教育,是一次理论学深悟透、信仰淬火成钢的思想洗礼,也是一次展现新气象、激发新作为、引领新征程的出征宣示。"[①] 对于从事易迁安置工作和奋战在易迁社区治理一线的广大党员干部而言,以"不忘初心、牢记使命"主题教育为抓手的思想建设既是强化理想信念、理论功底和党性素养的"淬火",也是肩负易迁安置工作和易迁社区治理使命担当的"赋能"。

如恩施州巴东县沿渡河镇罗溪坝社区党支部根据各级党委统一安排和部署,切实开展以"不忘初心、牢记使命"主题教育活动为主要内容的思想建设,深入学习贯彻习近平新时代中国特色社会主义思想,提振打赢脱贫攻坚战、落实乡村振兴战略的精气神,确保思想建设各项任务落地落实。通过制定主题教育实施方案、成立领导小组、党员拟定自学

---

① 李斌:《激发走好新时代长征路的不竭动力》,《人民日报》2020 年 1 月 1 日。

计划、发放党员群众征求意见表和党支部、党员问题清单等形式，当地党支部回收党员群众征求意见表 25 份，征集问题清单 15 条（党支部 4 条，支委成员 11 条），党员个人从党员意识、担当作为、服务群众、遵纪守法、作用发挥等方面查摆问题 43 条，形成个人检视剖析材料，做到了自我净化、自我完善、自我革新、自我提高，切实增强了"四个意识"、坚定了"四个自信"、做到了"两个维护"。通过以"不忘初心、牢记使命"主题教育活动为主要内容的思想建设，罗溪坝社区涌现出一批优秀党员、预备党员、入党积极分子。如社区党支部副书记张洪权在全县后备干部培训班上以"'罗溪工作法'的探索与实践"为题举办了专题讲座；预备党员张勇严守纪律，规范言行，每日提前上班，不辞辛劳加班；预备党员谭学锐义务疏通小干沟水渠淤泥垃圾、清理路障垃圾；入党积极分子廖庆松艰苦创业带领贫困户发家致富等。罗溪坝社区党支部还探索出"五以三点"（以文论廉、以艺颂廉、以情助廉、以媒传廉、以民感廉，去痛点、破难点、解焦点）工作法，通过各种形式学习《中国共产党廉洁自律准则》《中国共产党纪律处分条例》《中华人民共和国监察法》等党纪国法，以及开展党风廉政建设宣传教育月等活动，对社区党员干部进行思想建设教育，增强党支部及其党员的党性修养。[1]

四 纪律建设锻造易迁社区干部队伍

易迁社区干部掌握着社区资源分配、易迁后续项目建设、公益岗位安排、低保户评定等与易迁群众利益密切相关的诸多"微"权力，因此，必须在易迁社区按照党规党纪要求建立党内监督制度，配备党内监督人员。如湖北省巴东县为防止上述"微"权力有可能带来的"微"腐败，对上述"微"权力的行使加大了监督力度。专门在易迁社区设立纪检监督员，建立纪检监督制度，为更好地让社区纪检监督员开展工作，纪检监督员不是由同级党组织选举产生，而是由上级党委选派，对上级党委

---

[1] 根据在罗溪坝社区调研座谈会上党建汇报发言录音整理，2020 年 9 月 15 日。

和上级纪检监察部门负责,享受社区主职干部的经济和政治待遇。按照"六有"(有专职人员、有办公场、有工作制度、有履职资料、有宣教阵地、有经费保障)工作要求,当地社区深入开展党风廉政教育活动,把党风廉政建设融入日常、常抓不懈。当地社区还加强对党员的党风廉政和遵纪守法教育,组织党员学习《中国共产党党内监督条例》《中国共产党纪律处分条例》,提高党员的思想政治素质。通过党风廉政建设,扎牢制度笼子,从源头上防止"微"腐败。①

五 创新机制促进易迁社区发展

易迁社区一般都是新成立的社区,这些新社区面临的各种问题和矛盾众多,单靠易迁社区自身的力量是无法解决的,为此,恩施州各级党委、政府探索创新"大党委"等机制,共促易迁社区发展。

恩施州巴东县晴帆园社区于2019年成立,是全县规模最大的易迁社区,常住人口有1015户2951人。为加强社区基层治理,2020年,晴帆园社区成立了"大党委"机制,有效将县、镇、社区三级资源进行"打包",构建起社区治理的"百米服务圈"。在"大党委"机制统领下,各责任单位通过提高认识,着力解决思想问题,落实党员下沉、党员入户,解决群众实际困难;围绕"管理有序、文明祥和、服务规范、安居乐业"总体目标,着力补齐社区的短板;通过着眼大局,重视基础建设,着力解决社区发展问题,努力争创"最美易迁点"称号;通过建强队伍,重视人才培养,着力解决保障服务问题,切实增强社区治理能力。2021年,根据晴帆园社区列出的"监控覆盖补短板、出行道路拓宽、修建丧葬服务用房、外地培训学习、绿化补植、引进企业入驻、添设广场照明灯、规范标志标牌、添设电子显示屏、新建垃圾亭"十件民生实事清单,"大党委"各报到单位负责人在工作协调会上积极建言献策,主动认领任务,并结合本单位实际,利用自身资源优势,全力支持、配合社区完成清单

---

① 根据在巴东县晴帆园社区调研座谈会上发言录音整理,2020年9月16日。

上的十件民生实事，让易迁社区居民得到实惠。①

第二节　"四治"融合搭建易迁社区治理的模式

畅通基层群众参与乡村社会治理的渠道，因地制宜建立健全切实有效的乡村社会治理体系，有利于加强基层治理体系和治理能力现代化建设，进而有助于实现国家治理体系和治理能力的现代化。为此，恩施州各级政府结合本地经济社会发展实际，建立党组织领导的以自治、德治、法治、智治为主要内容的"四治"融合易迁社区基层治理体系，以此推动基层治理体系和治理能力的现代化建设。

一　自治管理激发易迁社区活力

村（居）民自治是新时代乡村社会治理的基本目标。为有效促进易迁社区治理，恩施州各级党委、政府充分发挥各部门的职能作用，推动社会治理重心向易迁社区下移，鼓励村（居）民有序参与自治，通过建立健全居民议事决策机制、创新自治模式和再造基层自治组织的有机结合，将社区管理"独角戏"变成"党政部门指导、基层组织搭台、人民群众主演"的"大合唱"，充分发挥易迁社区居民的"自治"动能，激发社会活力，巩固易迁社区治理成果。

（一）依法成立自治组织

当易迁安置点达到社区设立的条件和标准时，应及时依法设置自治组织，新成立村（居）民小组的易迁社区应及时组织易迁社区群众选举村（居）民小组长，并依法成立业主委员会，负责管理日常事务。而在不能达到社区成立条件和标准的易迁安置点，当地政府也应按照属地原则，及时将其划转到属地所在的村（社区），并在该村（居）"两委"班子中依法增加相应职数，依法依规吸纳易迁人员进入该村（居）"两委"

---

① 根据在巴东县晴帆园社区调研座谈会上发言录音整理，2020年9月16日。

班子，参与自治管理。

恩施州按照相关规定和实际需要，以便于管理、便于服务、便于居民自治为原则，在全州建成 1425 个集中安置点。容纳人口在 1000 人及以上的集中安置点，单独设立村（社区）或者以村改居的形式进行管理；安置点安置人口在 200（含）~1000 人的，将安置点划分为一个或多个村（居）民小组；安置点安置人口在 200 人以下的，将该安置点并入当地建制村的某一村民小组管理。设立为社区的集中安置点由所在乡镇进行直接管理和服务，设立为村（居）民小组的集中安置点由所在建制村（社区）进行直接管理和服务，并入村（居）民小组的集中安置点由村（居）民小组负责管理和服务。截至 2020 年，全州共新成立了 10 个社区，134 个村（居）民小组。新成立的社区全部依法成立了社区"两委"组织，并配齐了"两委"班子成员，其他安置点也都明确了负责人，以楼栋、院落为基本单元，选优配强新设立的村（居）民小组长（网格员）、楼栋长，增选村（居）民代表。安置点成立业主管理委员会或设立中心户长、楼栋长（业主管理委员会由安置点内业主选举产生，中心户长或楼栋长以楼号为单元推选产生）协助社区进行管理。①

（二）提升易迁社区的自治能力

易迁社区治理取得的成效与易迁社区自治建设能力息息相关。一般而言，易迁社区自治能力越强，其自治成效就会越好，反之亦然。有鉴于此，为让易迁社区更好地行使自治权，让其自治取得实实在在的成效，恩施州各级政府采取多举措、多途径提升易迁社区的自治能力。如恩施州委政法委为提升易迁社区的自治能力，专门针对易迁社区的主职干部进行乡村社会治理知识培训，重点组织学习《中华人民共和国村民委员会自治法》《中华人民共和国村民委员会组织法》等关于乡村社会治理的法律，解决乡村社会治理"谁来干""干什么""怎么干"等问题，并取得了较好效果。

---

① 根据在恩施州易迁社会治理调研座谈会上易迁办发言录音整理，2020 年 8 月 17 日。

（三）完善自治机制

一是坚持村（居）务公开。当地易迁社区进一步完善村（居）务公开制度，健全公开目录，及时将易迁社区办事流程、工作进度、执行效果、经费收支等情况进行公开。恩施州以县（市）为单元，把县（市）域内人户分离的困难易迁群众所享受的社会救助和精准帮扶等情况在迁入地村（社区）和迁出村实行同步公开。广泛听取易迁群众对社区管理的意见和建议，对易迁群众关心的社区卫生管理费、水电费定价以及收缴情况及时公开。对涉及易迁群众的公共财政资助或第三方资助的项目全程公开，确保社区日常管理公开、公平、公正。

二是落实民主协商。充分发挥"两代一委"作用，建立健全易迁社区村（居）民会议、村（居）民代表会议和村（居）民协商议事会议制度。民主协商应由基层党组织牵头，对仅涉及居住地原村组内部利益的事项可邀请易迁群众代表列席，对需易迁群众投工投劳的公共公益事项，协商主体中要有一定比例的易迁群众代表，健全协商成果采纳、落实和反馈机制，让易迁群众感受到作为"主人翁"的温暖。

三是实行民主决策。在易迁社区推行以民主集中制为内核的"四议两公开"居民议事决策制度，即凡涉及群众利益的重大事项，按照党支部提议、"两委"会商议、党员大会审议、村（居）民会议决议的流程进行协商，真正做到过程公开、结果公开。凡是易迁后续帮扶、易迁社区产业发展、基础设施建设、涉农惠农政策、项目及资金等涉及易迁群众切身利益的重大事项，严格落实"四议两公开"居民议事决策制度，先召开社区村（居）民小组会、院落会广泛宣传，并充分听取群众意见，在得到多数群众认可后，提交"两委"会审议。"两委"在统筹各方意见后，拿出具体的实施方案，再交由党员和村（居）民代表大会表决，一旦通过，则成为村级评定的最终结果，成为全体村民的共同意思表示。"四议两公开"居民议事决策制度将易迁安置社区事务公开化、透明化、阳光化，让村（社区）里的事情由村（居）民自己说了算，扩大了村（居）民参与村级事务管理的参与权、知情权，把决策交给群众定、过程交给群众管、事项交给群众办，真正实现了"民事民议、民事民决、民事民办、民事民管"的村（居）民自治，取得了较好的社会经济效益。

湖北省恩施州巴东县在易迁社区（易迁安置点）推行社区居民自治制度，坚持民主议事，有以下几点经验。

一是居民代表会议决定社区大事。社区每年3月15日组织召开居民代表民主管理工作会议，镇包片领导和驻村干部到会指导。社区"两委"、社区党员、社区居民代表、社区易迁楼栋长在会上共同对社区"五年发展规划"、"年度工作计划"，《社区居民公约》《社区集体经济收入使用办法》进行讨论、表决。社区党支部纪检委员、居务监督委员会主任就纪律监督、民主监督工作表态发言。

二是屋场院子会协商居民要事。凡涉及居民切实利益的大事，如征地拆迁、基础设施建设、惠民政策宣传等，社区采取包片责任制，由包片社区干部召集片区居民参加屋场院子会，提前告知相关政策，充分保障其知情权；广泛听取居民意见，让广大居民充分讨论，并形成初步统一的意见，让居民切实感受到自己就是社区大家庭的一分子，个个都是局中人、人人都是当家者。

三是社区干部调解会解决疑难琐事。针对部分居民自行协商和包片社区干部协调解决不了的难题，社区书记主任组织专班积极调解。如巴东县沿渡河镇罗溪坝社区所在的老集镇曾有一桩积案10年的宅基地纠纷，涉及金额近6万元，涉事双方经县、州两级法院调解均未达成和解。"村改居"后，罗溪坝社区主动转变服务方式，社区干部多次主动上门与涉事双方交流谈心，利用双方当事人都希望事情得到解决的心态从中协调，同时发动外围力量，动员双方亲朋好友进行劝说，最终双方让步、相互谅解，达成一致意见。①

---

① 根据在巴东县易迁社区治理调研座谈会上发言录音整理，2020年9月16日。

　　四是开展民主评议。对负责易迁群众服务工作的村（社区）干部的民主评议由各镇统一安排部署。把服务易迁群众情况作为民主评议的重要内容，督促干部多为易迁群众着想、多为易迁群众办实事。切实发挥评议结果对干部的激励作用，对易迁群众不满意的干部要按照相关规定处置。有物业公司管理的易迁安置小区，要有序组织易迁群众对物业公司的服务质量进行评议，维护自身的合法权益。

　　（四）创新自治模式

　　为充分发挥易迁群众参与易迁社区治理的积极性，恩施州各地易迁社区结合本地实际，因地制宜创新自治模式，提高社区自治成效。

　　恩施州咸丰县黄金洞乡石家坝易迁安置点通过采取"易迁＋群众自治"创新自治模式，取得了较好的社区治理效果。黄金洞乡石家坝易迁安置点共安置贫困人口 74 户 246 人，为抓好易迁安置点后续管理工作，黄金洞乡围绕"易迁＋群众自治"创新自治模式，有效助力贫困户易迁安置工作"稳得住"。通过发扬民主作风，易迁户的主观能动性被充分调动。黄金洞乡下放权力，组织干部经常到安置点召开群众会议，让群众自己制定安置点管理办法，充分调动易迁群众的积极性，群众踊跃建言献策，自发制定了易迁安置点管理制度和公约，为安置点管理机制的建立打下了良好的群众基础。治理模式创新让易迁安置点治理有了"主心骨"。易迁安置点采取"党小组＋一制一长三员"的自治管理模式，成立了由小组长、纪检委员、宣传委员组成的石家坝易迁安置点党小组，由易迁户民主推荐中心户长、安全信息员、矛盾调解员、卫生监督员。以上 7 位管理员每人联系 10 户易迁户，易迁安置点各项事务由"党小组成员＋'一长三员'"负责。易迁安置点治理有了"主心骨"，一些邻里纠纷第一时间得到有效化解。通过倡导乡风文明建设，易迁安置点群众共同维护易迁安置点良好生活环境。通过召开易迁安置点群众大会讨论通过环境卫生费收费标准，按照每户每月 5 元的标准收取环境卫生费，由党小组的纪检委员对环境卫生费列支进行监管，对垃圾实行统一转运，有效维护了易迁安置点良好的生活环境。①

在调查过程中，村民感叹道："自从有了'党小组＋一制一长三员'的自治管理模式，寨院酗酒滋事、吵架斗殴没有了，公共场合赌博也没有了，大家集中精力搞建设，家家户户都和和睦睦的。"

（五）再造基层自治组织

通过对恩施州易迁社区自治情况的调查，课题组认为为更好地实现自治，恩施州易迁社区在制订完善村民自治章程和村规民约，鼓励村（居）民参与村（社区）级事务治理，不断建设基层群众自我管理、自我教育、自我服务、自我监督的村（社区）级治理平台和组织发动工会、共青团、妇联等群团组织参与乡村社会治理，大力培育社会工作人才，引导成立专业社工机构，建立专业社工队伍的同时，还必须通过再造乡贤道德评判团、红白理事会等不同形式的群众自治组织，让不同的人群在不同领域发挥不同作用，做到人尽其力、人尽其才，全方位参与乡村社会治理。

恩施州巴东县沿渡河镇罗溪坝社区为解决因场地限制、易迁群众人生地不熟而引发的红白事大操大办、铺张浪费、攀比之风盛行等问题，在社区"两委"的领导下，社区居民推举乡贤能人组建红白理事会，并结合严禁"无事酒"的要求，依法制定理事会章程，由理事会按章程操办红白事，不仅解决了易迁社区居民的实际困难，也减轻了群众的经济负担，更使得社会风气得以扭转。

巴东县茶店子镇梅花山易迁社区打造"社区志愿服务队＋爱心超市"的社区志愿服务体系，与社会组织、社会工作者、社区志愿者、社会慈善资源联动，通过向社会募捐，社区企业、个人的自愿捐赠等形式，社区获得相应物资建立"爱心超市"，"爱心超市"的所有物资靠"积分"兑换。社区居民自愿参加社区志愿服务队，为社区及他人提供服务或帮助，并把每一项服务或帮助量化为一定"积分"，凭"积分"到"爱心

---

① 根据在咸丰县易迁社区治理调研座谈会上相关发言录音整理，2020 年 8 月 18 日。

超市"兑换相应价值的物资，该办法取得了良好效果。①

二　德治浸润提升易迁社区居民素养

道德和法律是调整人类社会关系的两大主要规则，也是社会治理的两种主要方式。毫无疑问，在倡导依法治国，建设社会主义法治国家的中国特色社会主义新时代，法治以警察、监狱、司法等外在的国家强制力为后盾，对破坏社会秩序、危害社会安全等一切违法犯罪行为予以惩处，维护社会稳定，保护公民合法权益不受侵犯，最大限度地维护社会的公平正义与和谐稳定。由此可见，法治的功能和作用是不容被替代的。但是法治也不是万能的，也具有自身的局限性，而道德主要是依靠人们的信念予以维系，能够从思想上让人们心悦诚服地遵守道德准则。进入新时代，道德作为一切良治善治的基石，在乡村社会治理过程中的重要性越发凸显。

我国十分重视德治在基层社会治理中的重要作用。2018 年 1 月 2 日印发的《中共中央　国务院关于实施乡村振兴战略的意见》指出："提升乡村德治水平。深入挖掘乡村熟人社会蕴含的道德规范，结合时代要求进行创新，强化道德教化作用，引导农民向上向善、孝老爱亲、重义守信、勤俭持家。建立道德激励约束机制，引导农民自我管理、自我教育、自我服务、自我提高，实现家庭和睦、邻里和谐、干群融洽。广泛开展好媳妇、好儿女、好公婆等评选表彰活动，开展寻找最美乡村教师、医生、村干部、家庭等活动。深入宣传道德模范、身边好人的典型事迹，弘扬真善美，传播正能量。"②

为此，恩施州易迁社区要通过持续开展"最美易迁家庭""最美易迁人"等评选活动，把"道德讲堂"建在社区，树立身边榜样；各级政府通过牵头建立机制、搭建平台、筹措资金、开展活动，鼓励扶危济困，

---

① 根据在罗溪坝社区治理调研座谈会上社区治理发言录音整理，2020 年 9 月 15 日。
② 《中共中央　国务院关于实施乡村振兴战略的意见》，2018 年 1 月 2 日。

勉励互帮互助，倡导全社会褒扬善行义举；引导文体部门回归本位，把社区文化志愿者、民间艺人、文化能人组织起来，走出小剧场，走进村寨大舞台，为社区居民提供喜闻乐见的文化产品与活动，并建立了厚德载物、以文化人、以文育人、以评立德、以文养德、以规促德的德治体系，通过德治浸润提升易迁社区居民的修养。

（一）实施三大工程深化德治建设

1. 实施道德强基工程

一是将道德建设融入村规民约。根据《社会主义核心价值观体系建设实施纲要》《新时代公民道德建设实施纲要》，易迁社区"两委"及社区居民代表展开讨论，重点围绕社会主义核心价值观中针对个体提出的"爱国、敬业、诚信、友善"要求，修订村规民约，将其作为德治的总体纲领，统一、规范和约束村民的道德行为，提高社区居民的道德素养。二是成立乡贤道德评判团，由社区全体党员、楼栋长、社区居民代表和部分居民自主推选，社区"两委"审核把关，并报乡（镇）法治办备案，选出德高望重、热心公益、有时间、有精力的居民组成乡贤道德评判团，评判村内群众道德行为，实现"好坏大家评""落后大家帮"，共同促进社会公德、家庭美德、个人品德、职业道德的养成和提升。

2. 实施载体提升工程

一是设立"法德讲堂"。依托易迁社区党员活动中心建立"法德讲堂"，通过好的家风、家训、家教和民风、民俗等宣讲活动，讲好中华优秀传统美德故事，传播身边感人事迹，宣传中华优秀传统文化，讲授文明礼仪知识，潜移默化地引导广大居民崇尚真、善、美。二是建立法德文化墙，有条件的地方建立法德文化广场，在居委会公共场所树立道德提示牌，打造道德文化长廊，营造知荣辱、扬正气、促和谐的良好德治氛围。三是建立"雷锋志愿服务队"，针对居民素质素养参差不齐的现状，重点开展结对帮扶服务，引导居民养成良好的道德观念，引导他们向上、向善、向好。

3. 实施榜样引领工程

一是开展"十星"文明创建活动。组织居民积极参与勤劳致富星、道德风尚星、遵纪守法星、孝老爱亲星、诚实守信星、邻里互助星、科教文化星、生态环保星、环境卫生星、文明家风星"十星"文明创建活动。二是开展"最美"系列评选活动，对评选出的"最美易迁社区""最美易迁家庭""最美易迁人"进行表彰，使易迁社区处处洋溢大爱之美、遍开文明之花。三是树立道德典范，用身边的道德典范引领群众、感染群众。如宣恩县持续为易迁群众打造生活舞台、文化阵地，组织志愿服务队伍服务社区、治理社区，定期开展"出彩楼栋""出彩家庭""出彩居民"评选活动，以榜样力量激发易迁百姓的内生动力。再如柚乡苑社区贫困居民李吉海勤劳肯干，承包 10 亩淤泥田种植莲藕，当年纯收入达 2 万元，以每亩 4000 元/年的价格流转抛荒地 60 亩种植红心猕猴桃和八月瓜，带领群众致富，李吉海因为做事认真负责有担当，被群众推选为易迁社区楼栋长，2019 年 1 月被表彰为"出彩宣恩人"。[1]

（二）培育和践行社会主义核心价值观

近年来，恩施州各地党委、政府坚持把学习宣传贯彻习近平总书记系列重要讲话精神和关于精神文明建设、思想道德建设的重要论述作为首要政治任务。着力培养实现中华民族伟大复兴的圆梦人，通过强化教育引导、实践养成、制度保障，把社会主义核心价值观融入社会发展的各个方面，使之成为"百姓日用而不觉"的行为准则。各级党委、政府领导带头走进易迁社区，通过召开群众大会、屋场院子会等形式宣讲社会主义核心价值观。

一是搭建"道德实践"平台，让"孝德文化"融入社区居民生活。通过开设"孝德讲堂"，组建一支由乡贤能人、党员干部和道德模范组成的宣讲队伍，进网格、进楼栋开展孝德宣讲活动，引导社区居民树立知恩图报、与人为善的意识，培育好校风、好村风、好家风，引领良好社

---

[1]　根据在宣恩县易迁社会治理调研座谈会上宣恩组织部发言材料整理，2020 年 8 月 21 日。

会风尚。结合春节、端午节、重阳节等传统节日，当地社区组织开展以制贺卡、包粽子、打糍粑等为主要形式的"送温暖"活动，向长辈表达晚辈的孝心；通过开展"行孝一日"活动，组织青少年为父母做力所能及的家务，利用短信、微信等现代媒介给父母发送祝福信息，表达孝心；通过开展邻里互帮活动，让孝德走出小家，融入大家，主动帮助邻居做一些力所能及的事情，协助邻居解决生活中遇到的困难，营造"我帮人人、人人帮我"的良好社会氛围。

二是大力开展"道德文化主题社区"创建活动，助推易迁社区治理。恩施州各地党委、政府因地制宜指导易迁社区结合自身实际，突出德治浸润作用，找准乡村社会治理切入点，发动社区居民广泛参与，大力开展"道德文化主题社区"创建活动，助力易迁社区治理。如恩施州宣恩县拓展德治的精神内涵，着力斩断易迁群众精神层面的"贫困"代际传承链条，以文化人、以德育人，在社区中心设立道德宣传栏，强化道德示范引领作用，发掘先进典型"全国最美少年"——刘顺。加强对居民在节能环保、垃圾分类、家风文明等方面的宣传引导，推动形成邻里互助的社会风尚和幸福氛围。同时依托新时代文明实践所（站），定期集中宣讲党的精神、各类惠民政策以及乡村振兴相关知识，在思想上教育引导易迁群众"感党恩、听党话、跟党走"。恩施州咸丰县通过文化上墙、宣传入户、制度明文、创先争优等活动或方式，有计划地对易迁群众进行思想道德教育，建设和开辟公益性文化体育场所，开展群众喜闻乐见、健康有益的娱乐和文化体育活动，大力整治社区环境，开展文明小区、文明楼栋、文明家庭、好媳妇、好公婆、最美家庭、诚信居民评比评选活动，树立一批先进典型，带动社区形成"知荣辱、讲正气、树新风、促和谐"的文明风尚。湖北省恩施州巴东县茶店子镇梅花山社区逐户采集家风家训，并做成标牌悬挂于住户所在的楼道，以此提高社区居民的道德素养。[①]

① 根据在巴东县茶店子镇梅花山社区治理调研座谈会上发言录音整理，2020 年 9 月 17 日。

课题组在调研中发现，"道德文化主题社区"创建活动对易迁社区治理起到了较为明显的正向效应。促使社区治安、社会风气产生根本性好转。打架斗殴、扯皮推诿的事少了，支持公益事业的人多了；传统美德得以回归，家家比和睦、人人比孝道、个个争模范蔚然成风；乡村环境卫生好了，孝子孝媳多了，老人投诉少了。

三 法治实践提高易迁社区治理效能

法治既是人类社会文明的共有成果，也是社会主义核心价值观的主要内容之一。法治作为社会治理的一种基本方式，在权利的确认、利益关系的协调、利益诉求的表达、社会矛盾的解决等方面发挥着重要作用。[①] 为充分发挥法治功能，提高易迁安置社区治理效能，需从以下几个方面进行法治实践。

（一）用法治规范权力

法治的核心要义是"控权"和"保权"，"控权"就是对公权力的控制，"保权"就是保护公民的合法权益。国家治理体系现代化离不开政府，人民把权力授予政府，形成公权力，而创设公权力的目的是保障公共利益，比如保障国家安全、社会稳定，实现公平正义、维护公民合法权益等，但是公权力的行使主要是要靠政府公务员，而某些政府人员一旦有了权力，就会铤而走险地滥用职权，从而滋生腐败。正如阿克顿在其《自由与权力》一书中所说："权力导致腐败，绝对权力导致绝对腐败，……绝对权力会败坏社会道德，历史并不是由道德上无辜的一双双手所编织的一张网。在所有使人类腐化堕落和道德败坏的因素中，权力是出现频率最多和最活跃的因素，伴随着暴虐权力而来的往往是道德的堕落和败坏。"[②] 正因如此，要把权力关在制度的笼子里，用法治规范权力运行，真正实现"权为民所谋"。

---

① 杨文娟、王锡森：《法治：社会治理的路径和目标选择》，《学理论》2016 年第 1 期。
② 〔英〕阿克顿：《自由与权力》，侯建等译，译林出版社，2011，第 342 页。

建立国家工作人员就职宣誓制度，培养其对法律的敬畏之心。古人云："畏则不敢肆而德以成，无畏则从其所欲而及于祸"。法治作为人们的一种生活方式和治国理政的主要手段，与人们的生活息息相关。对于普通民众而言，当人们对法律和制度有了一颗敬畏之心，就会在日常生活中尊重和遵守法律。而对于手握公权力的行政机关工作人员尤其是各级领导干部，其唯有心怀一颗对法律的敬畏之心，牢固树立法律至上的意识，才能做到依法、依规办事，最大限度保证权不滥用，不侵犯公民的合法权益。

敬畏法律首先表现为对宪法的遵从。国家工作人员必须带头维护宪法、遵守宪法。而建立国家工作人员就职宣誓制度，向宪法宣誓，就是一种自我承诺，也是对自己的行动提出的要求。众目睽睽之下，宣誓是一种公开的许诺，也是接受人民监督的展示。不仅有利于维护法律和宪法的权威以及中国特色社会主义法治国家的建设，而且有利于增强国家工作人员的使命感和责任感，增强公职人员的宪法意识，引导他们自觉敬畏宪法、遵守宪法、维护宪法，进而信仰法律、敬畏法律，在宪法和法律范围内行使国家公权力，真正做到权为民所用、利为民所谋，不逾矩。

建立健全法律制度，实现公职人员监督全覆盖，规范公职人员用权。有权力就有腐败，绝对权力导致绝对腐败，腐败阻碍经济发展、危及社会稳定、侵蚀思想文化、破坏社会和谐、影响干群关系，因此，为提高社会治理效能，就必须防止权力腐败，而有效防止权力腐败的办法就是对权力行使予以规范和监督。有鉴于此，国家分别制定《中华人民共和国监察法》和《中华人民共和国公职人员政务处分法》规范公职人员用权行为，最大限度防止权力滥用，进而促进社会治理。

（二）构建四级法治网

乡（镇）组建一个法律顾问团，确保法律服务专业化。有条件的乡（镇）可以政府购买服务的形式聘请多名专业律师和法律工作者，组建法律顾问团，其主要职责有以下几个方面。一是参与乡（镇）党委、政府的重大决策。在乡（镇）党委、政府做出事关易迁社区项目建设、后续扶持等重大决策时，法律顾问团将对此进行风险评估，确保乡（镇）党委、政府做出的事关易迁安置的重大决策和决定有法可依。二是提供法律服务。乡（镇）法律顾问团根据法律顾问团成员个人业务特长，制定律师便民服务卡，发放给易迁社区广大居民，并在一定场所公示其联系方式和服务范围。同时将每一名专职律师姓名、专业特长、联系方式印制成一张"法律便民服务卡"发放给易迁社区居民，凭着这张小小的法律便民服务卡，一旦易迁社区居民有需要，一个电话就可联系到律师，群众在生产生活中遇到的各种法律疑难问题可得到专业律师的及时解答。三是进行法律知识培训讲座。律师充分发挥自己在法律方面的专业特长，直接参与所服务乡（镇）的各类法律培训。四是在法律顾问团的参与引导下，乡（镇）通过贯彻执行《中华人民共和国人民调解法》《湖北省人民调解规定》，促使人民调解工作进一步规范。

易迁社区培训一名法务工作联络员，确保法律服务常态化。法务工作联络员的主要职责是做好易迁社区群众与律师顾问团之间的衔接工作，配合法律顾问开展法律事务工作，及时向有关部门报告法律事务中出现的情况和问题，做好相关法律事项处理、群众来访及矛盾纠纷调处等工作。

乡（镇）法律顾问团律师实行联乡代村责任制，依托网络化管理服务平台，社区级便民服务网络平台向法律层面拓展延伸，"互联网+法律便民"模式在易迁社区推行。易迁社区网络化管理服务平台视频系统与县律师事务所、乡律师顾问团律师无缝对接，易迁居民通过事先预约，可以在家门口与律师进行面对面沟通和交流。律师根据村民的诉求为其"量身"提供贴心的法律服务。社区法务工作联络员在为易迁社区居民提供一般便民服务的同时，也为居民提供法律咨询服务，并确保网络通信传输畅通与网络安全，对网络运行进行管理，社区法务工作联络员掌握一些基本法律常识，能解答一些最基本的法律问题，对群众咨询的相关法律事项、群众来访及对受理与化解的矛盾纠纷进行登记；建立与法律顾问团的律师及综治办、司法所、派出所工作人员的衔接制度，发挥桥梁纽带作用，使群众的利益诉求能得到及时、便利、有效的处理；接待群众耐心细致、服务热情。

推选一名矛盾纠纷义务调解员，确保法律服务便民化。由村（居）民公开推选一名群众基础好、有一定文化法律素质、办事公道正派、德高望重、善于调解一般民事纠纷的村民担任义务调解员，义务调解员经各村（居）民小组（网格）群众公开推选后，由乡（镇）组织进行法律知识培训和人民调解培训，并发放"义务调解员证书"。其主要任务是在本小组（网格）进行法治宣传教育、调解一般简单民事纠纷、协调邻里关系等，同时负责平安建设相关工作，协助村（居）委会与村（居）民签订《平安家庭和谐公约》，监督每个家庭《平安家庭和谐公约》的执行情况。

每户培训一名法律明白人，确保法治文化进万家。在每个易迁家庭中，由全体家庭成员商议，推选出一名明事理、说话算数管用的"当家人"，经本人申请，楼栋居民会评议、社区居委会公示、"两委"会审核，通过教育培训，验收合格后对申请人授予"法律明白人"称号。矛盾纠纷的处理必须有"法律明白人"参与，让"法律明白人"代表家庭从事各项社会活动。

（三）法治培训和宣传教育

多措并举对易迁社区干部进行法治培训。通过屋场院子会、法律咨询会等形式和活动，对社区工作人员进行法治素养和法治意识教育。易迁社区要定期邀请律师或法律工作者针对与社区居民切身利益相关的诸如"事实孤儿谁来托管，遇到群众酗酒闹事怎么办"，邻里关系纠纷、家庭婚姻纠纷、民事借贷纠纷如何解决，以及社区如何为居民出具相关证明等方面的法律问题和法律困惑，对社区工作人员及网格员进行详细讲解、耐心释疑、现场解答。通过这种别开生面的法治教育活动，进一步帮助社区工作人员牢固树立学法、懂法、守法意识，促进社区司法工作的规范开展，增强社区工作人员服务居民的意识，提升社区工作人员为民服务的水平，使其可以更高质高效地应对各种突发情况，更好地开展社区工作，维护社会和谐稳定。

对易迁社区居民进行法治宣传教育。恩施州各级党委、政府将易迁社区法治宣传教育专项行动纳入各级党委、政府年度考核目标共性指标，与政府中心工作同部署、同安排、同落实，对标对表、逐一落实。并组织干部深入易迁社区，向易迁群众宣传宪法、扫黑除恶、反邪防邪、禁毒、依法信访、创卫生文明城市等相关知识，对易迁社区群众开展具有针对性的法治宣传教育，增强易迁社区群众的法治意识。

四　智治手段提供易迁社区治理科技支撑

互联网、大数据、云计算等技术正在成为推进国家治理体系和治理能力现代化的重要力量，为社会治理提供了科学高效的新方法和新路径。《中共中央　国务院关于加强基层治理体系和治理能力现代化建设的意见》中指出，加强基层智慧治理能力建设，统筹推进智慧城市、智慧社区基础设施、系统平台和应用终端建设，健全基层智慧系统治理标准体系，推广智能感知技术。实施"互联网＋基层治理"行动，完善乡镇（街道）、村（社区）地理信息基础数据，推动基层治理数据资源共享，推进村（社区）数据资源建设，实行村（社区）数据综合采集，事项一次采集，多方利用。建设开发智慧社区信息系统和简便应用软件，提高基层治理数字化、智能化水平，提升政策宣传、民情沟通、便民服务效能，让数据多跑路、群众少跑腿。这是第一次以中央文件的形式提出在基层实施"智治"及其能力建设和"智慧社区"建设。

所谓智治实质上应是"整体智治"，即治理主体之间充分利用互联网、大数据、云计算等现代先进的科学技术，有效协调、共同开展公共事务治理。"整体智治"以数字技术为基础，以精准高效为目标。目前，全国各地都在进行"智治"探索，这为易迁社区治理提供了科技支撑。

（一）精准扶贫大数据技术系统奠定易迁社区治理信息基础

精准扶贫重在精准，从科技支撑层面而言，把大数据技术运用到扶贫领域，通过扩大信息采集渠道、提高数据分析能力和加工效率，为扶贫决策提供精准、有效、可靠的数据支持、理念和技术支撑。大数据分析的数据处理能力和信息统计功能为精准扶贫的实现提供了充足的知识储备和较为完善的科学技术支持。尽管我们已经完成了脱贫攻坚的伟大任务，但为实现精准扶贫而研制开发的大数据处理系统能够为易迁社区治理探索实行"智治"奠定信息基础。合理利用国家扶贫开发系统，对易迁社区贫困户信息及时了解和更新，进而针对不同对象因人制宜地开展帮扶措施，同时为易迁社区治理提供基础信息支撑。如恩施州宣恩县合理利用国家扶贫开发系统，对贫困户信息做到及时了解和更新，为易迁社区工作的开展奠定了信息基础，组织全体网格员参与"智慧恩施政法大数据"服务管理平台培训，做到信息采集准、实、细。

（二）智慧社区建设探索易迁社区治理"智治"方式

智慧社区被认为是信息时代社区治理发展的方向与趋势，其实质是运用现代信息技术推动社区运行系统的互联、高效和智能。其目的在于通过物与物、人与人、物与人的互联、互通或互动，大幅提升社区信息化水平，增强社区获取、实施、反馈和随时随地服务居民的能力，使其可以有效地解决社区管理中长期存在的信息不对称、服务不公平问题，促进公共服务均等化、优质化，从而更好地满足人民群众对美好生活的向往。以此为契机，恩施州各级政府把互联网、大数据、云计算等现代先进的科学技术运用于易迁社区的社会治理，对易迁社区的治理开展了"智治"探索。

当前，恩施州各级政府均在探索"智慧社区"建设方式，享受科技为社会治理带来的便捷。

以"智慧社区"建设为框架，搭建社区治理信息化平台。当地易迁社区以"智慧社区"建设为框架，以社区信息化建设为龙头，搭建各行各业信息融通共享平台，建设以县为单位、以乡（镇）为单元、以包括易迁社区在内的村（社区）为网络终端的基层社会治理信息化平台，对接县政务服务中心"网上一窗"，提升易迁群众"网上查、网上问、网上办"能力，让网络多跑路、群众少跑腿，降低办事成本。延伸便民服务触角，梳理社区权力清单和办事指南，使群众"一线"办理事项范围更广，为易迁社区居民提供方便、快捷、高效的服务。同时为及时发现和处理矛盾纠纷提供信息支撑，并通过建成的政法舆情中心、公共突发事件舆情反应中心，实现对舆情的主动应对、科学应对和有效应对。

如恩施州巴东县以"农民办事不出村"信息化平台为基础，在易迁社区建成信息化便民服务中心，县、乡政务中心通过网络，授权易迁社区便民服务中心受理行政审批服务，将材料录入系统，县、乡政务中心相应部门在线办理，结果及时反馈，打通了政务服务"最后一公里"。截至目前，授权易迁社区便民服务中心受理的行政审批服务项目有50余项，涉及民政、国土、人社等20余个部门，居民申办事项全部要求一周之内办结。除此之外，易迁社区便民服务中心还可受理农技、农机、畜牧技术和合作医疗政策等咨询类事项和转账、取款、生活缴费、充值等商务等服务事项类。易迁社区便民服务中心信息化服务系统通过数据跑路、在线办公，实现了审批人与服务对象的分离，所需材料、办理流程全部网上公开，投诉电话印在墙上，受理又有了固定场所，改变了干部工作作风，提高了工作能力，大大压缩了腐败的滋生空间，尤为重要的是实现了让数据多跑路、人民群众少跑腿，大大提升了社区服务人民群众的能力。①

以"智慧社区"建设为契机，在易迁社区实行"雪亮工程"。当地易迁社区在重要路口（卡口）、楼栋及公共服务区域和场所安装高清摄像

① 根据在巴东县易迁社区治理调研座谈会上发言录音整理，2020年9月16日。

探头，并以此为基础，建立与所在县（市）管理中心（综治中心）和所属乡镇一级分控中心（乡镇综治站）联网的社区二级分控中心，配置电话网关（SIP 网关），实现与公安、政府应急办、卫健、城管、路政、民政等重要部门的横向联动，实现视频监控、治安报警、应急广播与处置、预警防范问题一揽子解决。如恩施州宣恩县以"雪亮工程"建设为契机，实现辖区楼栋摄像头全覆盖，为居民生命财产安全增加一道防火墙。

（三）网格化服务提升易迁社区的社会治理服务水平

恩施州各级政府充分利用较为成熟的网格化信息平台技术，采取"村（居）民委员会 + 业主委员会 + 楼（院）长"纵向网格化管理模式，按照"社区有网、网中有格、格中有人、人负其责"的要求推行易迁社区网格化管理，在社区内划分若干个网格，每个网格配备一名网格员，通过网格员及时准确采集、核对、录入网格管理信息；全面收集社情民意、矛盾纠纷、安全隐患信息；协助相关部门做好重点人员管控；为群众提供政务代办服务并及时反馈；并保障社区网格化信息系统正常运行，遇故障及时向乡镇综合管理中心和网格站长报告，进而提升易迁社区的社会治理和服务水平。

如恩施州咸丰县坪坝营镇杨洞易迁社区共有 26 栋安置房，根据每个楼栋和单元的分布情况实行网格化管理，为充分发挥居民自治作用，该社区被划分为 15 个网格，每个网格推选 1 名楼栋长和 3 名网格员，随时了解和掌握本网格居民的基本情况，特别是住户人员结构和动向，预防与应对在特殊情况下出现的不稳定因素和突发事件，及时向社区管理中心汇报，做到及时化解、及时处置。实行网格化管理以来，该社区共解决老百姓反映的具体问题 172 件，疏通下水道问题 18 件，解决用水、用电问题 156 件。①

（四）QQ、微信等软件成为完善易迁社区"智治"的手段

恩施州各级政府要聚焦发动群众，将社会治理软件终端向易迁社区

---

① 根据在咸丰县易迁社区治理调研座谈会上相关发言录音整理，2020 年 8 月 18 日。

居民延伸，与居民手机终端相连接，实现"随手报、微激励"，拓宽易迁居民公众参与的线上渠道。聚焦为社区居民办实事，不断拓展治安执法、矛盾调处、法律咨询等便民服务场景，及时解决易迁社区居民的烦心事。打造智慧社区平台，开发群众议事、独居老人关怀等场景应用，用"智慧安防"助推"智慧生活"。① 进而完善易迁社区"智治"手段。

如恩施州宣恩县歌乐城社区位于高罗集镇，共吸纳 31 个村 206 户 822 人入住。面对不同的村、不熟悉的村民，如何在易迁社区开启和谐有序的新生活，微信群作为社区治理载体功不可没。歌乐城社区服务中心成立后，中心主任兰海英便创建了社区服务微信群，将每栋楼的楼栋长、居民代表及镇政府、派出所等单位工作人员拉进群，群众遇到任何困难，发生任何矛盾，都能在群里及时发声，并得到及时处置。2019 年 8 月的一个傍晚，兰海英正准备下班，却看到社区服务中心门口有一名小女孩在独自玩耍，询问之下，得知小女孩偷偷从家里跑出来玩，不记得回家的路了。兰海英迅速联系派出所民警，一起耐心询问小女孩父母的相关信息，但由于孩子太小，无法说出家长信息。为尽快找到孩子家人，兰海英将小女孩的照片发到社区服务微信群，号召大家一起寻找。随后，该镇城管队员陈汉江在微信群里看到照片，认出孩子是龙河村村民杨正明的小女儿，便赶紧联系了他。接到消息后，孩子家人急忙赶到社区服务中心接回了孩子。②

通过微信群，社区服务中心还可以将招聘信息、政策规定、通知等迅速传达给群众，搭建起社区与群众之间的"连心桥"。"高罗展旭服饰招聘后厨一名，要求持有健康证……""高罗村镇银行招聘保洁人员一名，要求 50 周岁以下，每月工资……"只要了解到招工信息，社区工作人员便迅速转发到微信群里供大家参考。截至目前，已有 100 余名易迁

① 陈一新：《聚焦"八个字"攻坚"新难点"提升基层社会治理新水平》，百度网，https://baijiahao.baidu.com/s？id=1711628389652667715&wfr=spider&for=pc，2021 年 9 月 23 日。
② 根据在宣恩县易迁社区治理调研座谈会上发言录音整理，2020 年 8 月 21 日

群众在家门口就业。

同时，微信群还成为群众互相监督的有效平台。哪家在走廊上乱堆乱放杂物，哪家孩子在菜园里踩踏菜苗，哪些车辆乱停乱放……大家都拍照发到群里，以便迅速整改，大大提升了社区文明水平。有的易迁社区居委会把一户一档、一人一卡的繁杂信息凝聚在一枚小小的二维码上，群众通过扫码就可了解相关信息，也可以通过手机二维码"掌"中办理各种事项，这种社会治理的智能化服务让群众办事更加方便快捷。

第三节 "三共"机制提供易迁社区治理保障

一 共建共治共享的理论阐释

从党的十九大提出打造共建共治共享的社会治理格局，到党的十九届四中全会提出坚持和完善共建共治共享的社会治理制度，标志着我们党对社会治理规律认识的不断深化。习近平总书记提出的"要完善共建共治共享的社会治理制度，实现政府治理同社会调节、居民自治良性互动，建设人人有责、人人尽责、人人享有的社会治理共同体"。① "要善于把党的领导和我国社会主义制度优势转化为社会治理效能，完善党委领导、政府负责、社会协同、公众参与、法治保障的社会治理体制，打造共建共治共享的社会治理格局。"② "健全共建共治共享的社会治理制度，提升社会治理效能，发展壮大群防群治力量，营造见义勇为社会氛围，建设人人有责、人人尽责、人人享有的社会治理共同体。"③ 等系列重要论述为共建共治共享工作奠定了理论基础。

---

① 习近平:《习近平谈治国理政》（第四卷），外文出版社，2022。
② 习近平:《2019 年 1 月 15 日习近平在中央政法工作会议上的讲话》，http://www.cac.gov.cn/2019－01/16/c_1123999908.htm。
③ 习近平:《高举中国特色社会主义伟大旗帜 为全面建设社会主义现代化国家而团结奋斗——在中国共产党第二次全国代表大会上的报告》，百度网，https://baijiahao.baidu.com/s?id=1747768663386720860&wfr=spider&for=pc，2022 年 10 月 16 日。

（一）习近平以人民为中心思想的表征

党的十八大以来，以习近平同志为核心的党中央提出坚持"一切为了人民、一切依靠人民，为了人民一切"的"以人民为中心"的发展思想，把为人民谋幸福作为党的初心和使命予以恪守。党的二十大报告更是指出："坚持以人民为中心的发展思想。维护人民根本利益，增进民生福祉，不断实现发展为了人民、发展依靠人民、发展成果由人民共享，让现代化建设成果更多更公平惠及全体人民""江山就是人民，人民就是江山。中国共产党领导人民打江山、守江山，守的是人民的心。"[①] 而以人民为中心的思想体现在社会治理方面就是共建共治共享的社会治理理念，让人民群众共同参与建设、共同参与治理、共同享有治理成果。归根结底就是以最广大人民根本利益为根本坐标，从人民群众最关心、最直接、最现实的利益问题入手，及时解决人民群众急难愁盼问题，践行中国共产党为人民谋幸福之初心。

（二）习近平社会治理共同体理论的核心理念

2019 年 10 月，习近平总书记在党的十九届四中全会上指出："社会治理是国家治理的重要方面。必须加强和创新社会治理，完善党委领导、政府负责、民主协商、社会协同、公众参与、法治保障、科技支撑的社会治理体系，建设人人有责、人人尽责、人人享有的社会治理共同体，确保人民安居乐业、社会安定有序，建设更高水平的平安中国"。[②] 习近平总书记基于新时代百年未有之大变局和当前我国社会治理面临的复杂严峻形势和现实需要首次提出社会治理共同体概念，是马克思主义原理在新时代中国社会的创造性运用和创新性发展，成为社会治

---

① 习近平：《高举中国特色社会主义伟大旗帜 为全面建设社会主义现代化国家而团结奋斗——在中国共产党第二十次全国代表大会上的报告》，百度网，https://baijiahao.baidu.com/s? id = 1747768663386720860&wfr = spider&for = pc，2022 年 10 月 16 日。

② 习近平：《中共中央关于坚持和完善中国特色社会主义制度 推进国家治理体系和治理能力现代化若干重大问题的决定（2019 年 10 月 31 日中国共产党第十九届中央委员会第四次全体会议通过）》，http://www.nmgjjjc.gov.cn/single/2019/11/06/19110609542471418364 - 18050210073909710005.html。

理领域的重大理论创新成果。

具体而言，社会治理共同体是指建立在共同利益、共同价值、共同目标基础上，以解决社会治理问题和优化公共服务供给为逻辑起点，以最大限度满足人民需求为依归的社会治理体系。共建共治共享是社会治理共同体的核心理念。

（三）习近平协商民主理论的具体表述

习近平总书记非常重视发展协商民主，提出要不断扩大协商民主的范围，拓展协商民主的渠道，努力寻求人民根本利益的最大公约数，推进协商民主规范化、制度化、常态化发展。①党的十九届四中全会指出："坚持社会主义协商民主的独特优势，统筹推进政党协商、人大协商、政府协商、政协协商、人民团体协商、基层协商以及社会组织协商，构建程序合理、环节完整的协商民主体系，完善协商于决策之前和决策实施之中的落实机制，丰富有事好商量、众人的事情由众人商量的制度化实践。"② 党的二十大报告指出："协商民主是实践全过程人民民主的重要形式。完善协商民主体系，统筹推进政党协商、人大协商、政府协商、政协协商、人民团体协商、基层协商以及社会组织协商，健全各种制度化协商平台，推进协商民主广泛多层制度化发展。"③ 进一步对发展社会主义协商民主予以论述。

协商民主是党的群众路线的重要内容。协商民主理论的核心观点在于，其主张将协商对话达成的共识视为社会决策有效性的重要来源。"共建共治共享"治理理念与中国特色社会主义协商民主相契合，中国特色

---

① 肖光荣：《习近平协商民主思想的理论基础、主要内容和现实价值》，《湖湘论坛》2017 年第 6 期。

② 习近平：《中共中央关于坚持和完善中国特色社会主义制度　推进国家治理体系和治理能力现代化若干重大问题的决定（2019 年 10 月 31 日中国共产党第十九届中央委员会第四次全体会议通过）》，http://www.nmgjjjc.gov.cn/single/2019/11/06/191106095424714183364 - 18050210073909710005.html。

③ 习近平：《高举中国特色社会主义伟大旗帜 为全面建设社会主义现代化国家而团结奋斗——在中国共产党第二十次全国代表大会上的报告》，百度网，https://baijiahao.baidu.com/s? id = 1747768663386720860&wfr = spider&for = pc，2022 年 10 月 16 日。

社会主义协商民主亦为"共建共治共享"治理理念提供论证依据。[①] 共建共治共享社会治理理念坚持全体人民是社会公共事务的过程建设者和成果享有者。[②]

二　建立健全民主管理机制

建立健全民主管理机制对实践习近平新时代中国特色社会主义思想，坚持以人民为中心，维护易迁社区居民的合法权益，推进易迁社区基层民主政治和民主法治建设，密切党群干群关系，加快易迁社区居民融入融合等具有十分重要的意义。恩施州的易迁社区通过积极探索实践，形成了可复制、可推广的社区民主管理机制。

如恩施州巴东县沿渡河镇罗溪坝社区探索出的"214"民主管理机制目前已在巴东全县推广。其中，"2"指线上线下两公开，"1"指每年召开一次民主管理大会，"4"指建立"民主理财、民主议事、民主决策、民主监督"四项制度。

一是建立线上、线下两个公开平台引导居民参与民主管理。当地社区充分运用微信、钉钉、QQ等网络互动平台建立"线上公开平台"，及时发布社区内与党务、居务有关的信息，畅通居民线上参与社区民主管理和民主监督的渠道，及时回应和解决居民的诉求。"线下公开平台"则以"支部主题党日"活动、居民代表会议、屋场院子会、党务、居务公示栏等为载体，及时公开党务、居务、财务等信息，广泛听取群众意见和建议。一方面，召开易迁居民安置安居大会，教育引导他们自立自强，遵守《社区居民公约》；另一方面，召集社区附近的原住居民召开屋场院子会，协调他们以包容的心态接纳易迁居民，主动让出闲置的土地给易迁居民耕种，妥善化解易迁居民与原住居民之间争种菜地的矛盾。

---

① 江国华、刘文君：《习近平"共建共治共享"治理理念的理论释读》，《求索》2018年第1期。

② 马海韵：《"共建共治共享社会治理格局"的理论内涵》，《北京交通大学学报》（社会科学版）2018年第4期。

二是每年召开一次民主管理大会讨论社区大事要事。当地社区明确规定每年的 3 月 15 日为民主管理日，社区召开民主管理大会，社区所有居民代表参会，镇包片领导和驻村干部到会指导，在大会上，社区"两委"、社区党员、社区居民代表、社区易迁楼栋长共同对社区"五年发展规划"、"年度工作计划"进行讨论，集体表决通过《社区居民公约》《社区集体经济收入使用办法》等社区重大管理办法及事项。

三是建立四项制度充分保障居民民主权利。社区建立健全了"民主理财、民主议事、民主决策、民主监督"四项制度，严格执行"四议两公开"居民议事决策制度，充分发挥社区民主理财小组和居务监督委员会作用，确保四项制度落到实处。社区坚持每季度公开一次一般居务事项，按月公开社区财务收支情况，及时公开涉及居民利益的重大问题以及群众关心的事项。社区重点推行民主决策制度，建立了易迁社区楼栋长、环境卫生每月评比"红黑榜"制度。社区居民相互监督、相互帮助，共建和谐家园。社区大小项目开支多少、谁来实施、工程质量等都要接受居民的日常监督。公示公开制度不仅提高了信息的透明度，提高了党员群众的信任度、满意率，还激发了内生动力，凝聚了合力，为全县推广"214"民主管理机制奠定了基础。

"214"民主管理机制，畅通了易迁居民参与社区民主管理的渠道，激发了易迁居民参与社区治理的热情，社区原住居民与易迁居民相互监督、相互理解、和谐共处。自开展评比活动以来，当地社区共评选优秀楼栋长 5 人次，环境卫士 25 人次；组织召开各类屋场院子会 55 场次、社区协调会 26 场次，调处化解矛盾纠纷 26 件次，实现了小事不出网格，大事不出社区。随着经济收入的大幅提升，原住居民的获得感和幸福感不仅得到提升，易迁居民的安全感和归属感也得到大幅提升，双方自觉以社区为家，共谋发展。当地乡风文明建设的事迹被《湖北日报》报道。并在庆祝新中国成立 70 周年大型文艺专题片《我们走在大路上》中展播亮相。这种有效的"214"民主管理机制也可以在恩施州的其他易迁社区中推广运用。①

三　建立健全社区服务机制

人民群众是历史的创造者，也是社会治理的主体。社会治理说到底就是服务人民的治理。服务是最好、最有效的治理，也是社会治理的终极形态。同样，对于易迁社区治理而言，易迁居民是易迁社区治理的主体，为易迁居民提供优质、高效、便捷的服务是易迁社区治理的终极目标，也是易迁社区治理成效最大化的前提和保障。为此，必须建立健全相应的服务机制。

（一）建立健全基本公共服务机制

《关于做好易地扶贫搬迁集中安置社区治理工作的指导意见》指出，进一步加强安置社区服务体系建设，优化服务机制，引导商业服务布局，确保搬迁群众就近方便办事，能够享有与迁入地群众同等水平的基本公共服务和生活服务。将综合服务设施建设纳入易迁社区规划，加快推进以党群服务中心为基本阵地的综合服务设施全覆盖。全面推进"一站式"服务，简化政府服务办事流程，做好迁出地和迁入地的工作衔接。完善易迁社区就业、教育、社会保险、救助、治安等公共服务，合理规划群众举办红白喜事等活动的公共场所。邮政、金融、电信、供销、燃气、电力等公共事业服务和物流配送、资源回收商业网点要尽快覆盖安置社区。为落实好《关于做好易地扶贫搬迁集中安置社区治理工作的指导意见》提出的上述要求，给易迁社区居民提供均等的公共服务，解决其在现实生活中遇到的各种困难，亟须建立基本公共服务机制。目前，恩施州易迁社区进行了一些有益探索和尝试，积累了诸多可供复制的好经验和好做法。

如宣恩县在易迁社区创新推行"1+6+N"配套服务模式，即1个易迁社区落实6个配套建设标准，辅之以若干升级服务设施。宣恩县率先

① 根据在罗溪坝社区治理调研座谈会上社区治理汇报发言录音整理，2020年9月15日。

申报湖北省易地扶贫搬迁安置点社区治理体制机制建设试点，融社区治理于便民服务之中，在日常服务中改进治理模式，在增强治理中优化服务，引导群众逐步适应新环境、融入新生活。

全面落实 6 个配套建设标准：建设一个社区党群服务中心、一个就业创业空间、一个标准卫生室、一个文体活动场所、一个便民服务超市、一户一块菜地。一个社区党群服务中心，即按照城市社区建设标准，参照村级服务事项、服务流程，建设 9 个易迁社区党员群众服务中心，集中为居民群众开展便民服务。一个就业创业空间，即集中易迁社区一楼架空层门面，通过以奖代补、资金入股、资产折股等举措，与企业"联姻"建设 136 个就业扶贫"微工厂"、与当地景区联手发展旅游服务业、与社区联合开办服务公司，2725 名易迁群众培训后上岗就业。一个标准卫生室，即在规模为 100 户以上或 2 公里内没有医疗机构的易迁社区，设立面积不小于 200 平方米的标准卫生室，内设诊断室、治疗室、输液观察室、基本公共卫生服务室、计划生育服务室和药房，解决易迁户看病难的问题。一个文体活动场所，即建设面积不小于 300 平方米的社区文化场所，配备文化广播、体育运动等相关文化和体育设施，整合党员教育、科学普法等功能，确保活动常态化开展。一个便民服务超市，即创新"扶贫资金 + 扶贫互助社 + 银行信贷"模式，为易迁居民提供 5 万 ~ 10 万元金融扶贫创业贷款及贴息，鼓励支持易迁户中有经营能力人员开设便民服务超市，既为社区居民提供便民服务，也调动贫困户创业增收积极性。一户一块菜地，即通过利用存量闲置土地、流转置换等措施，保障每个易迁户有一块 30 平方米的菜地，居民对菜地享有使用权、不具所有权，实现易迁群众日常生活小菜自给，减少生活支出，确保菜地资源合理利用。

完善若干升级服务设施。当地易迁社区不仅完善了以"保学助学网""医疗保障网""就业服务网""社会组织网"为主要内容的"四网共建"，还开展了以帮助搬 1 次新家、开好 1 次家庭会议、组织 1 次入住培训、每月 1 次入户走访、每月 1 次院落活动、建立 1 本易迁台账为主要内容的"6 个 1"贴心服务，不断强化基层治理能力，提升社区服务水平。在保学助学方面，9 个易迁社区改扩建小学 20 所，新建幼儿园 5 所，每个易迁社区配备爱心书屋；在医疗保障方面，新建 4 个易迁社区卫生院，改建卫生院 5 个，组建家庭医生团队、健康扶贫小分队进点入户开展健康上门服务，实现 9 个易迁社区医疗服务全覆盖；在就业服务方面，统筹政策支持黑茶、白柚等特色产业发展，带动 941 户贫困家庭就业，设立保洁、保安、河道管理等易迁公益性岗位 253 个，组织"春风行动"和技能培训活动，推介 1421 名易迁群众就业；在社会组织方面，按照"五有"标准成立红白理事会、老年公益协会、文体娱乐协会、志愿服务协会，为社区居民提供红白事服务，定期组织开展社区乐龄服务健康活动，满足社区不同年龄层次群体文体活动需求，为社区低保对象、特困人员、空巢老人、困难儿童提供生活照料、文体娱乐、医疗保健等志愿服务。①

（二）建立健全易迁社区居民"身后事"服务机制

恩施州是一个以土家族、苗族为主的少数民族聚居地区。在恩施州境内生活的居民均非常注重其"身后事"的处理和安排，若不能得到较为圆满的处理和安排，他们就会对未来充满恐惧。武陵山片区是一个典型的少数民族聚居区，当地还是沿袭千百年来的土葬方式，基于此，每一位少数民族居民都非常关注和重视自己的"身后事"。但易迁后，易迁群众远离了其祖坟园地，"身后事"成为易迁居民，尤其是中老年易迁居民的一块"心病"，他们总是在想"百年"之后的归宿在何处。这使其对未来充满恐惧，人心不稳，甚至直接影响其自身和子孙后代的行为方式，进而引发一些社会矛盾。为此，必须建立健全针对易迁安置居民"身后事"的处理和服务机制。

目前针对易迁居民"身后事"的处理问题，恩施州易迁社区也在进

---

① 根据在宣恩县易迁社区治理调研座谈会上发言录音整理，2020 年 8 月 21 日。

行有益探索。如恩施州巴东县沿渡河镇罗溪坝社区在社区党委的领导下，为有效解决易迁居民的"身后事"，通过多方协调，建成了罗溪坝社区公共墓园，并制定了相应的殡葬管理办法，由红白理事会统一管理。公共墓园划分为若干大小一致、规格统一的墓室，并编有序号。土家族人有择时择地安葬的习俗，为此，罗溪坝社区殡葬管理办法规定，逝者按照死亡时间先后依次安排墓室，这就从根本上杜绝了择时择地安葬等问题，不仅体现了公平正义，而且减少了各种不必要的矛盾和纠纷。同时，罗溪坝社区殡葬管理办法还规定，墓室不立坟头，收敛逝者的棺材被深埋地下，用土回填平整，并统一种植花草，不立墓碑，墓室前只允许设置一小块刻有逝者姓名及生卒时间的标识牌，以供逝者亲属祭奠，这样不仅节约了资源，而且美化了环境。①

罗溪坝社区的殡葬改革措施为该社区居民解决了"身后事"这个后顾之忧，使逝者亲属的心灵得到慰藉，使该社区居民人心稳定，良好的社会关系得以维护。

（三）建立健全特殊人群服务机制

这里所说的特殊人群主要是指社区内的留守老年人、留守儿童、留守妇女和残疾人。这些特殊人群的现实困境和突发性困难相对较多，需要建立健全相应的专门服务机制予以解决和应对。国家也非常重视对上述特殊人群的关爱和服务，《关于做好易地扶贫搬迁集中安置社区治理工作的指导意见》指出，要健全完善社区党员干部联系服务群众制度，关爱留守老年人、留守儿童、留守妇女和残疾人等群体。武陵山片区的易迁社区通过探索实践，形成了各具特色的社区党员干部联系服务特殊人群机制，有的易迁社区针对留守儿童的教育陪伴问题，建立了社区党员干部联系服务留守儿童的机制。

如恩施州来凤县在易迁社区设立"六点半学堂"，建立"张富清党员志愿服务队"轮流值班辅导作业机制，确保易迁社区内适龄儿童有学

---

① 根据在罗溪坝社区治理调研座谈会上社区治理发言录音整理，2020年9月15日。

上、上好学。来凤县易迁社区"六点半学堂"得到了国家发改委的高度肯定。[①]

恩施州巴东县在易迁社区建立"童伴妈妈"服务留守儿童机制。要求"童伴妈妈"定期前往留守儿童家庭开展家访，详细了解留守儿童及家庭情况，家访时，"童伴妈妈"应评估留守儿童家庭环境、家庭关系、邻里关系中可能对留守儿童产生伤害的因素，并协助照料人消除危险因素，并向留守儿童及照料人宣传避免留守儿童受到意外伤害、严禁拐卖儿童、禁止儿童虐待等的知识和方法；积极协助留守儿童及家庭享受政策规定的各种待遇，缓解留守儿童家庭经济压力，尽量促成父母回家与留守儿童团聚；随时了解和掌握留守儿童可能出现的情绪障碍，与留守儿童建立平等、尊重、互信的帮助关系，为留守儿童提供一定的心理支持。当发现有严重情绪障碍的留守儿童，"童伴妈妈"又无法帮助留守儿童解决问题时，当地社区会寻求专业人士予以解决，及时向父母宣讲留守儿童面临的潜在问题，并与父母讨论如何避免发生类似问题。与此同时，该机制要求"童伴妈妈"鼓励父母了解本地区就业资源，并积极协调政府与社会资源，为父母实现本地就业创造机会。[②]

有的易迁社区为了更好地为留守老人、残疾人服务，还建立了社区党员干部联系服务留守老人、残疾人的"敲门行动"和"按门铃行动"服务机制。根据社区内的留守老人、残疾人人数给每一名社区党员分配包干任务，保证责任到人，若发现有的留守老人或残疾人没有按时开门，没有在公共场合出现，其负责的社区党员干部就要前往其家中敲门察看，听听是否有动静，是否遇到了突发性疾病或困难需要帮助；与此同时，在每一位留守老人和残疾人家中都安装一个呼救门铃，门铃与社区值班室相连，社区值班室安排社区党员干部24小时轮流值班，若上述留守老人或残疾人突发疾病或遇到其他困难，在不便呼救或找人帮忙的情况下，

通过按呼救门铃告知社区值班室值班的社区党员干部,以便社区及时安排工作人员前往帮助。

四 建立健全多元矛盾纠纷化解机制

社会发展本身就是一个矛盾不断产生又不断解决的过程,社会关系也是在不断解决矛盾的过程中得以维护和修复。随着社会生活环境和生活方式的变化,恩施州易迁社区居民必然会产生各种社会矛盾和社会问题。针对这些社会矛盾和社会问题,就必须建立健全切实有效的矛盾纠纷排查化解机制。

(一) 建立健全有效的矛盾纠纷化解机制

调研发现,由于诸多因素,恩施州易迁社区的矛盾呈现纠纷主体多元化、利益诉求复杂化、矛盾纠纷类型多样化的特点,这给易迁社区治理带来诸多难题。易迁社区亟须建立一种有效的矛盾纠纷化解机制,修复社会关系。在恩施州境内,有的易迁社区结合当地实际情况建立了一些颇有实效的矛盾纠纷化解机制。

如恩施州巴东县沿渡河镇罗溪坝易迁社区建立的以"六字经"为主要内容的矛盾化解机制就值得学习和借鉴。"六字经"即"防、控、化、调、和、发"。一是源头"防"控建立三张网——小组防控网、片区防控网、社区防控网,将矛盾控制在社区内。二是事态"控"制把牢三把锁——锁住对象、锁住事项、锁住事态,不让矛盾恶化升级。三是矛盾"化"解打好三张牌——亲情牌、友情牌、法律牌,动之以情、晓之以理,千方百计将矛盾化解在基层。四是纠纷"调"处把握四部曲——问诊、冷疏、热调、回脚,把握矛盾纠纷调处的内在规律。五是邻里"和"谐四入手——思想教育入手、互帮互助入手、平安建设入手、建章立制入手。六是社区"发"展注重五兴——产业振兴、人才振兴、文化振兴、生态振兴、组织振兴,推进社区全面融合发展。①

---

① 根据在罗溪坝社区治理调研座谈会上社区治理汇报发言录音整理,2020 年 9 月 15 日。

（二）建立健全可行的矛盾纠纷排查机制

针对易迁社区矛盾纠纷量大、种类繁多、化解周期长、影响稳定的现实困境，有必要建立健全行之有效的矛盾纠纷排查机制，把矛盾纠纷隐患消除在萌芽状态。

恩施州各级政府根据《中国共产党政法工作条例》有关规定和国家质检总局、国家标志委员会发布的《社会治安综合治理综治中心建设与管理规范》（GB/T33200—2016）的相关要求，健全建强乡镇（街道）综治中心，使乡镇（街道）综治中心成为"矛盾解决的中心""政府工作的中心""基层治理的中心"，由乡镇（街道）党委书记兼任中心主任，乡镇（街道）党委政法委员兼任第一副主任，配备1名副科级专职副主任、3~5名工作人员，负责统筹协调工作，由此确立起同级党委和上级党委政法委双重管理体制。明确综治中心矛盾纠纷化解、网格服务管理、公共法律服务、突发事件应急处置的功能定位；明确统筹法治、德治、自治、风险联排、矛盾联调、治安联防、问题联治、平安联建八大工作职责。并在此基础上建立健全易迁社区的矛盾纠纷排查机制。如恩施州以乡镇（街道）综治中心规范化建设为抓手，制定出台"1+4+N"矛盾纠纷排查机制："1"即乡镇（街道）综治中心，"4"即派出所、司法所、人民法庭和信访办，"N"即涉事部门和易迁社区居委会（村委会）。乡镇（街道）以综治中心为龙头，统筹调度派出所、司法所、人民法庭、信访办，集聚各部门和村（居）民力量，条块结合、专群联动，实行一日一研判、一周一调度、一月一通报的工作制度，对一般矛盾当日化解，对较难矛盾三日内化解，对重大疑难矛盾组建专班集中攻坚限时化解；建立乡、县、州三级每日逐级研判制度，乡镇（街道）一级由综治中心牵头，派出所、司法所、人民法庭、信访办和相关部门参与，每日研判辖区内警情、案情、访情、民情，对不稳定因素第一时间安排处置，重大情况第一时间上报，州、县两级适时掌握信息，给予指导支援；恩施州各级综治中心对掌握的各种涉稳矛盾风险实行书面交办、即时交办、分类交办、定人定责定时交办、跟踪督办,全程跟踪交办事项的落实情况,确保工作成效。并将综治中心"1+4+N"矛盾纠纷排查机制实体化、规范化运行情况纳入综治考评体系,确保各项制度、机制长期稳定运行;制定"三长"考核机制,由县(市)党委政法委对基层派出所所长、人民法庭庭长、司法所所长配合支持综治中心开展平安稳定工作情况进行考核,对责任不上肩、工作不落实的,启动综治问责程序;县(市)平安建设领导小组将对县直部门考核的部分权限下放到乡镇(街道),确保派驻机构全力配合综治中心工作,确保矛盾纠纷排查机制落地落实。

(三)管控重点人群,阻断矛盾纠纷的主要根源

重点人群作为一个特殊群体在恩施州易迁社区中人数虽然不多,但潜在的社会治理风险较大,对于其他易迁居民而言,重点人群的言行举止或对他人可能产生"近墨者黑"的负面示范和负面影响。同时,也存在着重点人群侵害他人,损害他人合法权益的风险。对于重点人群本身而言,因其他易迁居民的"敬而远之"而造成其被孤立和排斥,致使其精神负担加重,生活压力增大,也可能导致重点人群产生一些过激行为或违法犯罪行为,危及社会安全和社会稳定。因此,易迁后,由于重点人群相对集中,增加了易迁社区治理难度,成为易迁社区治理的重点、难点,亟须对其管控,阻断矛盾纠纷的主要根源。

在易迁社区,重点人群数量虽然不多,但他们对社会的潜在危害较大,是易迁社区治理的重点和难点。恩施州各地易迁社区党委和居民委员会遵循分类管理、因人制宜、预防为主、源头治理的原则,探索出重点人群治理的有效机制。一是详细了解和掌握重点人群基本信息、主要类别,对其实行分类教育和管理;二是建构家庭、楼栋长、小组、社区四级防控网,要求家庭户主督促家庭中的重点人群及时向社区汇报和反馈基本活动信息,楼栋长配合社区在重要时期对重点人群进行监控,如有特殊情况及时向社区汇报,尽可能把隐患消除在萌芽状态;三是基本

生活无忧是重点人群有效治理的前提和基础，为此，社区党委和社区居民委员会应为重点人群提供就业岗位和就业机会，对于不能或不愿意就业的，给予最低生活保障；四是对重点人群依法治理。在社区设置社区警务室，一旦发现重点人群有危害社会和他人安全及其他违法犯罪行为，及时依法予以打击，确保社会和他人的生命财产安全和社会的和谐稳定。

五　建立易迁社区突发公共事件应急处置机制

国务院办公厅印发的《国家突发公共事件总体应急预案》中规定，突发公共事件是指突然发生，造成或者可能造成严重社会危害，需要采取应急处置措施予以应对的自然灾害、事故灾难、公共卫生事件和社会安全事件。对于易迁社区而言，突发公共事件主要包括地质灾害、动物疫情、火灾、交通事故、环境事件、食物中毒、群体性不明原因疾病、民族宗教事件、群体性事件、恐怖事件、居民邻里纠纷、重大治安和刑事案件、串联集体上访、社会安全事件等。为提高易迁社区保障公共安全和处置突发公共事件的能力，当地社区应建立统一、快速、灵敏、高效的突发公共事件应急机制，通过对突发事件的预警、跟踪、通报督办、反馈等方式，使应急工作机制融入日常工作，最大限度地预防和减少突发公共事件及其造成的损害，保障易迁社区居民的生命财产安全，维护国家安全和社会稳定，促进经济社会全面、协调、可持续发展。易迁社区突发公共事件的应急处置机制包括以下几方面主要内容。

（一）健全的组织保障

成立以易迁社区党委书记、居委会主任为组长，社区党员干部为成员的突发事件应急工作领导小组，作为突发公共事件应对的协调指挥机构。明确其主要职责：贯彻执行国家有关应急工作的法律、法规和政策，按照上级应急委的要求，组织指挥社区居委会辖区突发公共事件处理工作，落实各项工作措施，承担上级应急领导机构安排的其他应急工作。设立应急值班室作为突发事件应急工作领导小组的办事机构，并向群众公布应急电话和移动电话号码。应急行动时，应急值班室安排专人值班，确保上通下达，通信联络畅通。明确应急值班室的主要职责：履行值守应急、信息汇总和综合协调职责，发挥运转枢纽作用；负责接收和办理向办事处报送的紧急重要事项；完成办事处交办的其他工作。

（二）明确突发公共事件的处置原则

坚持以人为本，减少危害的原则。把保障公众健康和生命财产安全作为首要任务，最大限度减少突发公共事件及其造成的人员伤亡和危害。

坚持统一领导、分级负责的原则。建立健全分类管理、分级负责，充分发挥专业应急指挥机构的作用、坚持依法依规，加强管理。依据有关法律和行政法规加强应急管理，维护公众的合法权益，使应对突发公共事件的工作规范化、制度化、法治化。

坚持快速反应、协同应对原则。充分动员和发挥企事业单位、社会团体和志愿者队伍的作用，依靠公众力量，形成统一指挥、反应灵敏、功能齐全、协调有序、运转高效的应急管理机制。

坚持依靠科技、提高素质的原则。充分发挥专家队伍和专业人员的作用，提高应对突发公共事件的科技水平和指挥能力，避免发生次生、衍生事件；加强宣传和培训教育工作，提高公众自救、互救和应对各类突发公共事件的综合素质。

（三）制定突发公共事件预警流程

首先，宣传应对突发公共事件的急救知识。社区通过广播、宣传栏等宣传阵地，向居民宣传预防灾害及抗灾、救灾等应急知识，提高公众自救能力。

其次，做好突发公共事件的监测和预测工作。社区居委会完善预测预警机制，及时收集、分析、汇总突发公共事件的信息，做到早发现、早报告、早处置。建立健全监测网络，及时获取预警信息；对常规监测信息进行汇总、分析；对突发事件征兆动态信息进行收集、汇总和分析，进行实时监测，及时上报办事处和相关部门。

最后，明确突发公共事件的信息报送权利、义务、内容和程序及预警信息发布等相关规定。预警信息的内容主要包括：突发公共事件的名称、类型、预警级别、预警区域或场所、预警期起止时间、影响估计、警示事项、应对措施、社区动员及发布机构等。根据各类突发公共事件的监测预测部门的报告和专项应急预案，按照突发公共事件可能发生、发展趋势和危害程度，经上级应急委和领导机构核实、批准后，应急办公室可以发布预警信息。

（四）做好应急处置工作分配

社区居委会负责社区内突发公共事件的防范和处置工作，社区居委会在街道应急领导小组领导下，负责本社区范围内突发公共事件的防范和处置工作。社区根据实际情况，自行选择一些本辖区频繁发生的事件作为应急预案的处置内容，或根据四大类突发公共事件（自然灾害、事故灾难、公共卫生事件、社会安全事件），对社区书记、主任及志愿者进行具体的工作安排，落实应急处置工作责任制。

（五）及时处置应急现场事务

包括先期处置、事中处置和事后处置。一是先期处置。发生或即将发生突发公共事件的信息得到核实后，社区居委会有关负责同志应立即赶赴现场，根据现场实际情况，组织指挥当地应急队伍和相关部门进行先期处置；按照应急预案或有关文件的规定，确定或预测事件类型、危害程度和可能达到的级别；向上级应急办或"110"报送信息，要求增派应急队伍和应急物资现场救援。先期到达的单位和人员在社区居委会应急小组的领导下积极开展工作。以生命救助为首要目标，实施救援行动和紧急疏散；划定警戒区域，控制事态发展，避免事件扩大；排除明显险情，确保处置工作的后勤保障。在先期处置的过程中应坚持"以人为本"，遵循先救伤员、后救物资、避免人员伤亡的救援原则；在现场应急资源不足或高危状态下，应同时注意应急救援人员的生命安全，等待上级专业救援队伍到现场增援；孤、老、病、残要列为重点保护对象，优先安置；及时组织疏散转移现场人员至安全地带或紧急避难所；关注和控制现场事态发展，防止次生、衍生事故发生。

二是事中处置。在上级应急委或专项应急指挥机构设立现场指挥部的情况下，社区突发事件应急工作领导小组在现场指挥部的领导下开展各项工作。社区突发事件应急工作领导小组根据专项应急预案和现场实际情况组建现场工作小组，现场工作小组从社区居委会各部门及非专业应急队伍抽调人手按照职能分工和专项应急预案的要求开展工作。及时对现场情况进行统计、汇总、传递和上报，协助现场指挥部指挥长开展救援工作；营救、搜救、疏散人员；封闭、消除危害源，组织群众开展自救互救，做好群众的社会稳定工作等；组织、调集、运输、借用应急物资、设备、食品、药品、房屋、场地等；保障落实应急经费，为应急人员提供食、宿等生活保障；清理、监测现场；调拨、发放应急款物；组织理赔、救助捐赠等工作。

三是事后处置。对按规定由社区负责处置的突发公共事件，如果事态进一步扩大，预计凭社区现有应急资源难以实现有效处置，或突发公共事件已经升级，超出社区自身控制能力和处置权限，经突发事件应急工作领导小组同意，应及时向办事处报告并请求支援。突发公共事件处置工作已基本完成，次生、衍生事件危害被基本消除后，由发布预警信息的机构发布解除预警信息，应急处置工作即告结束。

(六) 明确社会救助的相关规定

突发公共事件预警或发生后，居委会应立即会同有关部门，妥善安置受灾群众，及时组织救灾物资和生活必需品的调拨，保障群众基本生活。同时，对损失情况进行评估，并逐户核实登记，积极组织实施救助工作，广泛动员和开展救助捐赠活动。

(七) 明确突发公共事件的调查程序

社区居委会在上级应急委及职能部门的指导下，依法对突发公共事件进行调查，及时确定事件性质、原因和责任，提出整改措施。社区居委会根据对突发公共事件的全面调查、评估和处置结果，总结经验教训，形成书面材料，并上报备案。

（八）明确应急处置保障工作的相关要求

社区必须储备一定的应急物资，如防火、防汛抗旱、抗震救灾等应急物资；社区应为应急分队配备必要的应急设备，如灭火器、手电筒、喇叭、雨衣等；负责已备物资和场所的临时征用和借用，如单位或个人的小型汽货车、摩托车等交通工具。社区内各单位应为社区抗震救灾提供紧急避难场所，如办公用房、休闲广场等。

参考文献：

［1］习近平：《在中共中央政治局就"深入学习领会和贯彻落实新时代党的组织路线"举行第二十一次集体学习上的讲话》，《人民日报》2020 年 6 月 29 日。

［2］〔英〕阿克顿：《自由与权力》，侯建等译，译林出版社，2011。

［3］《中共中央　国务院关于实施乡村振兴战略的意见》。

［4］杨文娟、王锡森：《法治：社会治理的路径和目标选择》，《学理论》2016 年第 1 期。

［5］《中共中央　国务院关于加强基层治理体系和治理能力现代化建设的意见》

［6］陈一新：《聚焦"八个字"攻坚"新难点"提升基层社会治理新水平》，百度网，https://baijiahao.baidu.com/s? id = 1711628389652667715&wfr = spider&for = pc，2021 年 9 月 23 日。

［7］国家发改委、国家乡村振兴局、教育部、公安部、民政部、财政部、人力资源部等：《关于切实做好易地扶贫搬迁后续扶持工作巩固拓展脱贫攻坚成果的指导意见》（发改振兴〔2021〕524 号）。

［8］民政部、发改委、公安部、司法部等：《关于印发〈关于做好易地扶贫搬迁集中安置社区治理工作的指导意见〉的通知》（民发〔2020〕110 号）。

［9］国家发改委：《关于加强易地扶贫搬迁安置点消防安全风险防范统筹推进平安社区建设的通知》。

［10］湖北省人力资源和社会保障厅、省发改委等：《关于切实加强就业帮扶巩固拓展

脱贫攻坚成果助力乡村振兴的通知》（鄂人社发〔2021〕25号）。

[11] 湖北省易地扶贫搬迁工作领导小组办公室：《关于学习贯彻习近平总书记近期关于易地扶贫搬迁工作的重要指示精神的通知》。

[12] 国家发改委：《"十四五"时期易地扶贫搬迁后续扶持工作指引（第10期）——湖北巴东推行"三变"思路、培养"三融"模式、实现"三升"目标》。

[13]《中共中央国务院关于加强基层治理体系和治理能力现代化建设的意见》。

[14]《沿渡河镇易迁扶贫搬迁工作情况》。

[15] 巴东县沿渡河镇：《探索推广"罗溪工作法"全面提升基层社会治理能力》。

[16] 巴东县沿渡河镇：《聚焦五大环节，探索易迁后扶新路径：巴东县沿渡河镇罗溪坝社区"罗溪工作法"案例》。

[17] 来凤县易地扶贫搬迁工作领导小组：《来凤县"十二五"易地扶贫搬迁规划》。

[18] 中共恩施州委党建工作领导小组：《印发〈关于组建社区"尖刀班"推动城市基层治理体系和治理能力现代化的实施意见〉的通知》（恩施州党建文〔2020〕3号）。

[19] 中共恩施州为平安恩施建设领导小组办公室：《关于印发恩施州建立健全乡镇（街道）综治中心工作机制的指导意见》（恩施州平安办文〔2020〕3号）。

[20] 中共恩施州委平安恩施建设领导小组办公室：《关于印发恩施州矛盾纠纷排查化解"一日一研判"工作机制（试行）的通知》（恩施州平安办文〔2020〕26号）。

[21] 中共恩施州委平安建设领导小组办公室：《恩施州涉法涉诉矛盾联防联控机制（试行）》。

第四章　文化建设助力易迁安置区域
社会治理创新

——以恩施州易迁安置区域为例

邓莹辉

　　摘　要： 巩固易迁脱贫成果，确保易迁群众"搬得出、留得住、能发展"，有更多的获得感、幸福感、安全感是乡村振兴的重要任务之一。文化是国家软实力的体现，通过文化振兴，利用中华优秀传统文化和丰富的土家族、苗族非物质文化遗产，重构易迁社区的文化空间，能为恩施州的乡村振兴工作提供强大而持久的动力。生产生活空间与社会关系的剧烈变化以及社会身份的明显改变，给易迁居民带来身份认同、语言适应以及生活习惯适应等问题，而文化认同是解决易迁居民适应问题的根本出路。为实现这一目标，政府、民间组织、易迁居民都应该发挥自身的主观能动性，激发、培育易迁社区文化发展的内生动力，从而进一步推进恩施州乡村文化振兴。

　　关键词： 文化适应　文化堕距　脱贫　易地扶贫搬迁

　　湖北省恩施土家族苗族自治州（以下简称"恩施州"）位于湖北省西南部，东连荆楚，南接潇湘，西临渝黔，北靠神农架，辖恩施、利川两市和建始、巴东、宣恩、来凤、咸丰、鹤峰六县；有土家族、苗族、侗族、汉族、回族、蒙古族、彝族、纳西族、壮族等29个民族，少数民族人口占总人口的54%。恩施州是"西部大开发"国家战略的重要组成部分，易地扶贫搬迁集中安置对该地区脱贫攻坚具有重要意义。作为国家扶贫工作的重点对象，恩施州属于深度贫困地区，长期无法实现经济自给自足。但自党的十八大以来，在以习近平同志为核心的党中央的坚强领导下，恩施州各级党委、政府全面打响脱贫攻坚战，2020年底顺利完成脱贫攻坚目标任务。脱贫攻坚目标的全面实现解决了困扰当地多年的绝对贫困问题，完成了中华民族历史上从没有出现过的伟大壮举，为当今世界提供了解贫纾困的"中国方案"与"中国经验"，谱写人类反贫困历史的全新篇章。随着脱贫攻坚目标任务的全面完成和致富奔小康工作的逐步开展，在乡村振兴阶段，如何深入贯彻习近平总书记关于易地扶贫搬迁工作的重要指示精神，落实国家易地扶贫搬迁后续扶持工作精神，巩固易地扶贫搬迁脱贫成果，确保易迁百姓"搬得出、留得住、能发展"，不断提高易迁群众的获得感、幸福感、安全感，是摆在党和各级政府面前的新任务。对此，2018年12月18日，习近平总书记在庆祝改革开放40周年大会上的重要讲话中明确指出："我们要着力解决人民群众所需所急所盼，让人民共享经济、政治、文化、社会、生态等各方面发展成果，有更多、更直接、更实在的获得感、幸福感、安全感，不断促进人的全面发展、全体人民共同富裕。"① 习近平总书记在党的十九届中央政治局常委同中外记者见面时的讲话再次强调："我们要牢记人民对美好生活的向往就是我们的奋斗目标，坚持以人民为中心的发展思想，努力抓好保障和改善民生各项工作，不断增强人民的获得感、幸福感、安全感，不断推进全体人民共同富裕。"通过精准扶贫和乡村振兴，不断提高易迁安置群体的获得感、幸福感、安全感，对进一步推动改革开放、实现"两个一百年"奋斗目标和中华民族伟大复兴中国梦具有极其重要的意义。国家发改委于2020年11月17日至18日在云南昭通召开扶贫搬迁工作现场会，对下一阶段易地扶贫搬迁后续扶持工作做了细致部署。

---

① 习近平：《在庆祝改革开放40周年大会上的讲话》，《人民日报》，2018年12月19日。

会议除强调要进一步细化落实相关政策举措，加快推进产业培育、就业帮扶、拆旧复垦、社区管理等工作外，还特别要求推进社区、社会组织、社会工作"三社"联动，促进搬迁群众互动交流和情感交往，深入推进法治宣传、移风易俗、感恩教育活动，做好易迁群众的文化融入工作。贫困是由一系列因素造成的综合性问题，仅仅依靠诸如经济等单一性发展是无法从根本上解决问题的。从中国过去的反贫困实践来看，虽然成绩斐然，但从结果来看，依然存在诸多隐患。仅就作为扶贫举措中颇为重要的易地扶贫搬迁集中安置而言，其中普遍存在重视物质性的基础设施建设、重视经济效果，而轻视搬迁居民的文化观念、情感依托和心理需求等方面的问题。易地扶贫搬迁工作的完成是解决农村贫困问题的阶段性成果，而乡村振兴才是从根本上解决"三农"问题的重要抓手。早在 2018 年 3 月，习近平总书记就曾明确提出"五个振兴"的科学论断，所谓五个振兴包括"产业振兴、人才振兴、文化振兴、生态振兴、组织振兴"。文化是一个国家和民族软实力的体现，代表着国家的综合实力，而通过振兴乡村文化、重构易迁集中安置居民文化空间，可以为乡村振兴战略提供强大而持久的动力支持。

恩施州所在的武陵山片区作为国家级贫困县集中连片地区，由于地理环境和交通条件等的限制，经济上长期处于相对落后的状态；但作为少数民族聚居地区，其民族文化遗产极为丰富，在长期的发展过程中，形成了自身颇具特色的地域性传统文化。随着易地扶贫搬迁集中安置工作的完成，地方政府必须面对让易迁居民"稳得住、能致富"的问题，易迁居民则面临如何适应新的生产生活环境、实现小康生活目标的问题。鉴于此，本章在对恩施州易地扶贫搬迁集中安置社区居民进行实地调研的基础上，通过对当地政府在易地扶贫搬迁集中安置社区治理成功经验的总结和治理实践过程中遇到的具体问题进行分析，试图从理论上探究问题产生的主要原因，寻找解决问题的途径，从而为后扶贫时代乡村振兴工作的顺利开展提供一些有益的智力支持。

第一节　关于恩施州易迁安置区域社会治理问题的调研

为充分了解恩施州易迁社区治理的真实现状，宣扬党和政府脱贫攻坚的伟大成就，并为当地政府开展乡村振兴工作提供智力支持，自 2020 年以来，三峡大学原副校长、课题负责人谭志松教授曾先后近 10 次带领课题组成员前往湖北省恩施州的恩施市、巴东县、建始县、宣恩县、来凤县、咸丰县、利川市和鹤峰县等地开展深入细致的调查研究。每到一处调研地，课题组成员一般都先与当地县（市）直各部门（包括组织部、宣传部、农业农村局、乡村振兴局、发改局、政法委、民政局、教育局、民宗局、文旅局、自然资源规划局、信访局等直属单位）座谈交流，全方位了解所属县（市）党建引领、安置规划和执行管理体制机制、产业发展与安置就业、文化融入和文化发展、社区治理等情况，以及成功经验和存在的问题，然后在每县选取 1～3 个特色鲜明的代表性安置点进行实地考察，如巴东县的沿渡河镇罗溪坝社区、官渡口镇晴帆园社区、茶店子镇梅花山社区，宣恩县沙道沟镇酉水情社区，来凤县漫水乡集镇安置点，咸丰县杨洞社区，恩施市"乡村振兴示范村"——洞下槽村等，在与上述易迁社区（安置点）所在乡（镇）各部门和社区管理人员座谈的基础上，深入易迁户、扶贫工厂车间参观，了解易迁居民的真实想法和生产生活情况，并重点考察了诸如宣恩县沙道沟镇酉水情社区准者体育用品有限公司、巴东县罗溪坝社区和梅花山社区杭联实业有限公司和雄辉家纺进出口有限公司箱包加工车间等优秀扶贫企业，得到大量第一手资料。通过多次深入细致的调研，课题组既比较全面地了解到恩施州易迁社区丰富多彩、各有特点的治理经验，也发现了一些或共同存在、或各有差异的问题。解决好这些问题，不仅有利于巩固脱贫成果，使易迁群众在更大程度上和更高层次上增加获得感、幸福感、安全感，也有利于激发出这一群体的自豪感和责任感。以下笔者就参与的数次调研的总体情况和文化治理情况一一进行梳理，并分类分析和概括总结。

一　恩施州"十三五"期间易迁安置总体情况

扶贫工作是党中央、国务院的一项重要战略部署。早在 1986 年，国务院就设立了扶贫开发领导小组，组织实施大规模扶贫开发，使数以亿计的农村贫困人口摆脱绝对贫困，取得了举世瞩目的伟大成就。党的十八大以来，党中央把扶贫开发工作摆在更加突出的位置，实施精准扶贫，开创了扶贫开发事业的新局面。

党的十八大以来，在以习近平同志为核心的党中央的坚强领导与湖北省各部门的关怀和支持下，恩施州的扶贫工作一直在稳步向前推进，并取得举世瞩目的成就。恩施州早在 2012 年就开始了精准扶贫工作，2012 年 3 月 23 日，恩施州委、州政府召开全州扶贫开发工作会议，印发《关于贯彻〈湖北省农村扶贫开发纲要（2011—2020 年）〉的实施意见》《恩施州贯彻落实〈湖北省农村扶贫开发纲要（2011—2020 年）〉重要政策措施分工方案》，开始在恩施市龙凤镇推行综合扶贫改革试点，直到 2020 年全州所有县（市）脱贫，最终完成脱贫攻坚任务，实现了历史性跨越。恩施州发改委以及相关职能部门提出，2016～2018 年，全州用三年时间对全州 7.28 万户 24.28 万建档立卡贫困人口实施易地扶贫搬迁。根据摘帽进度安排、资金筹集、任务完成进度、群众积极性等情况，对各县（市）任务进行安排。2016 年完成 3.9 万户 12.48 万人；2017 年完成 2.61 万户 8.3 万人；2018 年完成 0.93 万户 2.9 万人的易迁安置目标顺利实现。经过 3 年多的不懈努力，截至 2019 年底，全州 109 万贫困人口脱贫，729 个贫困村出列，8 县（市）均达到贫困县退出标准和条件，2019 年全州小康总指数达 89.4%，比"十二五"末提高了 18.8 个百分点，实现从全域贫困到全面小康的历史性跨越。① 恩施州脱贫攻坚战提前完成，走在国家扶贫工作的前列。

---

① 恩施州人民政府：《恩施州国民经济和社会发展第十四个五年规划和二〇三五年远景目标纲要》。

《恩施州的脱贫攻坚白皮书》介绍，"十三五"时期，恩施州举全州之力决战、决胜脱贫攻坚，取得了显著成效，全州贫困面貌得到彻底扭转，农业农村发展势头全面向好。"党的十八大以来，平均每年完成 15.7 万人、104 个村以上的减贫任务；2018 年，宣恩县、来凤县、鹤峰县实现整县摘帽；2019 年，恩施市、利川市、建始县、巴东县、咸丰县实现整县摘帽；2019 年底，顺利实现现行标准下 109 万贫困人口全部脱贫，729 个贫困村全部出列，8 个国定贫困县全部摘帽目标，贫困人口收入水平显著提高，脱贫群众不愁吃、不愁穿，义务教育、基本医疗、住房安全、饮水安全有保障的攻坚目标全面实现，区域性整体贫困得到突破性解决，困扰恩施州祖祖辈辈的绝对贫困问题得以全面消除。"①

恩施州脱贫攻坚典型经验介绍："'十三五'时期，恩施州圆满完成 7.28 万户 24.28 万人（占湖北省易地扶贫搬迁总任务的27%）易地扶贫搬迁任务，为全州打赢脱贫攻坚战奠定了坚实基础。恩施州易地扶贫搬迁工作得到了国家发改委的充分肯定，2019 年全国易地扶贫搬迁现场会在恩施州召开。2020 年，宣恩县、建始县被国家发改委评为"十三五"搬迁工作成效显著县，咸丰县坪坝营镇杨洞安置区、恩施市白杨镇青春大道安置区、巴东县官渡口镇晴帆园安置区被评为"十三五"美丽搬迁安置区。为切实做好易地扶贫搬迁'后半篇文章'，恩施州坚持'政府主导、群众自愿、注重实效'原则，全力推进后续扶持'四大提升'工程，确保'稳得住、有就业，逐步能致富'。全州有劳动力的搬迁家庭60609户，共计劳动力138809 人，已实现了搬迁劳动力'零就业'动态清零目标，搬迁人口全部脱贫。"②

（一）巴东县"十三五"期间易迁安置规划及实际完成情况

根据巴东县"十三五"时期易地扶贫搬迁的相关规划，"十三五"

---

① 恩施州脱贫攻坚指挥部办公室：《恩施州的脱贫攻坚白皮书》。
② 《恩施州脱贫攻坚典型经验之六：全力推进"四大提升"工程，扎实做好易地扶贫搬迁后续扶持》。

期间全县完成 10745 户 34247 建档立卡贫困人口、4081 户 13611 人未进易地搬迁信息系统的贫困人口、1636 户 5728 人同步搬迁非贫困人口的易地扶贫搬迁任务。通过实施易地扶贫搬迁，让搬迁对象生产生活条件明显改善，享有便利可及的基本公共服务，收入水平明显提升，迁出区生态环境有效改善。[①]

综合考虑资源条件、城镇化进程和搬迁者意愿，规划采取集中和分散相结合的安置方式，其中，集中安置主要分为依托中心村就近集中安置、依托小城镇或工业园区集中安置、依托乡村旅游区安置、建设移民新村集中安置等类型。

按照实施搬迁安置后基本达到水、电、路、卫生所、村委会、居民点、学校完善配套的要求，《巴东县"十三五"易地扶贫搬迁规划》（以下简称"《规划》"）在住房建设、配套基础设施和公共服务设施方面都提出了具体的目标任务。如与文化相关的公共服务设施建设方面，《规划》要求"十三五"期间巴东县在安置区域建设卫生室 20 所，在县城安置点附近建设 1 所综合性医院；在县城新建 1 所中学、1 所九年一贯制中小学、50 所幼儿园；建设文化室 187 处，配置文化娱乐设施；建设活动广场 187 个，配置体育、运动器材等设备。

"十三五"期间，巴东县委、县政府坚定不移贯彻国家、省、自治州决策部署和习近平总书记精准扶贫、精准脱贫基本方略，坚持把易地扶贫搬迁作为脱贫攻坚的头等大事，完善易地扶贫搬迁政策，健全工作体制机制，创新工作方式方法，深入推进干部力量下沉到村到户、精准佐证到村到户、基层设施提升到村到户、特色产业发展到村到户、人居环境整治到村到户、项目资金安排到村到户、惠民政策落实到村到户、群众工作深入到村到户"八个到村到户"，致力于实现安全饮水、危房改造、补短板项目建设、集体经济空壳村、矛盾纠纷、问题整改"六个清零"和产业就业、惠民政策落实、人居环境整治、扶贫扶志引领、遍访

---

① 巴东县人民政府：《巴东县"十三五"易地扶贫搬迁规划》。

贫困、基层组织提升"六个全覆盖"的目标，狠抓落实，取得显著成效。根据巴东县易迁办公室发布的《2020 年巴东县易地扶贫搬迁工作总结》，"十三五"期间，全县共安置 12964 户 43197 人，建设集中安置点 265个，集中安置 9693 户 31259 人，分散安置 3271 户 11938 人，搬迁入住率达 100%，超额完成安置任务。2020 年，巴东县如期实现 31 个贫困村出列，16691 户 46580 名贫困人口脱贫的宏伟目标。[1]

（二）宣恩县"十三五"期间易迁安置规划及实际完成情况

宣恩县"十三五"期间，实施"特色产业覆盖、市场主体带动、乡村旅游承载、电子商务对接、能力建设到户"五大行动，扎实推进精准扶贫，全县贫困发生率下降到 0.013%，实现了 9.16 万贫困人口脱贫、279 个贫困村退出，整县成功脱贫摘帽，脱贫效果显著。全县按照"靠近城区、靠近集镇、靠近中心村、靠近景区、靠近园区、靠近国省道"的原则，高起点、高质量规划建设了 9 个易迁社区、56 个易迁集中安置点，共搬迁贫困户 9579 户 33945 人，其中集中安置 9135 户 32200 人，集中安置率为 95%，城镇安置率为 53.18%。在 56 个易迁集中安置点中，容纳800～3000 人的安置点有 11 个，容纳 3000 人及以上的大型安置点有 2个，其中依托县城和乡镇集镇建设的安置点有 18 个。位于沙道沟镇的酉水情社区是恩施州最大的一个易迁安置点。该安置点位于沙道沟镇松坪村 19 组，2017 年 4 月开工建设，2018 年 9 月完成主体工程，2018 年 10月交房入住。总投资达 2.6 亿元，占地面积为 310 亩，建设房屋 66 栋1722 套，共安置来自沙道沟镇 44 个村的贫困居民 1235 户 4594 人（包括低保户 432 户 935 人、60 岁以上老人 961 人、留守老人 108 人、留守儿童125 人、留守妇女 95 人）。

宣恩县紧盯易迁群众就业稳定、产业兴旺、社区和谐、公共服务和资产管理等工作重点，扎实开展后续扶持工作，有效衔接乡村振兴，取得了一定的工作成效。时任中共中央政治局委员、国务院扶贫开发领导

---

[1] 巴东县易迁办公室：《2020 年巴东县易地扶贫搬迁工作总结》。

小组组长胡春华调研宣恩县易地扶贫搬迁工作，并对该县集中安置模式、后扶帮扶工作、易迁社区治理等给予了高度肯定。2020 年宣恩县被国家发改委评为"十三五"搬迁工作成效显著县。

（三）来凤县"十三五"期间易迁安置规划及实际完成情况

按照《来凤县"十三五"易地扶贫搬迁规划》，全县"十三五"期间计划安置农村贫困人口 2078 户 7657 人，其中 2016 年计划安置农村贫困人口 1455 户 5612 人，2017 年计划安置农村贫困人口 623 户 2045 人。① 而湖北省下达来凤县"十三五"易地扶贫搬迁实施计划为 3588 户 13451 人（其中 2016 年为 1455 户 5612 人，2017 年为 4888 人，2018 年为 2951 人）。按照全省搬迁对象动态调整要求，该县最终共计完成 3658 户 13470 人住房建设任务，其中集中安置点 94 个，集中安置 2402 户 8738 人（见表 1），分散安置 1256 户 4732 人，各项基础设施及公共服务设施配套齐全，建设任务完成率达 100%。

表 1　"十三五"期间来凤县易地扶贫搬迁集中安置情况

乡镇	安置点个数（个）	安置户数（户）	安置人数（人）
翔凤镇	4	201	637
绿水镇	6	217	821
漫水乡	5	224	849
三胡乡	7	160	528
百福司镇	20	310	1245
大河镇	20	416	1423
旧司镇	13	633	2331
革勒车镇	19	241	904
总计	94	2402	8738

（四）咸丰县"十三五"期间易地扶贫搬迁安置规划及实际完成情况

根据《咸丰县易地扶贫搬迁"十三五"规划》要求，2016～2018

---

① 来凤县易地扶贫搬迁工作领导小组：《来凤县"十三五"易地扶贫搬迁规划》。

年，全县完成 5060 户 17124 建档立卡贫困人口易地扶贫搬迁任务，计划完成投资 101200 万元。其中 2016 年完成 1280 户 4358 人，计划完成投资 25600 万元；2017 年完成 2000 户 6987 人，计划完成投资 40000 万元；2018 年完成 1780 户 5869 人，计划完成投资 35600 万元。全县拟建 58 个集中安置点，安置 14897 人，约占总安置人口的 86.99%。凡集中安置区须做到"五统一"：统一规划、统一建设、统一标准、统一建筑风格、统一配套基础设施和公共服务。① 咸丰县举全县之力，尽锐出战，精准发力，脱贫攻坚取得显著成效。截至 2020 年底，全县累计脱贫 43796 户 149357 人，66 个重点贫困村全部出列，综合贫困发生率由 2014 年的 39.67% 下降为 0，2020 年 4 月实现整县脱贫摘帽。就易迁安置完成情况来看，全县容纳 6 户以上的集中安置点多达 213 个，集中安置 6461 户 21801 人。

（五）恩施市"十三五"期间易地扶贫搬迁安置规划及实际完成情况

根据《恩施市"十三五"易地扶贫搬迁规划（2016—2020）》要求，2016~2018 年，全市 14 个乡镇、办事处规划搬迁总规模为 5918 户 17269 人，搬迁对象全部为 2015 年末建档立卡贫困人口。搬迁方式根据农户意愿采取集中安置和分散安置两种形式。集中安置采取就近就地、小型大规模的安置方式，按"五靠近"（靠近中心村、靠近集镇、靠近城区、靠近生态旅游区、靠近产业园区）原则进行安置，规划建设集中安置点 178 个，安置搬迁对象 2441 户 7154 人（见表 2）。②

表 2　"十三五"期间恩施市易地扶贫搬迁安置规划

安置方式	安置点个数（个）	安置户数（户）	安置人数（人）
集中安置	178	2441	7154
中心村安置	166	1687	5111
小城镇安置	5	506	1531

① 咸丰县人民政府：《咸丰县易地扶贫搬迁"十三五"规划》。
② 恩施市人民政府：《恩施市"十三五"易地扶贫搬迁规划（2016—2020）》。

续表

安置方式	安置点个数（个）	安置户数（户）	安置人数（人）
生态旅游区安置	2	112	361
集中供养安置	5	136	151
分散安置		3477	10115
分散建房安置		3406	9857
插花和投亲靠友安置		11	33
进城进镇购房安置		60	225

恩施市委、市政府以习近平总书记视察湖北重要讲话精神为指南，以最大的决心、最强的力度、最硬的措施、最严的要求开展易地扶贫搬迁工作，脱贫攻坚取得显著成效。截至2020年底，全市完成6242户18393人易地扶贫搬迁任务，累计建成集中安置点178个，安置贫困户2832户8410人。

（六）利川市"十三五"期间易地扶贫搬迁安置规划及实际完成情况

根据《湖北省利川市"十三五"易地扶贫搬迁规划（2016—2020）》要求，其主要目标是用3年时间对"一方水土养不起一方人"地方建档立卡贫困人口和自愿搬迁的非建档立卡贫困人口实施易地扶贫搬迁，力争在"十三五"期间完成1.5365万户4.9722万人口搬迁任务，其中建档立卡贫困人口有1.1983万户3.9804万人，非建档立卡贫困人口有0.3382万户0.9918万人。按照全市易地扶贫搬迁任务，2016年搬迁安置6227户20491人，2017年搬迁安置6426户19792人，2018年搬迁安置2712户9439人；全市建成62个集中安置点，集中安置0.5952万户1.9603万人。[①] 据《利川市2019年度至2020年上半年扶贫开发工作成效考核自评报告》统计，"十三五"期间利川市实际建成集中安置点177个，实现集中安置6498户20924人、分散安置4935户15251人，超额完成易地扶贫搬迁集中安置任务。其中建成容纳800人以上的大型集中安

———————

① 利川市人民政府：《湖北省利川市"十三五"易地扶贫搬迁规划（2016—2020）》。

置点有 3 个，分别是文斗乡火石垭龙腾大道集中安置点（安置 494 户 1704 人）、文斗乡长顺安置点（安置 274 户 896 人）和建南镇建江小镇安置点（安置 242 户 876 人）。

（七）建始县"十三五"期间易地扶贫搬迁安置规划及实际完成情况

根据建始县人民政府发布的《关于建始县"十三五"易地扶贫搬迁工作情况的自评报告》中对"集中安置情况"的相关介绍，建始县一共建设集中安置点 230 个，其中容纳 800 人以上的安置小区有 3 个，分别是县城安置小区、龙洞湾安置小区、天生集镇安置小区。① 具体安置情况如表 3 所示。

表 3　"十三五"期间建始县大型易迁安置区安置情况

指标	县城安置小区	龙洞湾安置小区	天生集镇安置小区
安置户数（户）	1028	315	274
安置人数（人）	3708	1015	830

（八）鹤峰县"十三五"期间易地扶贫搬迁安置规划及实际完成情况

"十三五"期间，鹤峰县共搬迁 7925 户 26127 人，建设 212 个集中安置点（其中容纳 10～50 户的安置点有 118 个，容纳 50 户以上的安置点有 9 个），集中安置 3921 户 13234 人。恩施州所属各县（市）集中安置点个数、安置户数和安置人数如表 4 所示。

表 4　"十三五"期间恩施州各县（市）集中安置情况

指标	恩施市	利川市	巴东县	宣恩县	咸丰县	来凤县	鹤峰县	建始县	总计
安置点个数（个）	178	177	265	56	213	94	212	230	1425
安置户数（户）	2832	6498	9693	9135	6461	2402	3921	6200	47142
安置人数（人）	8410	20924	31259	32200	21801	8738	13234	19974	156540

---

① 建始县人民政府：《关于建始县"十三五"易地扶贫搬迁工作情况的自评报告》。

党的十八大以来，恩施州紧扣时代脉搏，抢抓脱贫机遇，深入学习贯彻习近平总书记关于扶贫开发的重要论述和重要指示批示精神，不折不扣落实党中央、国务院决策部署和湖北省委、省政府工作要求，把脱贫攻坚作为全面建成小康社会的底线任务，压实最严政治责任、坚持最大力度推进、采取最实举措攻坚、凝聚最大合力克难，举全州之力打赢脱贫攻坚战，并取得了全面胜利。2018 年，宣恩县、来凤县、鹤峰县实现整县摘帽；2019 年，恩施市、利川市、建始县、巴东县、咸丰县实现整县摘帽；2019 年底，顺利实现现行标准下 109 万贫困人口全部脱贫，729 个贫困村全部出列，8 个国定贫困县全部摘帽目标，贫困人口收入水平显著提高，脱贫群众不愁吃、不愁穿，义务教育、基本医疗、住房安全、饮水安全有保障的攻坚目标全面实现，区域性整体贫困得到突破性解决，困扰恩施州祖祖辈辈的绝对贫困问题得以全面消除。

二　恩施州易迁社区文化建设典型案例

如何保证易迁居民"稳得住"，快速融入易迁社区，并逐步产生归属感，是后易迁时代摆在易地扶贫搬迁集中安置社区治理者面前的艰巨任务。恩施州所辖县（市）各级部门都下了大功夫，采取各种行之有效的措施提升易迁群众的物质和精神文化生活水平。从课题组调研的几个地方来看，大多数县和乡镇都在数年的易迁安置工作中形成了一套相对完整系统的工作方法，既有共同之处，也有各自的特点，这些典型经验可以为少数民族地区乡村振兴时代的易迁社区治理提供很好的经验借鉴。

（一）宣恩县"1＋6＋N"配套服务模式

2019 年 12 月，中央有关部门在恩施州调研脱贫攻坚工作，对宣恩县易地扶贫搬迁集中安置等工作给予充分肯定。2020 年，宣恩县被湖北省易地扶贫搬迁工作领导小组评为先进集体，被国家发改委作为典型案例通报。2021 年 1 月，宣恩县酉水情社区被确定为首批全国脱贫攻坚考察点。

宣恩县在易地扶贫搬迁安置点创新推行"1＋6＋N"配套服务模式。所谓"1＋6＋N"配套服务模式是指：1个易迁社区落实6个配套建设标准，辅之以若干升级服务设施。

"1"代表一个社区组织体系，按照社区居委会的模式规划易迁社区的基层治理体系，全面增强所在地政府的服务能力。一般每个易迁社区安排1名乡镇干部，配备1名公益性岗位主任，牵头协调林业、国土、公安、民政等相关部门，对需要易迁户回户籍所在村办理的事项，提供全程代办服务。

"6"代表建设六个配套设施，包括一个社区党群服务中心、一个就业创业空间、一个标准卫生室、一个文体活动场所、一个便民服务超市、一户一块菜地。

"N"代表在"1＋6"的基础上辅以的各种升级服务设施，包括四点半课堂、老年活动中心、爱心澡堂、日间照料中心、心理咨询室、红白喜事用房、垃圾收集转运、污水统一收集处理等硬件设施，以及帮助搬1次新家、开好1次家庭会议、组织1次入住培训、每月1次入户走访、每月1次院落活动、建立1本易迁台账的"6个1"贴心服务，解决易迁居民的现实生活需求和心理问题，帮助社区居民尽快适应新的生活环境，找到群体归属感和个体幸福感、获得感。

宣恩县率先申报湖北省易地扶贫搬迁安置点社区治理体制机制建设试点，融社区治理于便民服务之中，在日常服务中改进治理模式，在增强治理中优化服务，引导群众逐步适应新环境、融入新生活。

酉水情社区是恩施州最大的安置点，也是宣恩县最典型的易迁安置点，在文化建设方面积累了许多宝贵经验，值得借鉴。其主要做法有以下几点。

第一，坚持以文化人、以文育人，社区加强对群众的社会主义思想教育和科学文化教育，使之形成健康向上、文明和谐的社区文化氛围，不断创新载体，丰富群众业余文化生活。社区成立至今依托沙道沟镇酉水情新时代文明实践站"1234"志愿服务队,结合社区环境卫生、社区治安、关爱老人、关爱儿童等组织开展常态化志愿服务30多次。

第二,利用社区宣传栏、LED电子屏公开公示科普等宣传资料,每月定期宣传健康教育知识、食品安全知识。广泛宣传"讲文明、树新风"等乡风文明建设内容。社区发动志愿者通过设立咨询台、发放宣传资料等形式向居民讲解环保知识,倡导绿色生活、绿色消费,爱护家园,保护环境,共建美好家园。引导社区群众崇尚科学,抵制迷信,破除陋习,移风易俗,养成文明、科学、健康的生活方式。

第三,成立沙道沟镇酉水情新时代文明实践站"1234"志愿服务队,注册志愿者达639人。同时,充分发挥党员先锋模范作用,大力提倡"有时间做志愿者、有困难找志愿者",社区党支部全体党员"亮明身份、服务群众"。社区居民普遍形成了"有事找党员,只要跑一遍"的共识,党员成为社区居民的"主心骨"。

(二)巴东县"罗溪工作法"和"梅花山经验"

自2016年以来,巴东县委、县政府牢牢把握"搬迁是手段、脱贫是目的"的根本要求,始终把易地扶贫搬迁集中安置作为脱贫工作最重要的任务来抓,完善易迁集中安置政策,健全工作体制机制,创新工作方式方法,聚焦脱贫目标和关键环节,坚持"七统一""三联合""两合并""一套图"的"7321"工作模式,并顺利完成易迁安置任务。按照"搬得出、稳得住、有事做、能致富"的总体要求,探索形成了"易迁+"多维的产业模式,即"易迁+特色产业"模式助力贫困户稳定脱贫,"易迁+旅游"模式推动贫困户逐步致富,"易迁+电商"模式实现贫困户生产生活转型发展,"易迁+老年公寓"模式满足贫困户老有所养的需求,"易迁+厂房"模式实现贫困户就近就业,"易迁+生产资料"模式保障贫困户过渡期生活。这些扎实有效的工作不仅给社会带来了持久的稳定,而且让易迁群体有了充分的归属感、获得感和幸福感,确保易迁群众能够安居乐业、共同致富、共享改革开放的胜利成果。作为巴东"最美乡村",沿渡河镇罗溪坝社区创造的"罗溪工作法"、茶店子镇梅花山社区的创新管理经验具有一定的意义,值得充分肯定。

1. "罗溪工作法"

沿渡河镇的罗溪坝社区是巴东县最大的易迁集中安置点。"十三五"期间,社区"两委"按照县委"一统三化""三治五联"的基层社会治理思路,摸索总结出的社区治理"罗溪工作法",得到学习强国平台推荐。与此同时,社区"两委"积极开展民主管理试点探索,为全县出台"214"民主管理模式进行了有效实践。由于工作努力、成效显著,罗溪坝社区先后被授予湖北省"百佳村委会""绿色村庄""美丽乡村示范村",恩施州"先进基层党组织",巴东县"最美村庄"等荣誉称号。

巴东县委、县政府在易迁社区治理过程中总结出"214"民主管理模式,一是建立"线上线下公开平台",线上依托"为村"微信公众号平台,设立党务、村务、事务和村友圈等栏目,打造云端上的党员群众服务中心、村(居)民手机里的精神家园和村(社区)的互联网名片;线下通过"支部主题党日"活动、公示栏等方式与线上同步公开事项与服务,广泛听取群众意见,接受监督。二是召开民主管理会议,每年3月15日为全镇民主管理日,召开民主管理大会,讨论决定村(社区)重大事项。三是完善管理制度,建立完善四项制度,保障工作有序进行。根据这一基本精神,罗溪坝社区管理者摸索出一条适合本社区工作的治理经验、化解社区矛盾的"六字经"——"防、控、化、调、和、发"。

源头"防"控建立三张网——小组防控网、片区防控网、社区防控网,将矛盾控制在社区内。

事态"控"制把牢三把锁——锁住对象、锁住事项、锁住事态,不让矛盾恶化升级。

矛盾"化"解打好三张牌——亲情牌、友情牌、法律牌,动之以情、晓之以理,千方百计将矛盾化解在基层。

纠纷"调"处把握四部曲——问诊、冷疏、热调、回脚,把握矛盾纠纷调处的内在规律。

邻里"和"谐四入手——思想教育入手、互帮互助入手、平安建设入手、建章立制入手。

社区"发"展要五兴——产业振兴、人才振兴、文化振兴、生态振兴、组织振兴,推进社区全面融合发展。

通过"六字经"的广泛运用,罗溪坝社区风气得到根本好转,长达几十年的矛盾纠纷得到有效解决,邻里关系和谐,基本上做到矛盾解决不出社区,社会问题不上访,无刑事案件发生,无突发公共安全事件。

在文化建设方面,罗溪坝社区一方面从精神上予以引导,通过建老年活动中心、"童伴妈妈"等老人、儿童活动场所机构,丰富居民精神文化生活,提振居民精神风貌,培育文明乡风、良好家风、淳朴民风,加强社区公共文化建设,不断提高社区社会文明程度。另一方面加强制度建设,严格执行《社区居民公约》,树立良好家风,营造诚信文明、勤俭持家的生活风尚,开展殡葬改革,按照"生态、文明、节俭、惠民"的原则推进农村公益性公墓和殡仪服务站建设,落实"六不准"制度,鼓励丧事简办,严禁修建豪华墓、活人墓,严禁使用不易降解和封建迷信丧葬祭祀用品。开展文明祭祀,提倡植树扫墓、鲜花祭祖。加强家风建设,在社区广泛开展系列"最美"系列评选活动,倡导社会主义核心价值观,引导人民群众向善、向美。

随着大型易迁安置点的建成,根据易迁户在殡葬事宜方面存在的现实困难,罗溪坝社区申报项目建成了以生态节俭为主导的罗溪坝太阳山殡仪服务站和生态公墓。这一改革得到上级部门的充分肯定,2020年恩施州农村公益性公墓建设现场会在沿渡河镇召开;乡风文明建设情况被《湖北日报》报道,在庆祝新中国成立70周年大型文艺专题片《我们走在大路上》展播。

2. 梅花山社区经验

茶店子镇的梅花山社区共安置茶店子镇22个村的建档立卡贫困户

245 户 878 人。自 2019 年 1 月 3 日交付使用以来，在县乡党委、政府的坚强领导和相关部门的通力合作，以及社会各界的大力支持下，该社区的治理越来越科学化、人性化，生活环境和社会秩序越来越好，易迁群众的参与意识得到提高，其对社区的满意度和归属感、幸福感也越来越高。梅花山社区的主要经验可以总结为 3 个"度"。

第一，公共服务配套有力度。为了让易迁户生活方便，社区内设置标准化卫生室，有 1 名医生坐诊，让住户在社区内享受便捷的公共卫生服务。设置群众服务中心，配备 2 名工作人员负责住户日常管理和服务。社区距当地幼儿园、小学、初中仅 1 公里，义务教育阶段学生能够享受优质的教育。社区内设置老年文化活动中心，并成立老年人协会，留守老人既有了文化娱乐活动的场所和组织，也丰富了住户文化和精神生活。开设学生互助学堂，解决留守老人无法辅导学生作业的现实困难，也解决了就近务工的家长和学生休息时间不同步的后顾之忧。社区设置红白喜事公共餐厅，解决了易迁群众红白喜事就餐问题。充分尊重土家族的丧葬习俗，利用吊板层设置寿木储存间，方便易迁户搬迁拆旧。社区还设置公共厕所、便民超市等公共服务设施，方便群众生活。

第二，后续管理有温度。当地社区设置梅花山群众服务中心，政府安排 2 名工作人员坐班负责日常管理，并完善组织架构，积极引导住户参与日常管理，共同营造和谐舒适的居住环境。民主选举楼栋长和住户代表，12 名楼栋长协助服务中心开展日常管理工作。住户代表和楼栋长组成志愿消防队和平安建设志愿者，在服务中心的领导下开展工作。每月开一次楼栋住户会议、每季度开一次住户代表会议、每半年召开一次全体住户会议，宣讲政策、评先表优、奖勤罚懒、强化管理。配备 2 名保洁员负责公共区域环境卫生，楼栋给所有住户划分卫生管理区域，每季度开展一次"最干净住户""最干净楼栋"评选活动，促进住户养成良好的生活习惯，共建卫生楼栋，共创和谐社区。坚持扶贫与扶志相结合，社区每一户确定一句家训刻在楼栋入口处，时刻提醒易迁户传承优良家风家训，共创美好生活。

第三，后续扶持多角度。在梅花山社区安置的878人中，社会保障兜底105人，除在读学生和60岁以上的老人外，有劳动力462人，外出务工342人。为确保易迁户"搬得出、稳得住、能致富"，鼓励外出务工人员稳定就业，梅花山社区积极谋划后续扶持项目，为留守劳动力和弱劳动力提供力所能及的就业岗位，成立安农专业合作社进行劳务输出，245户易迁户均加入合作社。一是鼓励易迁户外出务工，及时发布劳动部门的用工信息，提供就业咨询服务。二是采取"公司+专业合作社+基地+易迁户"的发展模式，2016年当地招商引进湖北省最大的有机乌龙茶生产企业湖北万益农业科技开发有限公司，在巴东县注册湖北九端茶叶有限公司，该公司在茶店子镇投资茶叶基地8000余亩，投资1200万元新建茶叶厂房，生产中高端红茶和乌龙茶。九端茶叶有限公司承租镇国有茶厂2000余亩茶田，梅花山社区安农专业合作社负责该国有茶厂的管护和茶叶采摘，易迁户可在合作社工作，实现务工增收。三是招商引进劳动密集型企业——巴东杭联实业有限公司和雄辉家纺进出口有限公司，为社区居民提供箱包及其他纺织制品加工岗位，让易迁户就近就业。四是利用北京对口支援资金700万元在社区旁兴建3300平方米标准化厂房，招商引进湖北谭家村酒业，为易迁户提供生产果酒的就业岗位。五是在茶叶、小水果、药材等大产业发展过程中，鼓励易迁户在原承包土地上发展特色产业或出租土地，实现持续增收。通过多维度的后续扶持，确保易迁户脱贫后稳定增收。

通过调研组实地走访、考察，梅花山社区服务中心建立起一整套管理制度、服务规范和乡约民法，包括《社区管理制度》《楼栋长职责》《住户代表职责》《保洁员职责》《住户公约》。而在精神文明建设方面，除通过"最美小区"、"最美楼栋"和"最美住户"评选活动提升居民参与积极性外，还创造性开展了"立家法、传家训、树家风"活动，让社区12栋易迁居民每家每户都在家门口悬挂标牌，拟定各自的"家训"，用以教育后代、规范家人的行为。

（三）恩施市教育脱贫和旅游振兴

1. 教育脱贫为乡村文化振兴奠定基础

教育脱贫是阻断贫困代际传递的根本之策。"十三五"期间，恩施市深入贯彻落实习近平总书记关于精准扶贫、精准脱贫的重要论述，扎实开展"发展教育脱贫一批"工作，全面落实各级各类资助政策，不让一个学生因贫失学，为全市打赢脱贫攻坚战贡献教育力量，也为乡村文化振兴打下了良好基础。

恩施市全面落实各级资助政策，并结合本地实际，立足"保底线、争上线"，构建了从学前教育到高等教育全学段、全覆盖的资助体系。其具体做法可总结为以下三个方面。

第一，两个层面明确资助工作主体责任。一是在教育系统层面，学生资助工作实行"市教育局—中心学校—学校"三级管理。各负其责，紧密配合，上下联动，齐抓共管。二是在市直部门层面，学生资助工作实行"市教育局—市扶贫办—市民政局—市残联—市财政局"联合运行机制，建立信息共享平台，实现基础数据和需求信息互联互通、动态管理、资源共享。

第二，"二二一"机制保障资助工作顺利实施。一是成立市级层面的"发展教育脱贫一批"工作组和教育系统层面的"恩施市学生资助中心"两个机构，责任到人，全面开展全市学生资助工作。二是建立"教育扶智"资金整合平台和"学生资助大数据监管平台"两大平台，加大资金整合力度，集中财力实施精准扶贫、精准资助、精准监管。三是由市教育局牵头，每月召集责任单位召开"发展教育脱贫一批"工作组暨"教育扶智"资金整合平台责任单位联席会议，总结工作成效和不足，做好部门配合协调，安排部署下一阶段工作。

第三，七项措施确保资助工作实现预期目标。一是建立资助政策宣传机制，二是建立工作月报告制度，三是建立公开公示制度，四是建立监督举报制度，五是建立督查督办制度，六是落实教育扶贫包保责任制，七是严格责任追究制度。

经过多年的努力，恩施市的教育扶贫工作取得了很大成效：一是贫困家庭学生资助体系更完备，二是资助对象更明确，三是资助对象认定更权威，四是数据信息更精准，五是申报程序更简单，六是教育扶贫政策资金统筹更有力，七是资助政策兑现更及时，八是资金发放反馈更贴心，九是资助育人功效更显著。以上这些措施的实施帮助家庭经济困难学生完成"求学梦"，实现"成才梦"，投身"中国梦"，从而为未来乡村振兴培养足够的人才。2018 年 10 月，恩施市《中职学校资助育人体系建设研究》获湖北省教育科学规划 2018 年度专项资助重点课题立项。

2. 旅游助力乡村文化振兴

实施乡村振兴战略，发展乡村旅游是重头戏。为把发展旅游产业与脱贫攻坚行动结合起来，以创新全域旅游和发展乡村旅游，强化扶贫的"输血"和"造血"功能，探索"旅游＋扶贫"的新路子，恩施大峡谷风景区管理处通过深入细致的调研和艰苦卓绝的实践探索，逐渐形成了一套利用本地文化发展旅游业的成功经验，具有重要的推广价值。

该风景区管理处依托景区资源，配合景区开发建设，完善旅游综合配套服务功能，挖掘推介民族特色文化，发展壮大旅游产业，着力提升旅游古镇形象，通过景区旅游产业带动，全面促进地方经济社会又好又快发展。近年来，恩施大峡谷风景区管理处从生态环境、民居建设、景点挖掘、文化传承等方面入手，按照"一点、一线、一大片"的工作步骤，精心打造全域旅游示范区，加快沐抚旅游城镇建设，"村村寨寨是景区、家家户户是宾馆、人人个个做旅游"的"休闲沐抚"形象愈加鲜明。辖区旅游住宿大多以"原生态"为主要特色，同时结合各区域环境特点，发展其他附属特色项目，如营上村主要依托恩施大峡谷风景区，以旅游资源丰富、便利为吸引点，发展景区旅游民宿；高台村以打造"慢节奏生活"为定位，依托辖区内的多处小型旅游景点及茶叶、葡萄等观光种植业，发展休闲养生民宿产业。

截至目前，辖区共发展农家乐、"仙居人家"200 多家，其中农家乐134 家。农家乐有 2000 多间客房，3000 多张床位，4000 多个餐位，400多名本地从业人员和 30 多名外来从业人员。客房均价在 200 元左右，客房出租率达 78%，全部民宿、农家乐均正常经营。

随着乡村振兴工作的逐步开展，恩施大峡谷风景区管理处将着力构建"产业围绕旅游转、产品围绕旅游造、结构围绕旅游调、功能围绕旅游配、民生围绕旅游兴"的全域旅游发展格局。该风景区管理处以"抓重点、举亮点、穿点连线，打造示范带"为工作思路，以特色小镇、美丽乡村、农业生态园等为载体，以"为城乡居民提供看得见蓝、望得见绿、记得住乡愁的高品质休闲旅游体验"为原则，充分挖掘本地的民俗特色，特别是发扬沐抚自有特色，寻找一个文化依托和支撑点来传扬沐抚文化；进一步明确乡村旅游的发展定位，合理布局，将恩施大峡谷风景区的自然资源、人文资源及产业资源进行有机结合，为乡村振兴助一臂之力。

（四）鹤峰县"精细化"治理促和谐

为使易地扶贫搬迁集中安置居民在生活习惯、生产方式等方面尽快适应，鹤峰县易迁社区成立"尖刀班"对帮扶人进行心理疏导、细心沟通，帮助社区易迁户转变生活方式、改变生活习惯、适应集体生活。易迁小区业主管委会严格落实易迁小区物业管理、红白喜事服务、公厕管理、矛盾协调、治安管理等方面的工作，帮助易迁户尽快融入当地生活；通过规划预留空地，保证易迁户均有一块小菜地，解决居民吃菜难的问题；易迁小区广场配备各种体育器材并开设运动娱乐场所，满足居民的锻炼和娱乐需求，让居民产生归属感；组建文艺宣传队和治安巡逻队，丰富易迁居民的日常文娱生活，提高居民的安全感和凝聚力；积极推行小区"门前五包"责任制，提高易迁居民的参与意识和责任感。社区通过组织召开全体居民会议的方式制定小区管理办法和居民公约，规范小区居民言行，提高小区整体素质，使小区的和谐度和居民生活质量、政策满意度不断提高，幸福感、获得感不断提升；在易迁小区持续开展"吃水不忘挖井人，致富不忘党恩情""听党话、感党恩、跟党走"等活动，潜移默化增强居民感党恩的意识；通过开展年度评先表模、吃团圆饭等活动，有效促进居民"一家人"融入进程。

综上所述，根据对相关县（市）调研的情况，课题组将恩施州脱贫攻坚的基本经验总结为以下几点。

第一，扛牢政治责任是脱贫攻坚取得全面胜利的根本保证。自脱贫攻坚以来，各地政府始终坚持州、县（市）、乡、村四级书记抓扶贫，毫不动摇落实党政一把手负总责的责任制，一级抓一级、层层抓落实，切实发挥了党在脱贫攻坚中的强大组织执行力、社会动员力和统筹协调力，为脱贫攻坚取得胜利提供了根本保证。

第二，精准施策是全面消除绝对贫困的基本方略。脱贫攻坚，贵在精准、重在精准，各地坚持对扶贫对象实行精细化管理、对扶贫资源实行精确化配置、对扶贫对象实行精准化扶持，力求脱贫攻坚取得实效。

第三，尽锐出战是打赢脱贫攻坚战的决胜之举。恩施州作为集中连片贫困地区，决战决胜脱贫攻坚难度大、时间紧、任务重，在配置工作力量时更需要优中选精、强中选锐。各级脱贫攻坚指挥部及时有力执行党中央决策部署，坚定不移地把各级优秀干部力量向脱贫攻坚主战场集聚，派驻工作队、组建"尖刀班"，把驻村干部和村干部拧成一股绳，心往一块想、劲往一处使，责任和压力一同承担，有效破解了基层工作力量不足的难题，发挥了"1+1＞2"的作用。

第四，优良作风是提升脱贫攻坚成色质量的基础保障。要做到真扶贫、扶真贫、真脱贫，必须求真务实、较真碰硬，常抓作风建设。譬如恩施州就提出"转作风、敢担当、善作为、抓落实"的要求，以"不摘穷帽就摘官帽""脱几层皮"的决心和干劲、"钉钉子回脚"的作风，集中力量解决扶贫领域责任落实不够到位、工作措施不够精准、工作作风不够扎实等突出问题，靠严谨作风保工作落实。

第五，群众路线是限期攻克贫困堡垒的根本途径。群众是一切历史的创造者，是一切工作的依靠力量。脱贫攻坚这场硬仗，只有资金项目、没有群众工作是绝不会取得胜利的。为做实做细群众工作，充分激发群众内生动力，恩施州集中安排了8轮覆盖全州的入户走访，组织"尖刀班"队员反复入户拉家常、听民声，掌握基本情况，找出短板弱项，理顺群众情绪。在入户走访全覆盖、摸透村情民意的基础上，"尖刀班"根据工作需要，灵活安排召开各种群众会，政策在群众会上讲，问题在群众会上摆，项目在群众会上定，办法在群众会上想，典型在群众会上传，干部在群众会上评。

总体来看，恩施州是我国深度贫困县集中区域，具有经济基础薄弱、贫困人口多、民族成分复杂、搬迁任务繁重等特点。在党中央、国务院及中央各部门的坚强领导和支持下，在省、州、县（市）党政部门齐心协力共同奋斗下，经过5年的艰苦奋战，终于取得脱贫攻坚战役的胜利，2020年底，恩施州实现整体脱贫，开始进入乡村振兴的全新时代。在5年多的脱贫攻坚过程中，恩施州内各县（市）根据自身特点创新易迁安置工作思路，探究易迁社区工作方法，形成了一套具有民族区域特色的易迁集中安置工作经验，从而为易迁后期扶持工作奠定了坚实的基础。上面介绍的部分县（市）的典型经验，可以让读者借此"一斑"窥恩施州易迁工作之"全豹"，从而对鄂西地区乃至整个武陵山地区的易地扶贫搬迁安置工作有更深入的了解。

第二节　易迁安置移民文化适应的理论探讨

一　"堕距"理论视域下易迁居民的文化适应

身为易迁居民，当其被动或主动进入一个陌生的生活场域，就必须努力适应新环境的物质与非物质文化。而在当下，随着易地扶贫搬迁集中安置工作的全面完成，易迁居民队伍空前壮大，因此，针对易迁集中安置居民的文化适应性问题展开研究，具有特别重要的现实意义。

作为诸多移民类型中的一种，易迁居民具有很大的特殊性。从地域情况来看，这些人都处于"一方水土养不活一方人"的穷山恶水之中，自然环境造成其物质生活的极端贫困；从政治角度来看，他们处于社会组织的"神经末梢"，几乎完全丧失在社会组织里所有的话语权；从经济角度来看，贫困人口最突出的特点是经济状况极度恶化、物质基础极度薄弱；从文化角度来看，这一群体也可能是接受现代教育最少的阶层，对科学知识和现代信息技术的接受能力都处于相对较低的水平。党和政府出于对弱势群体的关怀，将其从土地贫瘠、交通不便而又祖祖辈辈居住的大山深处，搬迁至自然条件相对较好、交通更加便利、生活设施比较现代的区域进行集中安置，使这一部分人在经济收入、生产生活条件、基础设施和人居环境等方面都得到大幅提升和改善。然而，这种从物质生产生活空间到社会关系空间的剧烈变化和社会身份的明显改变，也给易迁居民带来诸多问题，其中文化适应性问题是扶贫工作容易忽视但又影响深远的重要问题。

（一）"文化堕距"理论

关于文化的定义，不同时代不同人物对其有不同的解释，且有广义和狭义之分。从广义角度而言，一般认为，所谓文化是指人类在长期的改造自然界和社会过程中所创造的一切物质产品和精神产品的总和。它包括物质文化、制度文化和精神文化三种类型，而制度文化和精神文化又可以合称为非物质文化。由于由人类所构成的社会始终处于变迁之中，与此对应，其文化也自然而然处在不断嬗变的状态之中。在人类文化整体发生变迁的过程中，因为诸多因素对文化施以各种影响，而这种影响具有用力不均匀的特点，从而导致组成文化的各个部分变迁的速度难以保持完全一致，而是有急有缓。这种因为文化各部分变化的速度不同而产生的差异被称为"文化堕距"。美国社会学家 W. F. 奥格本在其于 1923

年出版的《社会变迁——关于文化和先天的本质》一书中首先提出"文化堕距"这一概念，并对其理论加以阐发。在他看来，人具有很强的社会属性，始终处于社会关系之中。人的社会化过程就是接受其世代积累的物质和非物质文化遗产，以此保持社会文化的传递和社会生活的延续。一方面，一个民族的文化具有相对稳定性，它可以为本民族成员的社会化提供一套所谓"预设的价值标准"，让民族共同体具有明确的归属感和认同感。另一方面，随着人类社会的变迁，文化也始终在不断裂变、重组。一般而言，物质文化变迁相对容易，具有快速性、先发性的特点；而制度文化、精神文化的变化则相对滞后和缓慢。物质文化和制度文化、精神文化存在的这种差距，即"文化堕距"。从文化适应性来看，物质文化的改变相对比较容易接受，而制度文化和精神文化的改变却非短期内能使人适应的，因而容易造成人们特别强烈的文化心理失落感。

（二）移民的文化适应与认同

1. 文化适应

由文化堕距引起的文化心理失落感在移民群体中表现得尤为明显。我国是"移民大国"，生态、环境和工程等因素都曾导致大量移民出现。不论何种缘故产生的移民都存在一个共同特性，那就是这些移民原有的传统文化都要主动或被动地随着迁移而发生或大或小的变化，这种变化对移居者自身与迁入地民众都将产生全面且深刻的影响与冲击。总体上看，由于（自然的或人文的）生存环境的改变，移民不再拥有原来传统文化赖以延续和发展的环境基础，在新的生产生活环境中，移民必须主动重建自己的文化体系以适应它，从而求得在移居地的生存与发展。这是一个极度艰辛且长久的过程，需要付出极大的努力方能达成融入新生活的目标。而易地扶贫搬迁集中安置居民作为一个极为特殊的移民群体，其文化适应难度更大，更需要多方助力。

"文化适应"是一个外来概念，它源自英文单词"acculutration"，美国移民事务局的 J. W. Powell 于 1883 年将其定义为"来自外文化者对新文化中的行为模仿所导致的心理变化"。而"文化适应"作为学术用语广泛使用则开始于20世纪30年代,文化人类学家莱底菲尔德(Redifield)认为:"文化适应用于理解这样一类现象,具有不同文化的群体通过不断的接触,使双方或两个群体最初的文化类型发生变化。"① 这一时期的西方学者所探讨的是相对落后的文化群体在受到来自发达文化群体的影响而发生习俗、传统和价值观等文化特征改变的过程。中国学者在此基础上,对"文化适应"问题展开进一步讨论,提出一些新的看法。如当代著名社会学家郑杭生先生提出:"当社会个体或群体出现的心理反应,首先落在这个心理背景上。这时候,如果新环境中的心理反应同心理背景协调,就是这个社会个体或群体对新文化背景的适应。否则,心理活动不协调,就无法适应新的环境。"② 陈平认为:"文化适应其实是一种主动或被动地借鉴或'借取'行为,是一种与自身要求紧密联系的反应或应变措施。这种文化行为首先需要与外来文化的碰触,并感受到异质文化与自身的差异之处,对差异的认识引发了对外来文化的刺激的某种反应——这一系列动作就是文化适应过程。"③ 焦垣生与马宝元亦有相似观点:"当两种或多种文化碰撞时,每种文化固然保持原文化的许多价值观、习俗以及交流方式,但同时也为了适应对方的特殊情形而自觉或不自觉地发生改变。外来文化为了适应本土文化进行的改变就是文化的适应性。"④ 由此可见,所谓文化适应讨论的就是弱势文化如何适应强势文化的问题。作为弱势文化承载者的个体或群体要生存下去,就必须努力学习或模仿居于强势地位群体的文化(包括生产方式、生活习惯、礼仪风俗、语言等)。在其适应过程中,往往伴随着弱势一方的文化特性渐趋消解、原有文化被强势文化取代的结果。文化适应者的类别十分复杂,

---

① 王晓朝:《宗教学基础十五讲》,北京大学出版社,2003,第254页。

② 郑杭生:《社会学概论新编》,中国人民大学出版社,2003。

③ 陈平:《多元文化的冲突与融合》,《东北师大学报》2004年第1期。

④ 焦垣生、马宝元:《从文化的传播看多元文化交融的态势》,《西安交通大学学报》(社会科学版)2005年第3期。

移民则是其中比较常见的一种。其文化适应既有相似性，也有特殊性。简而言之，就是移民由原住地迁入新的环境，经过一段时间的心理调节和文化纠结后，方能逐渐融入新的人群和社会关系，并逐步变为当地人。只有当移民的原有文化逐渐演变为本地文化时，移民的文化适应才宣告完成。对易地扶贫搬迁集中安置居民来说这是一个漫长且艰巨的过程，需要多方共同努力才能实现。

文化适应大致包括身份适应、语言适应以及生活习惯的适应等。身份是贴在每个人身上的一个标签，代表着一个人的社会存在。人的身份并非由血缘关系来决定而是社会和文化影响的结果。就影响因素而言，种族、阶级、性别、地理位置都会对人的身份形成产生重要影响，而具体的历史过程与特定的社会、文化、政治环境也会对人的身份产生重要影响。从根本上说，身份就是某人或某群体标示自己的标志或某一事物独有的品质。在新的环境中，易迁居民需要努力寻求与原住居民一致的身份，也就是不断进行本地化。所谓语言适应是指语言的存在和变化必须适应社会的特点和发展变化，使其更好地为社会发展和人际交往服务，应用是语言存在的基础和价值所在。不同民族存在不同的语言特点和表达习惯，但移民从不同的方言地区汇聚到一个新的环境，在语言交流上会遇到比较大的困难，需要一定的适应时间，并与本地居民相互影响，从而建构起新的言语交流系统。"生活习惯适应"则是指面对生产方式的改变和生活环境的变化，为融入目标社会，易迁居民必须试着去接受、去适应、去习惯。

文化适应需要文化主体双方共同配合才能实现。在此过程中，外部文化需要根据环境对自身状况做出调整，如果这种调整是被动且自发的，那么其过程可能是积极的，也可能是消极的，结果也有好有坏。因此，由政府主导、各方积极参与的文化适应过程至关重要，只有双方达成融合的状态，文化才能更好地发挥其整合、导向、规约和维持秩序的作用，也只有这样，才可能系统地使适应主体实现过程温和且效果积极的文化适应。

对易地扶贫搬迁集中安置移民来说，由于他们多属于县内或镇内搬迁，其语言适应的难度不大，其文化适应主要表现在身份适应和生活习惯的适应等方面。如何尽快从单家独户的生活环境和纯粹农民的身份向集中社区居民和农业工人身份转变，对全新的生产生活环境和人际关系网络逐步适应就变得非常关键，是影响易迁安置群体在安置点生存和发展的关键因素之一。

2. 文化认同

文化在空间上是流动的，在时间上不仅可以被继承，而且可以被创造，也就是说，文化的流动是化学的过程，而不是一个机械的、固定化的物理过程。人是文化的载体，流动的人群是文化流动的承载者，正是因为人的流动，在各种各样的人聚集、交流的过程中，激活了每个人身上的文化基因，从而产生新的文化样态。移民文化深刻展现了文化的这一特性，由于移民的来源十分广泛，因而其文化背景十分复杂，每个移民都是一个文化符号，在共同旋律下各自跳着自己的舞蹈，创造着移民城市的多样性和丰富性。移民文化是当代中国极具活力的新文化，其活力之源的流动性特征既有积极影响又有消极影响，移民文化的流动性深刻影响着移民的文化身份认同，产生不确定性。但身份认同又是移民们不可回避的问题，尤其是文化身份认同。文化身份认同体现在人们的衣食住行上，吃什么样的东西、穿戴什么样的服饰、交往什么样的人群，每一位移民都感受到文化差异带来的冲击，承认共同体内部成员文化身份的差异，由此带来文化身份认同的不确定性。

文化身份的转换问题是每个移民首先需要重新回答且需不断适应调整的社会归属问题。移民与原住居民的差异显而易见，移民文化现实的流动性直接导致的文化复杂性与多样性，使之与其他移民之间也存在明显的文化差异。正是这些差异性和户籍问题使大部分移民缺乏文化身份的认同。要解决易迁移民的文化认同问题，使其对安置社区产生归属感，至少需要从以下几个方面思考并寻找对策。

第一,进一步改革户籍制度,满足安置移民现代生活需求。现行户籍制度对易迁集中安置移民真正融入新社区产生了一定影响。现行制度是易迁居民入住新建安置社区,其户籍留在搬迁以前的村(社区),其土地及其他生产资料所有权和选举权等都在原居住地,只有日常生活由居住地相关村(社区)进行管理,但不享受安置点所在村(社区)的权利和义务,不能进入安置社区的管理层,无法与安置地实现真正意义上的融合。中央和地方各级政府要针对这些具体情况进行顶层设计,破解易迁集中安置移民面临的属地和迁入地两不落实的矛盾,推进户籍制度改革,建立接纳易迁集中安置移民的新机制,让这一弱势移民群体尽快融入安置社区,并对所在社区产生真正的归属感和信赖感。

第二,妥善解决易迁集中安置移民的增收问题,健全安置移民社会保障机制。一般而言,要想提高移民工作与生活的融入性,必须努力使其享有三个层次的社会保障:其一是住房保障和教育保障,它涉及移民安家落户和子女的就学问题。其二是养老保障和医疗保障,它涉及移民的养老和就医问题。其三是失业保险和最低生活保障,它涉及移民的再就业和接受救济问题。

第三,完善易迁集中安置社区服务,打造一体化社会服务新模式。加强易迁社区文化建设,提高易迁安置移民的思想文化素质,培养其对安置社区的文化认同感和归属感,促进易迁安置社区的社会稳定和社区人际关系和谐,是从扶贫时代进入乡村振兴时期社区治理的重要任务。易迁社区文化建设应根据当下群众最迫切的精神需求,贴近易迁移民生活实际,切实可行满足易迁群众的精神生活要求,充分体现综合性、生活化的社区服务特点。易迁社区服务包括生活管理服务、环境综合治理服务、医疗卫生服务、文化娱乐服务等。它是精神生活产品的重要载体,由于这些服务与易迁居民日常生活密切相关,通过这些服务,易迁群众能够非常自然地从中产生对社区的认同感和归属感,有助于移民摒弃

"外来者"身份意识，修复因迁移而产生的道德观念、生活经验和行为准则的疏离感、断裂感和心理失衡感，重建自我认同的精神家园，实现易迁社区的和谐与稳定。

二　易迁社区文化认同与"五感"教育

按照中央关于打赢脱贫攻坚战的决策部署，到2020年，恩施州有效解决了"两不愁、三保障"问题，易迁集中安置群体能够享受便利可及的基本公共服务，实现了基本脱贫的伟大战略目标。下一阶段的主要工作是进一步提升易迁社区配套基础设施水平与公共服务能力，使易迁群众在稳定脱贫的基础上实现增收致富，能够有效融入新环境、适应新生活。而要让易迁安置群体有效融入新的生活社区，必须一手抓物质文明，一手抓精神文明。做到主客结合：治理主体的政策倾斜，治理客体的主动参与。

湖北省扶贫攻坚领导小组在《关于加强和完善易地扶贫搬迁后续扶持工作的实施意见》（以下简称"《意见》"）中提出："扎实做好易地扶贫搬迁'后半篇文章'，重点抓好发展基本产业、解决基本就业、完善基本公共服务、优化基础社会治理、强化基层组织建设等五个方面工作。"[①]其中"发展基本产业""解决基本就业"主要是从物质层面解决易迁群体的收入问题，使易迁群众有明显的获得感；而"完善基本公共服务""优化基础社会治理""强化基层组织建设"则主要关注人们的精神追求，让易迁群众产生强烈的归属感。《意见》要求"补齐安置区配套设施短板，按照'两不愁、三保障'目标标准和'缺什么补什么'的原则，合理配套建设安置区服务中心、幼儿园等公共服务设施，并按标准配置服务人员。鼓励发展便民超市、餐饮等居民服务业，满足安置区群众多元化生活需求"。在社区治理方面，《意见》一方面强调"完善安置区社会管理"，加强安置区群众性自治组织规范化建设，特别强调开展安置区村（居）委会选举时，要注重吸纳易迁群众参与新村（社区）治理，引

---

① 《关于加强和完善易地扶贫搬迁后续扶持工作的实施意见》（鄂扶组发〔2019〕10号）。

导易迁群众参与安置区公共事务和公益事业，让易迁居民逐渐产生当家做主的感觉。另一方面为有效促进搬迁群众社会融入，要通过开展感恩教育，讲好搬迁故事，开展扶贫扶志行动，大力宣传先进典型，大力推进移风易俗，积极开展生活融入、心理疏导、邻里互助、健康养老等服务工作，丰富易迁群众精神文化生活，开展新村（社区）文明创建活动等一系列工作，使易迁群众从精神上、心理上提升对生活社区的认同感、归属感、安全感、幸福感，进而形成"我爱我社区"的自豪感和责任感。

1. 认同感

在今天的社区生活里，要实现多元共处和谐发展，营造社区的文化认同感至关重要。以文化为纽带，培养共同的社区意识，在价值观、思想方法和生活方式上找到相对一致的感觉。易迁集中安置居民在满足基本住房需求之后，也将面临收入水平较低、生活支出的费用增多、生活方式不适应等诸多问题，影响人们对新生活的热情和期望，使其对社区的认同程度降低。

针对以上情况，各地党委、政府应采取积极措施，在一定程度上缓解了矛盾，使易迁群众逐步转变态度，逐步提高其认同感、融入程度。综合所调研各县及乡镇的做法，大致有以下几个方面经验值得推广。

发展相关产业，提高易迁集中安置群众物质生活水平。为切实做好易地扶贫搬迁"后半篇文章"，恩施州坚持"政府主导、群众自愿、注重实效"的原则，全力推进后续扶持"四大提升"工程，确保"稳得住、有就业、逐步能致富"。

所谓四大提升，是指夯实发展基础，推进产业配套提升；确保增收脱贫，推进基本就业提升；强化内生动力，推进能力素质提升；落实后续服务，推进社区治理提升。其中前三大提升都是关乎易迁群众经济收入的重大举措。

在"夯实发展基础，推进产业配套提升"方面，恩施州坚持长短结合，全力推进安置点产业配套提升工程。一是大力建设产业基地。重点突出"烟叶、茶叶、蔬菜、药材"等特色优势产业，全力推进基地建设，做优做强特色产业，把易迁户与产业链联结。自 2016 年以来，全州新增特色产业基地 198 万亩。全州 1425 个集中安置点除兜底保障产业外全部明确了后续发展主导产业。二是大力建设扶贫厂房。以企业落户为前提条件，引进劳动密集型企业在安置点周边投资建厂，签订劳务合作协议，优先使用易迁劳动力。全州安置点共配套扶贫车间 266 个，其中容纳 50 户以上的安置点 194 个，共带动 7600 余名易迁劳动力就近就业。三是大力引进和培育龙头企业。在易迁社区大力培育和扶持农业企业、农民专业合作社等市场经营主体，吸纳易迁户就业。全州 2348 个村有 841 个村对接 1294 家企业，全州组建农民合作社 1.2 万家，产业对农民增收的贡献率达到 68.3%，龙头企业对易迁户就业的带动率近 30%。①

在"确保增收脱贫，推进基本就业提升"方面，恩施州按照有劳动能力的易迁家庭至少有 1 人稳定就业的要求，全力推进基本就业提升工程。各县（市）制定后续扶持工作方案，落实易迁群众就业增收措施，确保易迁户如期脱贫。其一，引导本地就业一批。积极探索推进安置点、易迁户与市场主体抱团发展模式，将易迁户捆绑在产业链上，与市场主体建立利益联结机制。全州累计发展农业产业化龙头企业 184 家、农民专业合作社 12044 家、家庭农场 3866 家、对接 900 余个集中安置点，带动 5.4 万名易迁劳动力就业。其二，组织劳务输出一批。打造"恩施月嫂""恩施厨娘"等劳务品牌，将州内和杭州、黄石等对口帮扶地区岗位信息送达易迁户家庭，将易迁户劳动力作为劳务输出重点对象。全州有 8.79 万名易迁劳动力有稳定务工岗位。其三，设置公益岗位安置一批。全州通过开发护林员、护路员、护水员、光伏扶贫电站管理员等 2.15 万个公益岗位，优先选聘易迁困难群众；在安置点设置卫生保洁、安全保卫等公益岗位 1000 余个，用于安置易迁户就业。其四，兜底保障一批。

---

① 《恩施州脱贫攻坚工作典型经验之六：全力推进"四大提升"工程扎实做好易地扶贫搬迁后续扶持》。

对发展能力不足的易迁户按照"应保尽保"的原则，通过兜底政策予以保障，全州3.88万名易迁人口享受农村低保和特困供养等社会保障兜底政策。

在"强化内生动力，推进能力素质提升"方面，恩施州坚持扶贫与扶志、扶智相结合，不断提高易迁群众劳动技能和综合素质，增强易迁户脱贫致富发展能力。第一，大力开展技能培训，提升劳动就业能力。统筹人社、农业农村等相关部门资源和力量，根据市场和企业需求，重点围绕特色种植养殖、乡村农家乐、农村电商、家政服务、特色工艺品制作等产业开展"订单式""定向式"技能培训，提高易迁户就业能力。丰富培训方式，在全州建立产业扶贫科技特派员、指导员制度，确保安置点产业扶贫科技特派员全覆盖；在恩施州外出务工较为集中的杭州等地，就近利用资源，积极开展外出就业易迁群众技能培训。近3年，全州易地扶贫搬迁对象培训人数累计8.2万人次，实现易地扶贫搬迁安置点劳动技能培训全覆盖目标，有劳动能力且有就业意愿的易迁户家庭，至少有1人参加就业培训，大批易迁户通过培训掌握了一技之长，实现了稳定就业。第二，积极引导自主创业，提升后续发展能力。出台政策措施，鼓励和支持易迁群众创业就业，提升易迁户发展后劲。引导景区、城镇附近安置点易迁群众积极参与商贸、餐饮服务和旅游产品开发，鼓励和指导易迁户开办电商企业。全州集中安置点累计新建农家乐、小旅馆、小商店、电商等6000余家，带动6000余名易迁居民脱贫致富。第三，切实加强思想教育，提升适应新生活能力。在集中安置点建设"文化墙"，抓住国庆、春节等节日节点，大力营造感党恩、跟党走和勤劳脱贫光荣、懒惰受穷可耻的宣传氛围，深入开展移风易俗教育，摒弃落后观念，弘扬时代新风。坚持典型带动和示范引领，积极推广最美安置小区、最美易迁户评选活动，全力提高易迁群众综合素质，加快易迁群众从传统农民向新型农民和市民的转变进程。

2. 归属感

归属感是指个体与其所依附群体之间的一种内在联系，是某一个体对特殊群体及其从属关系的划定、认同和维系，归属感则是这种划定、认同和维系的心理表现。归属感一般具有以下两种含义：一是指个人自己感觉被别人或被团体认可与接纳时的一种感受，二是指心理上的安全感与依托感。马斯洛是美国著名社会心理学家，他曾提出"需求层次理论"，其理论认为，"归属和爱的需要"是人的重要心理需要，只有满足了这一需要，人们才有可能"自我实现"。对于不同的对象，归属感的维度多有不同，如对易迁集中安置群体的归属感，我们可以通过五个维度对其进行考量：舒适感、识别感、安全感、交流感、成就感。

3. 安全感

安全感是一种感觉、一种心理，它主要体现在两方面：一是物质层面的安全感，包括住房、经济收入、财富分配和社会福利等方面是否得到保障；二是精神层面的安全感，包括情感、身体、法律、社会关系和生活环境等方面是否得到满足。加强和创新社会治理是中共中央全面深化改革的重要举措之一。党的十九大报告反复重申了这一重要举措，并且从格局、体制、制度、水平、机制、政策等各方面做出了全面部署，突出强调了社会治理的基本格局在于共建共治共享。加强和创新易迁安置点社会治理是增强易迁群众安全感的重要前提。健全党组织领导的自治、法治、德治相结合的基层治理体系，提高易迁社区的治理效能，完善易迁居民矛盾纠纷多元预防调处化解机制，加快乡村社会治理的现代化进程。对易迁安置群众来说，安全感包括增进民生福祉。加强和创新社会治理的根本目的和意义是提高民生保障水平。因此，必须在发展中补齐民生短板、促进社会公平正义，在幼有所育、学有所教、劳有所得、病有所医、老有所养、住有所居、弱有所扶上不断取得新进展。例如，巴东县通过"九个到村到户"，即"平安知识宣传到村到户""矛盾纠纷化解到村到户""安全隐患排查到村到户""特殊人群管理到村到户""法治道德宣讲到村到户""'扫黑除恶'动员到村到户""社会治安防范到村到户""重点人员稳控到村到户""安保维稳落实到村到户"，加强易迁社区平安建设，实现经济更加发展、政治更加稳定、文化更加繁荣、社会更加和谐、生活更加安康的总体目标，确保易迁社区社会政治稳定、治安状况良好、经济运行稳健、安全生产状况稳定转好、社会公共安全、人民安居乐业。让易迁群众在情感和心理上对所生活的社区产生安全感和信赖感。

4. 幸福感

幸福感是民众对自身工作、学习、生产、生活所处环境满意程度的一种主观感受，即群众对物质生活和精神生活的满意程度。而幸福指数"作为社会生活中大部分民众幸福感的量化统计方式，通过全方位覆盖影响民众生活质量的诸多因素，并将其进行科学统筹考量，能够较为合理、准确地反映出社会中民众的生活质量，为决策者进行科学决策提供现实依据，进而促进和谐社会的建设，让民众幸福感与社会发展达到一个动态的平衡。"[1] 幸福感堪称"隐形国民财富"，它是人民生活水平的重要体现，也是经济发展和公共政策制定实施的重要目标。从现实层面来看，易迁群众对幸福感的体验，一方面表现在物质财富满足上，收入是影响易迁群众幸福感的主要因素之一；另一方面表现在对公平正义、权利义务等精神性因素的追求上，注重生活的品质和社会关系的和谐。因此，易迁社区治理要取得良好效果，既要寻找途径增强易迁群众的就业能力，促进居民家庭收入的多元化增长，最大限度地提升移民物质生活水平；又要在政治和法律上充分保障易迁群体平等参与、平等发展的权利，即让迁入者和原住居民享有平等参与所在社区一切政治、经济活动的权利，分享经济发展的成果，以此提高易迁群体的社会公平感，在社区营造一个公平公正、平等和谐的社会环境，易迁居民幸福感随社会环境变化与经济增长同步提升，促进整个社会的健康和谐发展，并最终实现共同富裕的伟大目标。

5. 责任感

党的十九届四中全会审议通过的《中共中央关于坚持和完善中国特

---

① 高悦、陈春燕：《提升民众幸福指数与构建和谐社会》，《西部学刊》2021年第6期。

色社会主义制度、推进国家治理体系和治理能力现代化若干重大问题的决定》明确提出要"建设人人有责、人人尽责、人人享有的社会治理共同体",这为易迁社区治理指明了方向、提供了遵循。"人人有责、人人尽责、人人共享"作为一种新型社会治理模式,强调了"责任共同体"的逻辑层次和关系。其中,"人人有责"强调多元主体的责任地位与意识,"人人尽责"要求主体责任履行的主动性、协同化与实效化,"人人共享"则标示了责任愿景、目标与成果。"有责""尽责""共享"三者相互作用、耦合共构,形成社区共建共治共享的"善治"。作为主要由贫困人口易迁组成的社区治理共同体,其更需要成为一个"人人有责""人人明责""人人尽责""人人履责"的责任共同体。"在特定共同体的框架下,'我们'共享集体成果,拥有共同的命运,一荣俱荣、一损俱损。正是如此,每个个体对集体建设、公共利益负有不可推卸的责任。"①作为社区治理共同体多元主体之一,易迁居民有责任把促进"公共生活"作为目标责任,共同构建平安和谐、环境优美、文化繁荣、团结互助的幸福社区。每一个社区治理主体都要履行好自己的主体责任,只有每一个主体都为建设自己所生活的美好社区而努力,才能实现共同体之于美好生活的构建。责任感的具备是移民真正实现认同和融入社区、提升自我、回馈社会的目标。

获得感、归属感、幸福感、安全感和责任感是易迁成效的最终体现。易迁群众住房有保障、能够就近就业、经济收入能够持续增加,能病有所医、幼有所教、老有所养等,这些都是看得见、摸得着的获得感。社区广泛开展形式多样的文化活动,激励易迁群众亲身参与社区组织的法律讲座、就业培训、趣味运动、文化活动等,一方面丰富了社区居民的文化生活,另一方面让易迁群众融入新的生活环境,提升归属感。社区党员干部在公共服务、健康保障、教育、医疗、社会福利、环境保护等

① 张国磊、马丽:《新时代构建社会治理共同体的内涵、目标与取向——基于党的十九届四中全会〈决定〉的解读》,《宁夏社会科学》2020年第1期。

方面，想民之所想、急民之所急、忧民之所忧，时刻与人民心贴心、心连心，提升了人民群众的幸福感。社区党员干部在平时工作中力戒形式主义、官僚主义，大力弘扬求真务实和真抓实干的工作作风，推进群众工作实打实、硬碰硬。坚持以人民为中心，多做雪中送炭、为民分忧解难的事，促进社区和谐稳定。时刻把人民群众的生命财产安全放在第一位，充分调动群众的积极性、主动性、创造性，常态化开展应急演练，做到常备不懈、有备无患。将日常工作的重点放在人民群众最关心、最直接、最现实的民生问题上，排除安全隐患，营造安全环境，不断提升人民群众的安全感。而当人民群众的生活得到保障，各项民主权利得到充分保障，对社区有强烈的认同感和归属感之后，一定会激发所有社区成员对所生活社区的自豪感和责任感，使他们愿意为这个美好的集体奉献自己的一分力量。

第三节　易迁安置移民文化适应的实践探索

党的十八大以来，以习近平同志为核心的党中央始终把人民放在至高无上的位置，顺应民心、尊重民意、关注民情、致力民生。高举中国特色社会主义和改革开放的伟大旗帜，坚持统筹推进"五位一体"总体布局，协调推进"四个全面"战略布局，坚持稳中求进工作总基调，对党和国家各方面工作提出了一系列新理念、新思想、新战略，以巨大的政治勇气和智慧，提出全面深化改革的总目标是完善和发展中国特色社会主义制度、推进国家治理体系和治理能力现代化，着力增强改革系统性、整体性、协同性，着力抓好重大制度创新，让改革发展成果更多、更公平惠及全体人民，在更高起点、更高层次、更高目标上推进全面深化改革，开启全面深化改革、系统整体设计推进改革的新时代，开创了我国改革开放的全新局面。经过5年艰苦卓绝的努力，到2020年底，全国所有贫困县完成脱贫攻坚任务，全面进入乡村振兴的新阶段。

一　乡村振兴与易迁群众的文化融入

具有悠久历史的中华文明植根于华夏这片热土，乡村文化则是孕育中国传统文化的根基和源头。但自近代以来，随着国门的打开，西方文化长驱直入，极大地改变了中国的社会结构，几千年相对稳定的农耕文化受到巨大冲击。为改变乡村文化逐渐衰落、传统文化难以为继的危险局面，党的十九大报告及时提出乡村振兴战略，而乡村文化复兴成为乡村振兴的重要组成部分。2018 年 9 月中共中央、国务院印发的《乡村振兴战略规划（2018—2022 年）》（以下简称"《规划》"）第七篇对"繁荣发展乡村文化"提出明确要求："要坚持以社会主义核心价值观为引领，以传承发展中华优秀传统文化为核心，以乡村公共文化服务体系建设为载体，培育文明乡风、良好家风、淳朴民风，推动乡村文化振兴，建设邻里守望、诚信重礼、勤俭节约的文明乡村。""要进一步加强农村思想道德建设，倡导诚信道德规范；弘扬中华优秀传统文化，保护利用乡村传统文化，重塑乡村文化生态，发展乡村特色文化产业；丰富乡村文化生活，健全公共文化服务体系，增加公共文化产品和文化供给，广泛开展群众文化活动。"《规划》专门提出乡村文化繁荣兴盛的八大工程：农耕文化保护传承，戏曲进乡村，贫困地区村综合文化服务中心建设，中国民间文化艺术之乡，古村落、古民居保护利用，少数民族特色村寨保护与发展，乡村传统工艺振兴，乡村经济社会变迁物证征藏。

为巩固拓展脱贫攻坚成果，实现乡村振兴的五大战略目标，党中央、国务院、各省（区、市）对易迁后续扶持工作高度重视。作为一个战略性问题，易地扶贫搬迁后续扶持工作的好坏直接关系到国家乡村振兴战略能否稳步向前推进；作为一个民生问题，它直接关系到数千万易迁群众的切身利益；作为一个社会问题，它直接关系到易迁安置群众能否"稳得住"。因此，党中央、国务院要求各地区、各部门要充分认识做好易迁后续扶持工作的极端重要性，准确把握好五年过渡期内易迁工作重心向后续扶持转移这一深刻变化，提高政治站位，把做好易迁后续扶持工作作为增强"四个意识"、坚定"四个自信"、做到"两个维护"的具体行动和检验标准，对标"学党史、悟思想、办实事、开新局"的总体要求，强化责任担当，充分发挥党员干部和社区管理者自身的主观能动性，真抓实抓、善抓常抓，坚定不移抓好责任、政策和工作落实，确保易迁群众"稳得住、有就业、逐步能致富"。

（一）指导方针和基本思路

脱贫摘帽不是终点，而是新生活、新奋斗的起点。易迁任务的完成只是实现了"搬得出"的目标，而易迁后续扶持工作则更加艰巨，实现"稳得住、有就业、逐步能致富"还面临巨大的压力和挑战，需要付出加倍的努力。而巩固拓展易地扶贫搬迁与乡村振兴有机衔接，实现"富裕富足"的目标，解决好易迁安置居民的就业问题是关键。必须高度重视做好易迁群众就业帮扶，确保外出务工的能稳岗就业，留在当地的有就业门路，最终实现稳定脱贫和逐步致富。恩施州虽然按期于2019年底实现了全员整体从贫困县出列的战略目标，但后期扶持工作仍十分艰巨。

从区域分布来看，恩施州属于国家深度贫困区域，自然条件差，经济基础薄弱，自身发展能力有限，与东部发达地区的差距短期内很难得到根本性改变。

从安置类型来看，恩施州以集中安置为主、分散安置为辅，大中型安置点多靠近城镇，或依托中心村和景区，易迁群众的上学、就医、出行条件得到极大改善，但产业发展、就业岗位和公共服务等方面的供需矛盾更加凸显。特别是一些靠近城镇的大型安置点，易迁群体来自不同地方和民族，生产方式、生活习惯都存在较大差异，由他们构成一个全新的社区，彼此之间的容纳、认同与融合需要较长的时间。这导致社区治理难度进一步加大，也考验社区管理者的治理水平。

从安置群体来看，恩施州扶贫搬迁对象多是一些年纪比较大、生活能力差、文化程度偏低、专业技能匮乏、经济基础薄弱的人口。作为特殊人群，他们适应新生活环境的能力、融入社会的速度以及就业谋生的能力都明显与普通人存在很大差距，搬迁后他们面对全新的、不熟悉的环境，需要来自他人的情感支持、心理抚慰和生活上的帮助与支援。如何让这一特殊群体不掉队，能够与全国人民一道共同奔小康、实现中华民族伟大复兴的目标，这是易迁后续扶持工作的重中之重。

《关于切实做好易地扶贫搬迁后续扶持工作巩固拓展脱贫攻坚成果的指导意见》（以下简称"《指导意见》"）提出："以习近平新时代中国特色社会主义思想为指导，深入贯彻党的十九大和十九届二中、三中、四中、五中全会精神，按照'十四五'规划纲要部署要求，坚定不移贯彻新发展理念，坚持以人民为中心的发展思想，坚持中央统筹、省负总责，市县抓落实的工作机制，结合实施乡村振兴和新型城镇化战略，聚焦原集中连片特困地区、原深度贫困地区、乡村振兴重点帮扶县的大中型安置点，按照分区分类、精准施策的原则做好后续扶持，紧紧扭住就业这个'牛鼻子'，多渠道促进就业，强化社会管理，促进社会融入，实现搬迁群众'稳得住、有就业、逐步能致富'。"并提出以下几条具体指导意见。

一是贯彻创新发展理念，千方百计促进更充分、更稳定的就业；二是贯彻协调发展理念，推动后续产业可持续发展；三是贯彻绿色发展理念，促进人与自然和谐共生；四是贯彻开放发展理念，构建开放融合的安置社区；五是贯彻共享发展理念，推进大型安置点新型城镇化建设。就业稳定是后续扶持的关键，产业兴旺是后续扶持的根本，公共服务是后续扶持的支撑，社区和谐是后续扶持的归属。我们必须坚持突出重点，有的放矢，把易迁集中安置后续扶持工作抓紧、抓实、抓好，把党和国家有关乡村振兴政策精神落到实处。

从《指导意见》的相关表述来看，易迁后续扶持工作是一个复杂的系统工程，需要各方精诚合作、共同努力。从文化角度来看，五个发展理念都与移民社区认同和文化融合息息相关，缺一不可。但主要体现在"贯彻开放发展理念，构建开放融合的安置社区"这一理念上。围绕"贯彻开放发展理念，构建开放融合的安置社区"这一目标任务，治理者需要从以下三个方面着手开展工作。

第一，易迁社区服务软硬设施建设双管齐下，补齐短板。进一步完善和提升社区服务中心、综合性文化场所、大众身体心理健康等公共服务功能。根据安置点的规模和居民的不同需要，提供相应的服务。在大中型安置点依托社区服务中心，提供户籍管理、就学、就业、就医和社保、法律咨询等"一站式"服务；在小微型安置点强化易迁群众户籍、就业、就医、就学、社保、法律咨询等各类业务的协调服务；而对分散安置贫困人员的服务也要点对点落到实处。研究并妥善解决易迁群众操办白事缺乏场所、丧葬不方便、墓地不足等实际问题。推动邮政、金融、电信、燃气、电力等公共事业和资源回收商业网点尽快覆盖易迁安置点。这些工作的落实将帮助易迁群众尽快融入新的生活环境。

要实现易迁集中安置居民尽快融入迁入地社区（村）的目标，必须保证公平给易迁群众提供与原住居民一体化、无差别的政策和公共服务，防止双重标准和渠道不畅，提高易迁社区公共服务水平。根据易迁安置点规模大小采取不同的方式提供服务，但必须保证每位易迁群众都能公平地享受公共服务。就大中型安置点而言，由于城镇化水平较高，所需要的公共服务标准也水涨船高，相关部门应统筹安置社区与迁入地公共服务供给，在幼儿园、中小学、医院、社区卫生服务中心、养老院、福利院等的经费投入、资质审批、编制划拨等方面予以政策倾斜，保障易迁群众需要，实现资源共享。小微型安置点的公共服务也要落到实处，将其纳入迁入地所在社区（村）基本公共服务保障范围，支持迁入地推动教育、医疗卫生、社会福利、养老等公共服务设施改造、扩容和升级，确保易迁群众和原住居民共享一切公共服务资源。

第二，提升易迁社区整体治理水平。易迁集中安置群众由农村迁移至城镇，由分散居住变为集中居住，由以耕种土地为主变为以非农工作为主。他们的生活环境、生产方式、生活习惯和社会关系等各个方面都发生了天翻地覆的变化，这给易迁居民带来了巨大的挑战，也对易迁社区治理工作提出了更高、更严格的要求。

着眼于将易迁安置点打造成乡村振兴的样板，将每个易迁安置点建设成"生态宜居，文明康泰"的示范社区（村），社区治理要做到如下几点。一是加强组织建设。构建以基层党组织为核心，居（村）委会和居（村）务监督委员会为基础，群团组织、社会组织、物业服务企业共同参与的社区组织体系，探索开展"智慧社区"建设。按照便于服务管理、群众自治和资源整合的原则，设置社区或居民小组，配备一定数量的网格员，选出楼栋长，彼此协调、分工合作，共创和谐社区。二是要充分发挥民间组织和社会力量强化社区治理。根据易迁安置点规模的大小、治安状况的好坏等合理设置警务室，或采取一社一警的方式加强安置点治安综合防控。组织社区志愿巡逻队，保障易迁安置社区日常生活安全。三是畅通易迁群众利益诉求表达渠道，加强家庭纠纷、邻里纠纷等调解工作，完善突发公共事件应急处理机制。进一步规范物业管理，逐步引导易迁居民选择合适的物业管理模式，适应城镇化生活方式。充分发挥工会、共青团、妇联等群团组织及其他社会组织的作用，引导社会力量参与社区治理。充分发挥易迁居民的主体作用，让易迁群众参与社区的一切活动，成为社区的主人。只有这样，易迁群众才会对所生活的社区产生真正的归属感和认同感。

第三，促进易迁社区群众的开放融合。为让不同地方的弱势贫困人群能够适应新的生活环境，尽快融入新的集体，既需要移民内在的融合动力，更需要外部力量提供帮助，激发民众的参与意愿。各级政府需要在易迁社区广泛组织开展群众喜闻乐见的传统美德、社会公德宣传及文化交流活动，开展文明家庭创建、致富模范评比、文明实践志愿服务等活动，广泛开展专业社会工作服务，通过心理咨询和心理辅导培养与提升易迁居民适应新环境的能力。结合各种传统节日和民俗活动给予迁入者和原住居民共同参与社会活动的机会，让原住居民更多了解易迁居民，从而真正接纳、真诚帮助易迁群众，促进新旧居民之间的人际交往、文化交流和情感交融，尽量减少人为的隔阂与矛盾。

（二）易迁安置移民文化融入的"巴东经验"

易迁社区的社会治理是一项复杂的系统工程，既具有普遍性，又具有特殊性，需要多个部门形成合力才能做好治理工作。而社区文化建设在易迁社区治理方面同样扮演着非常重要的角色，特别是在易迁居民的社会认同与融合方面起着其他因素无法替代的作用。易迁人群多属于弱势群体，当他们离开自己熟悉的生产生活环境和以亲情血缘为主的社会关系，文化空间的巨大转换和变化往往使这一群体产生巨大的恐惧感和无力感，从而造成许多心理问题和社会问题。因此，加强社区文化建设，关注这一弱势群体的心理健康问题，从物质上予以扶持，从精神上予以支持，为他们解难纾困，鼓励他们树立信心，助力易迁人群重新塑造新的社会关系网络，让他们在"乐业"的同时实现"安居"。相关部门应该在工作中，以党建为引领，一切以人民为中心，以满足易迁安置群众的根本利益为宗旨，建立功能完备、管理有序的易迁社区治理体系，畅通易迁群众利益诉求的表达渠道，加强家庭赡养纠纷、邻里矛盾等调解工作，完善社区公民的业委会、红白理事会等村（居）民自治组织，充分发挥易迁安置居民的主观能动性，完善各类规章制度和奖惩机制。同时，要极大地丰富易迁社区群众的精神文化生活，重视对安置点留守儿童和老年人的关爱与照顾，以"四点半课堂""老年照料中心"等形式解决易迁群众的实际困难；积极开展心理咨询工作，重视人们的心理健康。通过一系列硬件设施的建设和软件设施的培育，实现易迁安置群众"住有所居、幼有所育、学有所教、病有所医、老有所养"的目标，增强易迁安置群众的融入感、归属感、获得感和幸福感。

在易地扶贫搬迁后续扶持工作方面，巴东县推行"三变"思路、培养"三融"模式、实现"三升"目标的经验受到国家发改委的高度赞赏，并将该经验纳入《"十四五"时期易地扶贫搬迁后续扶持工作指引》

（第 10 期）向全国推广。为确保易迁群众"稳得住、有就业、逐步能致富"，巴东县始终把易地扶贫搬迁作为脱贫攻坚的重要抓手，因地制宜探索"易迁+"后扶模式，在土地流转、产业融合、集中养老等方面创新思路举措和体制机制，强化易地扶贫搬迁后续扶持，让易迁群众搬得安心、住得舒心、过得开心、不断提升幸福感和满意度。"① 其具体做法体现在以下几个方面。

首先，推行"三变"，让闲置土地活起来。土地是农业之本、农民之根，是易迁群众远离故土后的心之所系，更是地方党委、政府关注的头等大事。巴东县出台产业奖补政策，大力引进市场主体，集中流转搬迁群众迁出区土地，规模化、集约化发展产业，最大限度发挥闲置土地效益。一是闲置地变活资产，将易迁群众闲置土地流转给企业或专业合作社，发展茶叶、柑橘或蔬菜种植产业，既使老百姓获得经济收入，也发挥了土地资产效益。二是粗放型变集约型，将过去零散分布、品种杂乱、管理粗放的农业打造成特色产业基地，并由企业主导实施规模化经营管理，统一种植、加工、销售，科学推动产业发展由粗放型向集约型转变，切实提升了产业规模化水平与经济效益。三是贫困户变"上班族"，让易迁群众一方面获得土地流转的资产性收入，同时参与基地管护获得劳务报酬，促进搬迁群众增收致富。

其次，探索"三融"，让易迁群众富起来。依托资源要素，因地制宜探索"易迁+"多维发展模式，"挪穷窝"与"换穷业"并举，推动一、二、三产业融合发展，促进易迁群众稳定增收致富。一是探索农企融合，形成链式帮扶机制，运用"农业产业+企业+车间+易迁群众"或"种植养殖+企业+易迁户"模式打造"扶贫田"、观光梨园或茶叶园，发展黑猪养殖、茶叶加工产业，引进机械制造、体育用品加工等产业，实现企业带动、群众主动、融合发展的良好态势，为易迁群众提供大量就业岗位。二是探索农网融合，推动便捷式就近就业，紧抓国家电子商务进

———————
① 国家发改委：《"十四五"时期易地扶贫搬迁后续扶持工作指引》（第 10 期）。

农村示范项目建设的机遇，启动"电子公共服务中心＋电商企业＋乡村服务站＋合作社＋扶贫户"的扶贫机制，构建县、乡、村三级农村电商物流服务体系，全力打造线上线下多种渠道、多方参与的农产品营销之路，引导和扶持易迁群众通过电商方式实现增收致富的目标。三是探索农旅融合，强化辐射式扶贫增收，利用域内丰富的自然、历史和红色文化资源，围绕"宜居宜业、休闲度假"的功能定位，探索"易迁＋旅游"的脱贫路径，发展乡村旅游经济，为易迁群众提供更多的就业机会和增收渠道。

最后，实现"三升"，让特困群众的"五感"体验更加强烈。特困群众是建档立卡贫困户中的一个特殊群体，占比虽然不大，但其存在的"起居难、看病难、出行难"问题更加突出。这一问题能否顺利解决，关系到国家乡村振兴、实现共同富裕的目标能否真正达成。巴东县通过组建老年公寓安置点，有效破解了这一难题。一是从分散到集中，救助资金使用效率显著提升。将过去分散式供养变为集中供养，采取批次入住、替补入住的方式，不仅降低了建设成本和服务成本，提高了社会救助资金的使用效益，而且避免了因特困老人病故造成的房产资源闲置浪费，提升了土地等固定资产综合利用效率。二是从饥困到颐养，特困群众生活品质得到显著提升。特困老人一般存在生活无法自理的问题，而老年公寓配套设施齐全，后勤保障充分，且聘用厨师、护工等人员对特困老人进行精心照料看护；特困群众救助资金由公寓管理机构统一管理，实行按餐结账、每月公示，有效保障了特困群众的生活。三是从传统到自治，易迁社区居民幸福指数显著提升。不断健全易迁社区基层治理体制机制，探索实行生产活动管理自治、日常生活管理自治、环卫及护理管理自治等模式，让易迁社区居民在集体生活中团结互助，共同营造"向上、向好、向善"的良好氛围，共建文明和谐家园。"民主理财、民主议事、民主决策、民主监督"的管理模式形成，极大地提升了易迁安置居民的归属感和社会责任感。

二　借助文化打造易迁集中安置居民的精神家园

易迁社区文化建设是巩固脱贫攻坚、全面推进乡村振兴的重要举措。恩施州各级政府高度重视，将易迁社区文化建设作为公共文化服务体系建设的重要内容之一，开展基础设施建设、组织文化活动等工作，并写入各县（市）文化旅游"十四五"规划和公共文化服务目录等重要规划文件中，推动工作落实落地。根据恩施州文化和旅游局《关于易迁社区文化工作情况的汇报》，恩施州文旅局在易迁社区文化建设上从两个方面入手展开卓有成效的工作。

（一）夯实基础、建设阵地

一是重点推进。恩施州文旅局以大型易迁社区为主，推进文化基层设施建设。实施"百千万文化扶贫工程"和"百千万文化振兴工程"，规定每年文化基础设施建设任务，为全州 33 个容纳 800 人以上的易迁社区配套资金，建设文化活动室、文体广场等文化场所，同时配备音响、服装、乐器等文化设施，为易迁社区群众提供文化活动场所。二是特色推进。恩施州文旅局将图书馆分馆、少儿文艺之家等新型文化空间建在易迁社区，让易迁社区群众也能享受到文化发展的成果。恩施州图书馆在恩施州最大的易地扶贫搬迁社区沙道沟镇酉水情社区、宣恩县高罗镇歌乐城社区建设了恩施州图书馆沙道沟分馆和恩施州图书馆高罗分馆，分馆内设有图书区、玩具室、亲情活动室等区域，开设"四点半课堂"，满足了易地扶贫搬迁居民的文化需求，同时解决了留守儿童放学后无人照管的困难。巴东县在溪丘湾乡生态经济园易迁社区和野三关镇谭家村易迁社区建设了改善和丰富农村少年儿童精神文化生活试点"少儿文艺之家"，在少儿文艺之家配备点读学习机、电子绘画板、架子鼓、萨克斯、电钢琴、古筝、吉他、腰鼓、二胡、笛子、葫芦丝、小提琴、民间传统打击乐器以及少儿棋类、手工、益智拼装科学实验品、体育健身套装，让易迁社区儿童享受到与城区儿童均等的公共文化服务。

（二）丰富活动、提振精神

恩施州文旅局通过提供基本公共文化服务，组织开展丰富多彩的群众文化活动，保障了易迁社区群众文化权益。一是持续推进免费开放。全州各级文化馆、图书馆、博物馆与基层综合文化服务中心都向易迁社区群众免费开放。群众可就近到各类文化场所参加书法、美术、音乐等公益培训和讲座，可预约进入文化场所进行图书借阅、场馆使用。还可通过数字文化馆、数字图书馆等微信公众号和 App 在线进行免费文化培训、图书借阅，足不出户就能享受文化大餐。二是持续开展文化惠民活动。线下活动多姿多彩，持续开展"文化惠民"演出季活动，每年组织全州各界群众参与广场舞比赛、"连厢"比赛、社会文艺团队展演、大合唱等文化活动。组织荆楚"红色文艺轻骑兵"、专业院团和社会文艺团队、文旅志愿者、非遗传承人等走进易迁社区，开展送戏下乡、戏曲进乡村等文化惠民活动。恩施州图书馆联合太原市图书馆在沙道沟分馆和高罗分馆开展阅读推广与文化扶贫下基层活动，太原市图书馆还为两个分馆所在的易迁社区儿童送来了关爱大礼包。各县（市）也开展了形式多样的文化活动，线上活动精彩纷呈。恩施州组织开展了群文云上大课堂、公益慕课、"山河交响"等线上文化活动，开展以民歌传唱、民族舞蹈等为主要内容的线上教学、展示展演活动。三是持续开展文化辅导。组织文化干部、文化能人到易迁社区对文化爱好者进行辅导，充实了易迁社区群众的生活，提高了易迁社区群众的文化素养，发挥了文化力量在基层治理中的重要作用。

在恩施州委、州政府的统一领导和指导下，各县（市）也制定了文化振兴的规划与计划。为全面推进乡村文化振兴，恩施市不仅发布了《中共恩施市委 恩施市人民政府关于推进乡村振兴战略的实施意见》，而且制定了《恩施市推进乡村文化振兴行动方案》，包括实施思想政治引领行动、实施乡风文明提升行动、实施文化事业繁荣行动、实施文化产业培育行动、实施文化队伍壮大行动、实施强保障抓落实行动六大方面。

该方案提出要组织开展恩施"土家女儿会""生态宝典·人文盛家"等群众性民族文化类节庆活动和乡村文化旅游节活动；推进土家族、苗族文化保护试验区建设，保护传承特色农耕文化，实施非物质文化保护提升工程，积极开展恩施傩戏、灯戏、南戏、恩施扬琴、恩施民歌等非物质文化进乡村、进社区、进景区等"六进"活动；传承弘扬红色文化，在管好、用好鄂西特委旧址、恩施县苏维埃政府旧址、何功伟和刘惠馨烈士陵园等爱国主义教育基地和国防教育基地的同时，进一步保护发掘乡镇级、村级红色文化；要深入挖掘乡村特色文化资源，把民间文化元素融入乡村旅游，打造一批文化特色鲜明、主导产业突出的文化产业特色乡镇和文化产业特色村，推出芭蕉侗族乡玉露茶叶采摘节、三岔镇"土豆花儿开"文化旅游节、龙凤镇龙马风情"扶贫节"、红土乡石窑原生态"土家女儿会"等民俗和农业体验旅游活动；在易迁集中安置点培育具有民族特色的传统工艺产品品牌，建设一批传统工艺振兴示范基地、传统工艺工作站，培育乡村文化新业态；为易迁安置居民搭建乡土文化技艺展示平台，发挥易迁居民的主观能动性和文化人才的作用。

巴东县在后扶贫时代易迁社区文化建设方面不仅积累了很多经验，而且为"十四五"乡村文化振兴预设了长远目标。根据中共中央、国务院印发的《乡村振兴战略规划（2018—2022年）》，巴东县委、县政府于2019年12月制定《巴东县乡村振兴战略实施总体规划（2019—2022年）》。该规划在第一章"乡村振兴发展基础"第二节"振兴基础"中，对巴东县现有的文化基础做了简单概括："巴东县是巴文化、楚文化、土苗文化的交汇地，是纤夫文化的发源地。拥有以土家撒叶儿嗬、土家吊脚楼等为代表的土家文化，以牛洞坪、枣子坪、祁家坪等为代表的传统山区聚居文化，以绝壁天河、泉口精神为代表的红色传承，以泉口梯田、苦竹溪梯田为代表的传统农耕文化，以及以东瀼河、磨刀河、野三坝为代表的乡俗文化。全县共有39个非遗项目入选国家和省、州、县四级非物质文化遗产保护名录，打造了8个非遗传承基地。成功举办了具有巴东地域特色、辐射面广的'两节两赛'大型文化节庆活动。全县建成 12 个乡镇综合文化服务中心，322 个村（社区）综合文化服务中心，发展 11 个文艺家协会，11 个体育协会，文体市场经营主体 400 多家，县、镇、村三级公共文化服务网络基本成型。成功申报为湖北省第三批公共文化服务体系示范区创建县，是全省唯一的改善和丰富青少年儿童精神文化生活试点县，创建了全国文明乡镇 1 个、全国文明社区 1 个、省级文明村镇 5 个、州级文明村镇 30 个。"由此看出，巴东县拥有极为丰富的乡土文化资源，如何利用这一资源为当地易迁群众脱贫致富奔小康服务，是未来十年摆在当地政府各级部门和易迁群众面前的重要任务。为此，该规划在第二章"乡村振兴总体要求"第一节"指导思想"中明确提出："以习近平新时代中国特色社会主义思想为指导，践行新发展理念，以农业供给侧结构性改革为主线，以'五个巴东'建设为指引，围绕建设'三基地一枢纽'，按照产业兴旺、生态宜居、乡风文明、治理有效、生活富裕的总要求，统筹推进产业、人才、文化、生态、组织五大振兴。"第四节"奋斗目标"关于"乡风文明"提出："坚持物质文明与精神文明一起抓，以文化巴东建设为主攻方向，传承发展巴东乡村优秀传统文化，培育文明乡风、良好家风、淳朴民风，实现物质富裕、精神富有、和谐美丽的统一，让农村成为安居乐业的美好家园。"①

总体看来，恩施州所属县（市）各级政府在易地扶贫搬迁集中安置和后期扶持工作中，多结合各地实际，在精准规划、精准识别、项目实施和扶贫安置上创新举措，进行了丰富的实践和探索；在易迁社区治理方面也做出了很多有益的探索和尝试，形成了具有强烈地方特色的模式或经验，使易迁安置群众的获得感、幸福感得到显著提升。但易地扶贫搬迁安置只完成了"搬得出"这一初步工作，要让易迁群众"稳得住、有就业、逐步能致富"，其后续管理、稳定脱贫、持续发展工作任务还非常艰巨，任重道远，需要从促进产业发展、完善治理体制机制、强化业

---

① 巴东县委、县政府：《巴东县乡村振兴战略实施总体规划（2019—2022 年）》。

务训练、提高内生动力等多个方面下功夫、做文章，齐抓共管，形成合力，不断提高易迁社区治理能力和乡村振兴水平，实现贫困地区又好又快发展。

乡村振兴不是一项单纯的政治任务或经济目标，它是一个伟大的系统工程，能实现乡村物质文明、精神文明与生态文明的有机统一。文化振兴在精准扶贫和乡村振兴中具有特殊而重要的意义。没有高度的文化自信，没有文化的繁荣兴盛，就没有中华民族伟大复兴。作为中国传统文化重要组成部分的乡村文化是我们取之不尽的精神财富，重建乡村的文化自信，可以推动易迁社区政治、经济、文化等各方面的发展，促进社区治理和乡村振兴。因此，要贯彻落实党中央精神，要把繁荣发展乡村文化，作为解决人民日益增长的美好生活需要和不平衡不充分的发展之间矛盾的重点举措，坚定文化自信、增强文化自觉，为乡村振兴战略的实施提供文化支撑。恩施州需要借用文化的助力实现乡村振兴、共同富裕的宏伟目标。

第四节　易迁城区安置居民文化融入的路径

一　易迁扶贫集中安置群体的文化融入困境

（一）身份与生活方式的适应问题

1. 传统生活习惯遭受冲击

易迁安置后，易迁群众的生活环境发生了变化，身份也发生了转变。他们是城市社区的"局内人"，但他们也是城市社区的"边缘人"。他们对自己的居民身份感到陌生，身上的农村特征还未消退。比如村民中一些看似不够文明的行为，实际是村民的日常行为（随地吐痰或乱扔垃圾、高空抛物、在公共场合大声喧哗）和一些传统的互助式、"半开放式"的生活、生存方式（有事找邻居帮忙的生活常态、不打招呼使用邻家的生产生活工具、出入邻家不设防）等。而能否认同和接受城市社区文化，直接关系到他们能否真正成为城市社区的"局内人",更关系到扶贫的成效好坏。因此针对这方面问题,需要从转变他们的思想和行为开始,帮助他们逐步养成城市居民的生活习惯。

2. 生存方式被改变

由于迁移到了城市社区,有相当多的易迁群众被迫放弃了耕作这一固有的生存方式。对于这些世世代代都与土地相依为命的人们,土地使他们的生存价值得以彰显。离开了土地,他们一时无法找到新的价值增长点,在茫然甚至是惶恐中,部分易迁群众感到自己越来越无用,自我效能感下降。

自我效能感由班杜拉提出,指"人们对自身能否利用所拥有的技能去完成某项工作行为的自信程度"。① 即个体对自己是否有能力完成某一行为所进行的推测与判断。自我效能感是一种信念感,当个体对自己完成某事的组织能力和行为能力有自信时,他便会以积极的态度去面对挑战与困境,并对未来保持期待。从自我效能感理论来看,移民在进入城市社区后本就面临许多需要克服的困难,若加之自我效能感不足,他们的文化适应过程就会愈加艰难,导致与社区文化分离。亟须政府做好统筹工作,积极施策,帮助移民重新建立生活中的目标感、树立自信心、训练技能,以便于他们尽快找到新的价值增长点,认同社区文化,实现在社区内"稳得住"。

(二)人际关系适应问题

1. 赖以生存的关系网被打破

费孝通在《乡土中国》中提出"熟人社会"的概念。② 熟人社会以血缘和地缘关系为连接纽带,人与人之间的关系就像石头丢入水中推出的一圈圈波纹,每个人都是波纹的中心,波纹的远近就构成了传统中国

① 〔美〕班杜拉:《思想和行为的社会基础:社会认知论》,林颖等译,华东师范大学出版社,2001,第551页。
② 费孝通:《乡土中国》,商务印书馆,2019,第23页。

乡村社会的差序格局。即在传统的中国乡村中，每个人都以自己为中心，以血缘和地缘构成自己的人际交往圈子，以此来决定与他人的亲疏远近。在乡土间生活的贫困户们也是如此。在集中安置之前，易迁群众都依靠自己的社会关系网络生产生活，并且从这些网络中获取情感支持、经济支持和社会支持等。但在搬迁之后，他们的"熟人社会"逐渐被"半熟人社会"或"陌生社会"取代，社会关系破碎化，以业缘为主要联结方式的城市社会关系打破了传统的血缘和地缘纽带。城市单元楼这样较为封闭的生活空间也不同于从前散居的开放式的空间。这种居住方式，完全改变了移民与村中人随时、密切接触和交往的生活方式。他们最重要的初级家庭关系也被迫改变，两代人（父母与已婚的儿女）面临分开住的难题。老年人被迫与子女"独门另栋"，缺乏儿女的陪伴，又无法快速融入新的集体，加之对社交软件的不熟悉，老年人在搬迁后将产生很大的心理孤独感。

2. 原住居民对新移民的排斥

在与城市居民接触时，移民往往会受到城市居民的排斥。马克斯·韦伯的社会冲突理论提出"社会分层是社会冲突产生的原因"，即不同阶层的人分属不同的社会团体，当这些团体共享某种社会资源时，会引发团体间的斗争。布林顿的社会冲突理论则进一步指出，不同社会阶层之间的流动会导致社会冲突，重大的社会对抗往往发生在经济改善而不是经济恶劣的时候。[1]

社会冲突理论为人们提供了一个解释移民文化适应问题的视角。我国长期以来都是城乡二元对立的社会形态，易迁群众与城市居民分属于不同的社会团体，而城区安置使易迁群众流动到城市社区，并且与城市居民一同分享社会资源，在此情况下，易迁群众的到来使得城区社会资源分配发生了改变，触及城市居民的社会利益，因此城市居民对移民们有排斥抗拒的心理。此外，易迁群众的整体素质较低，也是城市居民抗

---

[1]　贾春增：《外国社会学史》，中国人民大学出版社，2000，第250页。

拒心理产生的原因之一。

因此，在人际关系适应过程中，一方面易迁群众的熟人社会由于搬迁被切断，他们面临社会关系网络破碎的危机，从而产生了孤独感和焦虑感；另一方面城市居民对他们仍保持抗拒心理，不愿接受他们成为社区的一分子。移民的双重尴尬导致他们的文化适应过程愈加艰难。重新构建社会支持网络是一个亟待解决的问题。

（三）对政府和政策的依赖心理

根据《全国"十三五"易地扶贫搬迁规划》，我国已经为易地搬迁集中安置项目投资了近9500亿元。在前期巨大的资金投入下，易迁群众对自己获得的经济补贴表示满意。并且在项目实施前，政府通过各级媒体和入户的方式向贫困户宣传易地扶贫集中安置政策。政策家喻户晓，贫困户们感受到自己是被高度关注的。集中安置项目完成后，政府的集中关注力度和关怀角度因工作的重心转移势必做相应调整，引起易迁群众产生新的心理适应问题（担忧和恐惧心理不可避免地滋生）。而前期政府一部分"输血式"的帮扶，也使得一部分群体对"被扶贫"产生了强烈的依赖感，甚至对因"贫困户"身份而获得的巨大经济补贴感到沾沾自喜。

因此，有效激发贫困群体的内生动力活力、调动他们的积极性，推动广大的易迁安置脱贫群体树立依靠自己的力量实现由"要我"到"我要"，由被动到主动的转变，从根本上扭转在脱贫工作中，政府是"剃头挑子一头热"的问题，这也是稳定脱贫需要同步或前置关注的重点问题，这对于能否实现真正可持续的脱贫具有重要意义。

总体来看，在易地搬迁集中安置工程实施后，易迁群众面对的文化适应问题是多重的。他们既需要转变更新思想观念，进而剥离原有的农村生活方式和习惯，又需要面对社会关系破碎化后的重组、生产方式的调整等一系列问题，完成由村民到居民的蜕变，实现打破和重塑。此外，部分移民身上还有着较为强烈的依赖思想，他们依靠自身脱贫的内在动力不足，部分群体还出现"一扶就脱贫，不扶就返贫"的问题。面对这些问题，社会学的一些方法在帮助他们有效且较为平稳地达成文化适应中大有可为。

二　文化融入问题的解决之道

由上述内容可知，在帮助移民群体脱贫并实现可持续发展的过程中，亟须建立一套稳定脱贫成果的长效机制。笔者试图从政府、社会（民间组织）、易迁户自身三个角度来分析解决问题的方法与对策，在坚持以人民为中心的价值观的前提下，将工作重点放在易迁群体心理、思想、观念的改变上，从而激发、培育易迁群体发展的内生动力，推进乡村振兴工程的顺利完成、长效机制的建立和成效的巩固。

（一）政府统筹

以国家政策支持为契机，加快补齐易迁群众公共资源和经济上的短板，改善易迁居民的生活和精神风貌，完善后扶贫时代乡村振兴的监督体系，保证资金合理高效使用，用经济发展助力易迁群众的文化适应，构建脱贫不返贫新时代。

1. 推动产业扶贫增收发展，完善利益联结机制

当前易迁群众从边远山区搬迁到城镇后，政府往往会尽力帮助有劳动能力的易迁户解决工作问题。但易迁居民所获得的工作通常存在不稳定的风险，生活来源不能得到可持续的保障。为此，政府应继续加大资金投入力度，完善产业扶贫增收机制，从易迁户的自身优势入手，发展他们相对熟悉的特色养殖业、农产品加工业，用政策带动产业，从而吸引企业投资，保障产业顺利吸纳易迁人员。在产业发展、项目引进的同时，统筹安排易迁安置群体的岗前培训工作，确保他们掌握一定的生产技能，同时挖掘潜力、提升专业素质和能力。此外还可以打造创业载体，为部分有能力的易迁户提供创业机会与条件，简化资金审批流程，缩短资金审批时间，解决"贷款难""贷款贵"的问题，切实帮助创业者实

现"能致富"的目标。

此外，完善利益联结机制也是助力产业扶贫增收的重要手段。利益联结机制可以保证企业和易迁安置人员之间的长期稳定合作关系。政府就是这二者之间的纽带，政府通过出台文件保证企业和易迁户的长期合作，制定合理的利益分配政策，既监督企业的资金使用，又解决易迁群众的后顾之忧，从而使二者紧密联系成为利益共同体，带动扶贫产业扩大规模，稳定成长。

2. 健全易迁群众的教育、医疗保障体系

（1）健全易迁户子女教育跟进体系

程萍曾指出："文化教育的匮乏是造成贫困的最主要原因。"① 因此，在农村贫困群众进入城市社区后，其子女相应的教育也需要得到衔接，政府应保证其子女受到良好的教育，避免其下一代因文化教育程度受限而不能彻底地、高质量地实现可持续脱贫。政府应健全易迁群众子女的平等入学政策，促进地区教育管理部门与扶贫部门的沟通与联系，确保易迁居民能够平等享受迁入地的优质教育资源，不被"名校"另设门槛。笔者了解到，虽然一些地方制定了相应的制度，但制度并没有得到刚性执行，一些热度高的学校，在政府的"大制度"下自设"小政策"，使得这些易迁群众无法真正平等享受其优质教育资源。与此同时，学校对贫困家庭学生的补贴政策也十分关键。政府应提倡学校贫困资助管理部门健全帮扶机制，如贫困户的筛选与建档、补贴程序的简化、补贴力度的调整等。

（2）完善易迁安置人员的医疗保障体系

关于医疗保障体系的完善方面，针对因病致贫或返贫的易迁户在现有政策的基础上，建议政府出台针对性更强的医疗保障政策，细化具体措施。比如选择定点医院，对大病患者给予集中治疗和帮扶，适当允许

---

① 程萍：《社会工作介入农村精准扶贫：阿马蒂亚·森的赋权增能视角》，《社会工作》2016 年第 5 期。

贫困户先治疗再付费；针对普通贫困户的医疗保险，政府可以适当降低
医保收费起付点，简化医保报销程序，防止脱贫后的易迁户因生病返贫。

3. 完善督查督导的监督体系，建立有效奖惩制度

政府应当根据实际情况设立考核和监督体系，设立具体切实的脱贫
增收指标，查探脱贫致富的具体情况。设立领导班子督查制度，随时抽
查所属区域易迁社区是否出现"返贫"现象，并对乡村振兴工作中出现
的问题及时加以改进。设立完善的奖惩考核制度，对于那些易迁脱贫致
富工作成效显著的社区，给予适当的物质和精神奖励；对忽视扶贫工作、
消极懈怠的各级领导和工作人员，应当予以党纪和政纪处分。同时可以
利用奖励制度激发易迁群众的脱贫致富积极性，还可以树立典型和榜样，
宣传脱贫致富标兵和先进人物，以此激发易迁群众的创造活力，比学赶
超，力争上游。

总而言之，政府在乡村振兴伟大事业中起着"引导大前方，稳定大
后方"的重要作用，政府加大资金投入力度，助力产业发展，可以帮助
易迁居民解决就业和生活中遇到的难题；政府可以为易迁户的教育、医
疗等公共服务兜底，保证易迁户不因生病而返贫，不因无法享受教育而
落伍；政府还可以通过建立完善的督查机制，实时监控乡村振兴的进展
情况，通过设置奖惩制度激发易迁户脱贫致富的积极性，发挥榜样示范
带头作用等。政府的措施对易迁居民的脱贫致富起着至关重要的作用，
而文化适应等上层建筑是建立在经济发展的基础之上的，经济扶贫的成
效决定文化适应的速度与效果。因此，政府的经济扶贫其实直接助力解
决了易迁群众文化适应中出现的问题，对改善易迁群众的精神和生活风
貌起着不可或缺的作用。

（二）民间助力

全面脱贫致富奔小康需要社会各界支持，民间助力不仅能够激发民
间各组织团体的活力，还可以形成团结有序的良好社会互动氛围。社会
各界协同发力，社会工作机构帮助激发易迁群体的内生动力活力、解决

心理适应问题，民俗文化的传递与交流营造归属感与认同感，社会形成人人支持乡村振兴的良好氛围。

1. 建立社会支持网络，增加社会互动

"个人在社会中生活往往需要各种正式的和非正式的支持。"[①] 这些与个体相关的社会关系构成了个体身边的社会网络。一般来说，个体获得的支持有情绪支持、评价支持、信息支持与工具性支持。

情绪支持：如个体感受到沮丧、痛苦、绝望时能获得的安慰、倾听与鼓励，以及个体所感受到的来自亲人、朋友的关心与信任，这些都会成为个体生活的信心和动力，以使他们在面对困难和挑战时更有勇气。

评价支持：个体的创意、想法或做出决策时能够得到肯定的评价与回应。当个体的行为被周围的社会支持网络所肯定并因此得到相关指导，个体即获得了评价支持，并且会激发个体的内在动力去获得更多的正向肯定，对于个体来讲是一个良性循环的过程。

信息支持：个体在行动之前或行动过程中能够得到的相关资讯、忠告或者建议。这些有的是从外部得到的正式并且权威的信息和分析，有的是来自周围有经验者提供的经验分享、忠告和建议等。信息支持可以指引个体做出更明智的判断和反应，使问题得到解决。

工具性支持：个体能获得的物质方面的支持，例如金钱、食物、设备等，这些工具性支持是一种硬性的支持方式，使个体获得更为实际的协助。

因此，社会支持对个体的成长和发展是极为重要的，能够影响一个人的心理健康、身体健康和思想素质以及解决问题、处理矛盾的能力。根据社会支持网络理论，可以调动社会工作机构，帮助易迁群众建立社会支持网络，缓解易迁群众进入"陌生社会"的孤独感与焦虑感。

代表民间力量的社会工作者在提供服务时，应当注意根据易迁群体个体特质和所拥有的社会支持网络资源，有针对性地提供服务，帮助

---

① 黄松林、赵善如、陈宇嘉：《社会工作方案设计与管理》，华杏出版社，2015。

他们更好地利用现有资源解决问题，并且帮助他们扩大社会支持网络，从而帮助个体更快地适应新生活。如通过分小区或楼栋工作的方式组织易迁群体进行一定周期的小组活动，通过相互倾听排解情绪、共同完成某项任务等形式加强小组成员之间的联系互动，建立易迁群体之间的情绪支持；小组成员在任务中得到锻炼，提升自我效能感，实现成长，在成员互相鼓励中获得评价支持；此外社会工作者还可以组织相关的社区讲座，邀请专家向易迁群体讲授最新的政策，或分享易迁群体所需经验技能等，从而帮助他们获得信息支持。

2. 多元化心理扶贫

调查发现，部分易迁群体存在"等、靠、要"思想，他们在经济收入超过贫困线后，心理上并没有摆脱"贫困"，仍然对扶贫存在着强烈的依赖感，甚至有"你扶你的，我贫我的"的思想。脱贫群众依靠自己致富的内生动力不足，脱贫工作除了在一定阶段内确保物质上的补给充足，还非常缺乏从心理方面关照贫困户的帮扶措施，因此"扶贫必须扶志"成为一项重要课题。开展心理扶贫，帮助这一群体建立健康的心态和坚强的意志是帮助他们真正实现脱贫致富奔小康的重要举措。

从社会上遴选专业的心理服务人员，如具备心理学、教育学、社会工作专业背景的工作人员。由这些人员组成心理扶贫小组，对具有依赖思想的贫困户进行心理疏导，用人道主义的眼光看待这些"被脱贫"群体，将他们视为有潜力的个体。加强易迁群体的情感培育，帮助其实现情感脱贫，不再惧怕失败，从无助的情绪当中走出来，积极发挥主观能动性。此外，还可以加强易迁群体的意志培养，强化其脱贫致富的毅力，促进他们的素质逐步提升，激发他们潜在的创造性，帮助他们调整心态，改变他们对自己价值的认知，引导其乐观面对易迁安置后的困难，树立信心，摆脱消极依赖政府和政策的被动脱贫心理。

3. 传承民俗文化，助力稳定脱贫

文化软实力是一个国家和民族强大的鲜明标志，同样的，每个地区也有自己的特色民俗文化。这些民俗文化是一个地区的集体世代流传下来的，具有集体无意识的鲜明特征。民俗文化承载着一片土地上的人们的共同信念，是他们的"魂"。易迁群众在搬迁之后，其文化方面可能会出现短暂的断裂和不适应。因此，需要易迁社区相关人员引导传承民俗文化，帮助其优良的民俗文化保持持续性，使易迁群众获得归属感和幸福感。

可以采用多种形式传承民俗文化，如开展基层群众文艺汇演活动，组建民间文艺团队，在节庆时按照当地传统习俗举办演出活动，建立民俗文化保存中心，送戏下乡，还可以挖掘民间文化遗产传承者，在当地学校适时举办民俗文化活动，将少年儿童发展成为民俗文化的继承者和弘扬者。这些活动可以丰富易迁群众的生活，还可以向原住居民们传递更加浓烈、热情的民俗文化，吸引群众的关注，拉近易迁群众和原住居民的情感和心理距离，使得易迁群众更好地融入当地社会。

民间组织在脱贫致富、乡村振兴事业中发挥的作用是多元且深刻的。社会工作机构可以帮助易迁群众重建社会支持网络，以整合易迁群众破碎的社会关系，从而帮助这一弱势群体摆脱搬迁后的孤独感与不适应；针对具有"等、靠、要"思想的易迁户，民间组织可以从心理疏导的角度介入，改变易迁居民消极被动、依赖政府的心理，帮其树立良好的心态和积极的态度；民俗文化作为移民非物质生活的重要组成部分，在帮助提升移民幸福感与归属感方面起着不可替代的作用，大力传承民俗文化，不仅能丰富移民的精神生活，还可以拉近易迁居民与原住居民的距离，使移民的文化适应更加顺利、社会生活更加有序。

（三）个人转变

1. 榜样的示范带动作用

脱贫攻坚过程中已经涌现出一大批主动脱贫成功的典型。他们以政府政策的大力扶持为契机，靠双手勤劳奋斗，成功摘掉了贫困户的帽子。恩施州在扶贫攻坚过程中涌现出一大批由致富能手带动多家贫困户实现脱贫的典型案例。他们的成功激发了当地更多贫困户以多种方式发挥自身优势，村民们互帮互助，踏实肯干，大家都从"要我富"变成"我要富"，当地的风貌为之一变。

榜样的示范带头作用可以激发贫困群体的脱贫动力，通过积极学习脱贫典型和脱贫榜样的成功经验，易迁群众可以树立依靠自身脱贫的信念，向榜样看齐，提升自我效能感。

贫困群体应当看到，贫困户并非光荣的头衔，坐享其成是行不通的，只有自己主动迎头赶上去，坚持苦干实干，才能真正挺直腰杆，发家致富。在党和政府大力推进乡村振兴工作的助力下，个人若能及时转变观念，紧跟时代的步伐，必能事半功倍。

2. 寻找并发挥自身优势

在脱贫致富工作中，政府和民间组织的帮扶固然重要，但只有易迁群体想要脱贫、主动脱贫并付诸行动，真正的脱贫才有可能实现。在对恩施州大量易迁社区的调查中，大多数易迁居民十分感恩党和政府的支持与帮助，并对脱贫致富奔小康充满信心。但也有一部分易迁群众对未来信心不足，思想上较为悲观，认为自己"低人一等"，缺乏对自我和群体的认同感。对这部分易迁群众，应该根据各自的特点，因地制宜、因人制宜开展思想工作，鼓励他们寻找自己的优势。比如有些居民在社区就是带头人，擅长打理居民的日常事务。此类居民适合参与社区事务，可以让他们承担相关的工作，不仅可以增强他们的责任感，还可以发挥其影响力，使得易迁群众能够在信任之人的带领下更好地配合工作、融入群体。还有些居民有韧劲、踏实肯干。政府可以鼓励他们参加社会举办的各类就业培训活动，积极学习技术。有条件的社区可以在当地职业技术院校开设课程，让更多的居民把脑袋"富起来"，并给予适当的路费、餐费等补贴，从而使易迁群众实现稳定就业，最大限度地发挥其能力。此外，还应当提醒居民及时关注政府新闻和媒体发布的相关资讯，掌握对自己有帮助的线索，从而把握机会，实现脱贫致富奔小康的最终目标。

脱贫工作已经圆满收官。2020 年，恩施州人民实现整体脱贫，并与全国人民一道进入了乡村振兴的新阶段。如何将已取得的脱贫成果继续保持，同时推进脱贫工作以更加科学细致、润物细无声的方式持续下去，是摆在恩施州各级党委、政府面前的难题和任务。只有处理好易迁集中安置社区的文化适应性问题，构筑适合易迁居民自身发展的新的文化空间，才能真正实现"搬得出、稳得住"的目标。笔者相信，政府从经济上帮助改善移民的生活，将为易迁群众的"文化适应"打下良好的基础；民间组织从心理上帮助易迁群众克服孤独与恐惧心理，激发其内生动力，建立归属感与幸福感，能够帮助易迁群众高质量地完成文化适应过程，使其自身文化与城市文化融合；加之贫困群体积极主动参与其中，易迁中的文化适应问题将会被一一妥善解决，长效、常态化的扶贫、致富机制会被更加科学地建立起来，最终真正实现乡村振兴、全民共同富裕的远大目标。

参考文献：

［1］习近平：《决胜全面建成小康社会夺取新时代中国特色社会主义伟大胜利》，人民出版社，2017。

［2］中共中央党史和文献研究院：《习近平扶贫论述摘编》，中央文献出版社，2018。

［3］《乡村振兴战略规划：2018－2022年》，人民出版社，2018。

［4］习近平：《在庆祝改革开放40周年大会上的讲话》，《人民日报》，2018年12月19日。

［5］《中共中央关于制定国民经济和社会发展第十四个五年规划和二〇三五年远景目标的建议》，人民出版社，2020。

［6］习近平：《在全国脱贫攻坚总结表彰大会上的讲话》，人民出版社，2021。

［7］〔美〕费尔丁·奥格本：《社会变迁——关于文化和先天的本质》，王晓毅译，浙江人民出版社，1989。

［8］贾春增：《外国社会学史》，中国人民大学出版社，2000。

［9］〔美〕班杜拉：《思想和行为的社会基础：社会认知论》，林颖等译，华东师范大学出版社，2001。

［10］王晓朝：《宗教学基础十五讲》，北京大学出版社，2003。

［11］郑杭生：《社会学概论新编》，中国人民大学出版社，2003。

［12］黄松林、赵善如、陈宇嘉：《社会工作方案设计与管理》，华杏出版社，2015。

［13］费孝通：《乡土中国》，商务印书馆，2019。

［14］陈平：《多元文化的冲突与融合》，《东北师大学报》2004年第1期。

［15］焦垣生、马宝云：《从文化的传播看多元文化交融的态势》，《西安交通大学学报》（社会科学版）2005年第3期。

［16］程萍：《社会工作介入农村精准扶贫：阿马蒂亚·森的赋权增能视角》，《社会工作》2016年第5期。

［17］王学俭、阿剑波：《习近平治国理政思想研究述评》，《社会主义研究》2017年第1期。

［18］张桂敏、吴湘玲：《文化堕距理论视角下农民工市民化"困境"与"出路"的分析》，《云南社会科学》2018年第3期。

［19］张国磊、马丽：《新时代构建社会治理共同体的内涵、目标与取向——基于党的十九届四中全会〈决定〉的解读》，《宁夏社会科学》2020年第1期。

［20］高悦、陈春燕：《提升民众幸福指数与构建和谐社会》，《西部学刊》2021年第6期。

［21］李熠煜、杨旭、孟凡坤：《从"堕距"到"融合"：社会"智"理何以"适老化"?》，《学术探索》2021年第8期。

［22］邢中先：《乡村产业振兴应对多重堕距现象的核心思路》，《北京社会科学》2022年第6期。

第五章 党建引领易迁社区社会治理研究

时胜利

摘　要：恩施州各级党组织在推进易地扶贫搬迁工作中进行了实践探索，通过"大党委"的制度创新重构党的基层组织体系，在社会治理中充分发挥党建引领作用；通过建立"多元一体"治理主体架构，实现多中心合作，把党的组织优势转化为治理效能。但是，目前恩施州的易迁社区在社会治理中仍存在运行机制协同不到位、党组织功能发挥不到位等问题。本文在转变理念、创新机制、加强自身建设等方面提出具体建议，为加强和改进易迁社区社会治理提供新的思路。

关键词：党建引领　易迁社区　社会治理

易地扶贫搬迁是党中央、国务院做出的一项重大战略部署，也是部分贫困群众改变命运、寻求更好生产生活条件和发展空间的必然选择。自2015年以来，恩施州各级党组织在党建引领易迁社区社会治理方面进行了探索，积累了一些经验。

第一节　社区治理的党建引领功能

近年来，随着实践的深入进行，党建引领模式在社会治理实践中产生了较大影响。党建引领模式的核心是党组织领导下的社会治理，在发挥党组织领导作用的前提下，引领和推动社会力量参与治理，打造共建共治共享的基层治理格局。党组织在社会治理中的功能主要体现在政治上的领导功能、利益上的协调功能、社会生活上的整合功能、文化思想上的导向功能以及服务群众上的保障功能。

一　政治领导功能

政党的根本属性是政治性，即坚持政治方向、政治立场、政治原则、政治路线。在社区治理中，党的领导主要是政治领导。党的领导，就是带领群众坚定不移地贯彻党的理论和路线方针政策，使社区治理始终保持正确的政治方向。在社区治理中，政治领导功能主要体现在决策方面。社区党组织在重大事项决策时和重大突发事件发生时充分发挥其决定性作用。社区党组织作为人民群众根本利益的代表，能够始终站在全局立场，切实把贯彻党的路线、方针、政策与保障社区居民的民主权利和共同利益有机结合起来，从而实现对社区重大问题的决策指导和把关，保证社区整体效益最大化。此外，它还表现在对社区自治组织的自治活动进行正确的引导和管理监督，以保持其正确的政治方向。

二　利益协调功能

当前，社会正处于转型的关键阶段，其利益调整、利益分化、利益冲突、利益矛盾问题仍十分严峻。易迁社区作为多种要素、多种关系、多元社会主体及多种异质群体的集聚地，其中存在的利益失衡与冲突问题则更加明显。为维护基层社会的和谐与稳定，易迁社区进行利益协调与矛盾解决等工作刻不容缓。拥有深厚的政治资源和组织资源的社区党组织，在解决社区成员利益冲突与化解矛盾方面必将发挥重要的、不可替代的作用，它通过充分利用政治的、经济的、文化的、社会的多样化手段，使不同组织与个人的利益诉求得到合理有效的表达，利益冲突得以妥善解决。另外，社区党组织还充分发挥总揽全局、多方协调的政治优势，依法协调各种社会组织之间的关系，使它们规范、有序、健康发展。

三　社会整合功能[①]

作为社区多元主体中占主导性地位、具有有效政治力量支撑的社区党组织，它具有社会整合的功能。社区党组织能够依靠它在社会领域得天独厚的号召力、凝聚力和组织资源（密集的组织网络），形成各种分散的社会主体之间彼此沟通与相互联结的枢纽。近年来，随着社区党组织对社区自治组织、社会经济组织等各类组织的有效嵌入，社区各类治理主体具有了共同的"神经中枢"，有了更多的横向联结和更多的利益交汇、共同的价值诉求，促使他们紧紧团结在一起，实现公共利益最大化，这就为社区整合提供了深厚的基础和条件。

四　文化导向功能

社区是开展一定社会活动，具有某种互动关系和共同文化维系力的特定人群及其活动区域。社区的构成要素主要有地域环境、社区人口和社区文化。社区治理包含社区文化建设，必须增强居民的社区认同感、归属感、责任感和荣誉感。这就明确了社区党组织在社区治理中的文化导向功能，赋予社区党组织以先进文化引领、组织、传播和培育居民的责任。

五　服务保障功能

服务群众是基层党组织建设的重要内容，治理的本质是服务。从现代治理视角来看，政党是国家与社会之间的纽带，党组织的"联动"促进多元治理主体之间的协调与互动。政党通过发展和完善党的组织网络

---

① 王立峰、潘博：《社会整合：新时代推进党建引领城市基层治理的有效路径》，《求实》2020年第 2 期。

和群众组织网络，将治理与服务的触角延伸到社会末梢，实现国家与基层群众的有效连接和无缝对接，调动各种资源，发挥各类治理主体的功能优势，形成资源整合与相互合作，积极回应社区居民的各种利益关切，不断满足人民群众对美好生活的向往。在社区治理中，社区党组织承担多种民生服务功能。

第二节　党建引领易迁社区治理的恩施州实践探索

武陵山地区包括湖北、湖南、重庆、贵州四省（市）交界地带的71个县（市、区）。其中，湖北有11个县（市）、湖南有37个县（市、区）、贵州有16个县（市）、重庆有7个县（市）。国土总面积为17.18万平方公里。71个县（市、区）中有42个国家扶贫开发工作重点县、13个省级重点县，有34个自治地方县、18个自治县。武陵山地区共有1376个乡镇，其中民族乡有122个，占比为8.9%；有23032个行政村，其中国家贫困村有11303个。据不完全统计，"十三五"期间武陵山地区共易地扶贫搬迁27.2809万户100.6605万人，其中绝大部分易地扶贫易迁户采取集中安置的方式进行安置，形成易地扶贫搬迁社区（以下简称"易迁社区"）。恩施州各县（市）在探索党建引领易迁社区治理中总结出以下几点经验。

一　构建党建引领下的治理架构

党的十九届四中全会指出，党是社会治理的领导者，是启动多元参与社会治理的重要力量。做好易迁社区的社会治理，必须充分发挥党的领导优势，把党的组织优势转化为治理效能。通过发挥党的领导优势，将党建工作渗透到易迁社区居民生活的方方面面，从而提升社区治理的有效性。

（一）设置基本管理单元

党建引领下的易迁社区普遍依照便于管理、便于服务、便于居民自治的原则，结合社区人口规模和当地实际，设置了街道、社区居委会、居民小组等基本管理单元，设立管理服务机构，配置人员编制。在这种情况下，建立起"社区党组织—网格（楼栋）党支部（党小组）—党员联系（中心户）"的易迁社区党组织体系。在安置区设立村（社区）、村（居）民小组；将不单独设立村（社区）、村（居）民小组的安置区纳入迁入地或临近村（社区）管理，并与网格保持一致；选优配强村（居）民小组长、网格员、楼栋长等。

咸丰县黄金洞乡石家坝安置点采取"党小组＋一制一长三员"的自治管理模式，成立了由小组长、纪检委员、宣传委员组成的石家坝新区党小组，由易迁户民主推举中心户长、信息安全员、矛盾调解员、卫生监督员。

（二）普遍推行大党委制

易迁社区一般都是新成立的社区，但社区面临的问题单靠自身的力量是无法解决的，为此，恩施州各级党委探索构建"大党委"，共同构建易迁社区发展新格局。① 一是构建"大党委"组织机构，区域统筹，以社区党组织为核心，将区域内的机关单位、学校、非公单位等党组织纳入社区"大党委"，构建协调、协同、协作、共享议事平台，为更好地引导居民参与社区治理提供组织保障。二是建立"大党委"工作机制，将贯彻落实上级党组织决议、整合辖区资源、讨论重大事项、加强党的领导作为工作职责。"大党委"工作机制的建立，推动传统社区党建与辖区单位、非公经济组织以及社会组织融合发展，有效破解了社区治理工作协调沟通难、服务资源优势互补难、在职党员在社区发挥作用难等问题。

如巴东县晴帆园社区为加强社区治理成立了"大党委"，将县、镇、社区三级资源进行"打包"，构建起社区治理的"百米服务圈"。"大党委"各责任单位通过提高认识，着力解决思想问题，做好党员下沉、党

---

① 李涛、王海斌、宋玉营：《党建引领公民参与城市社区治理问题研究——W社区"小社区＋大党委"治理模式的启示》，《广西社会科学》2020年第4期。

员入户工作，解决群众实际困难；围绕"管理有序、文明祥和、服务规范、安居乐业"的总体目标，解决社区出现的各种问题；通过加强基础建设，着力解决社区发展问题，争创"最美易迁点"称号；通过建强队伍、重视人才培养，着力解决服务保障问题，切实增强社区治理能力。

（三）重构党的基层组织

湖北省恩施州全面加强易迁社区党组织建设，完善迁出地与迁入地党组织分工协作和沟通机制，采取选派党建指导员、划转下沉党员等方式成立 10 个易迁社区党组织，派驻优秀共产党员干部担任易迁社区党组织书记，让党小组成员参与政策法规宣传、邻里纠纷调解、居民意见收集等多方面工作，重构党领导下的多元主体参与，自治、法治、德治、智治相结合的基层治理机制。

二　构建党建引领下的"多元一体"治理体系

与社区管理不同，社区治理更多强调多中心合作、民主式参与、网格化运行。在此背景下，恩施州各易迁社区探索了多种治理体系，初步构建党组织领导，基层群众性自治组织、农村集体经济组织和群团组织、社会组织、业主委员会等各司其职、各负其责，功能健全、运转有序的易迁社区治理体系。

（一）建设"联动机制"

在社区党组织领导下构建以社区居民委员会、业主委员会、物业公司、社区生活服务组织等"多元一体"的社区自治联动机制。[①] 社区党组织通过社区自治协商平台定期召集居民代表、党员代表、社区民警、热心群众等进行民主议事，倾听居民诉求，收集意见建议，及时协商解决社区改造、环境治理、治安联防、调解纠纷、帮扶济困等社区治理中的问题。社区党组织结合党建引领的优势，在社区治理中起着关键作用。

恩施州利用小区物业"扎根基层、贴近业主、覆盖广泛"等特点，

---

① 田舒：《"三社联动"：破解社区治理困境的创新机制》，《理论月刊》2016 年第 4 期。

将小区物业作为党建引领社区治理的重要切入点。通过发挥党组织、党员作用，推动党组织和党员的工作向物业、业委会延伸。面向儿童、老人、残疾人等群体提供精准化志愿服务，缓解了社区在儿童托管、老人照料、残疾人帮扶等方面的问题；同时，提供法律咨询、健康义诊等便民服务，让居民有实实在在的获得感、幸福感。

宣恩县面向社会公开招聘易迁社区管理员，推进社区管理规范化、长效化。椒园镇蔡家坳安置小区创新设立"四点半课堂"，机关党员干部、社区管理员为学龄儿童免费辅导作业、义务保障安全，解决易迁社区学生监管的"尴尬时间"问题；高罗镇黄家河村社区探索建立"两长四员"制度（"两长"即党小组长、楼栋长，"四员"即环境监督员、政策宣讲员、文明创建员和网格信息员）和"三会两队一中心"制度（"三会"即"和事佬"协会、红白理事会和老年协会，"两队"即治安巡逻队和文艺宣传队，"一中心"即就业咨询培训中心），营造和谐的社区氛围。

（二）发挥"双轮驱动"作用

社区党组织领导下的易迁社区将管理和服务融于网格，整合网格员、楼栋长、志愿者等力量，将群众诉求发现于网格、矛盾纠纷化解于网格、贴心服务传递至网格。

在管理方面，发动党员进行力量下沉，网格织密、搭建平台。把社区细分为若干个网格，配备专职网格员，对接楼栋长，各楼栋长对要服务的居民如数家珍，实现细密网格全覆盖。搭建社区多元服务平台，成立脱贫服务站、"三留守"服务站、低保救助服务站、红白理事会等群团自治组织，让其全面参与社区居民矛盾纠纷调解工作。

在服务方面，通过"党建+服务"提升社区精细化服务水平。学习借鉴北京"街乡吹哨、部门报到"经验，闻哨而动、接诉即办、未诉先办。以居民诉求为"哨声"，回应群众所需。建立完善了全程代办服务机制，涉及国土、公安、林业、民政等部门事项，社区服务站全程代办或网上办理。疫情期间，社区党员志愿者挨家挨户筛查、填报信息、发放宣传单、挂横幅、张贴"致居民的一封信"、公共场所消毒、电话回访，无微不至的服务感动了社区居民。党建引领下的社区工作者们转变服务心态，为社区居民提供优质服务。

（三）推行"三社联动"

在社区党组织牵头下，易迁社区与社会组织合作，建立了一批专业化社会组织，规范社区联防队、治安巡逻队。同时，建立道德评议会、红白理事会、乡贤理事会等基层群众组织，组建小区自治组织和互助协会，建立居民公约等各项制度，实行自我管理、自我约束、自我教育、自我服务，让搬迁群众逐步接受全新的生产生活方式，转变发展理念，改变陈旧的生活习惯，增强自主脱贫意识。如巴东县出台《居民公约指导性意见》和《乡贤理事会红白理事会的指导性意见》，要求将"大操大办""整无事酒""建豪华墓"纳入村规民约的禁止章节，实现红白理事会、乡贤理事会等村民自治组织全覆盖，依法民主制定理事会章程，由理事会按章程操办红白事，不仅解决了易迁群众的实际困难和经济负担，也使得社会风气得以扭转。

巴东县茶店子镇梅花山社区再造"社区志愿服务队＋爱心超市"的社区志愿服务体系，通过社区与社会组织、社会工作者、社区志愿者、社会慈善资源的联动，通过向社会募捐或社区企业、个人自愿捐赠等形式，获得相应物资建立"爱心超市"，"爱心超市"所有物资按"积分"标注。社区居民自愿参加社区志愿服务队，为社区及他人提供服务或帮助，并把每一项服务或帮助量化为一定积分，社区居民可凭借这些积分到"爱心超市"兑换相应物资，此类活动取得了良好效果。

巴东县在12个乡镇选点推广"214"民主管理模式，即每个村（社区）建立线上、线下两个党务、村务公开平台，每年召开一次民主管理工作会议，建立健全民主理财、民主议事、民主决策、民主监督四项工作制度，不断提升基层组织服务水平。

（四）实现"四治融合"

当地学习借鉴浙江经验，实现自治、法治、德治、智治"四治融合"。① 一是激发自治的内生动力。发挥议事会、监事会等作用，形成民事民议、民事民办、民事民管的社区治理格局；恩施州全面建立积分兑换机制，在老年人活动中心设立爱心超市，根据居民日常文明行为表现进行加减分，通过积分兑换日常生活用品。广泛开展典型评选，通过宣传表彰居民的身边人、身边事，鼓士气、显勇气、长志气、扬正气。定期开展文体活动，通过跳广场舞、打连厢、唱山歌等活动，进一步凝聚人心，丰富群众生活。在社区党组织的领导下，社区居民对参与社区治理的热情空前高涨。

二是厚植法治的现实土壤。由社区党组织牵头，社区工作者们建立健全社区管理制度，涵盖治安管理、婚丧喜庆、公共设施维护、文明公约、菜地管理等方面，将日常事务纳入制度化管理轨道，培养居民遵纪守法的行为习惯。扎实推进平安建设，成立调解委员会，有效预防和就地化解矛盾纠纷。组织居民参与义务巡逻队伍，构建群防群治的立体化社会治安防治体系。为社区配备法律顾问，定期开展法律知识培训，组织开展法律进社区活动，提高社区治理法治化水平。易迁社区的居民大多为山区农民，对国家法律、法规缺乏了解，社区党组织精准找到易迁社区居民的短板，开辟多种普法宣传途径，提高居民的综合素质。

三是丰富德治的精神内涵。斩断精神层面的"贫困"代际传递链条，以文化人、以德育人，在社区中心设立道德宣传栏，强化道德示范引领作用，发掘先进典型。加强居民在垃圾分类、家风文明等方面的宣传引导，推动形成邻里互助、守望相助的社会风尚和幸福氛围。党建引领的巨大优势之一就是宣传教育，持续深化创新宣讲，加强主流舆论宣传引导，扩大了优质社区文化产品和服务供给。

---

① 毛佩瑾、李春艳：《城乡基层社会治理的实践探索与完善路径——基于"四治一体"治理模式探析》，《云南社会科学》2020 年第 5 期。

四是完善智治的科技支撑。实施"互联网＋基层治理"行动，完善乡镇（街道）、村（社区）地理信息基础数据，推动基层治理数据资源共享，推进村（社区）数据资源建设，实行村（社区）数据综合采集，事项一次采集，多方利用。建设开发智慧社区信息系统和简便应用软件，提高基层治理数字化、智能化水平，提升政策宣传、民情沟通、便民服务效能，让数据多跑路、群众少跑腿。这是第一次以中央文件的形式提出在基层实施"智治"及其能力建设和"智慧社区"建设。组织全体网格员参加"智慧恩施政法大数据"服务管理平台培训，做到信息准、实、细。以"雪亮"工程建设为契机，实现辖区楼栋视频监控全覆盖，为居民的生命财产安全增加一道"防火墙"。当前，社区居委会正筹划将一户一档、一人一卡的繁杂信息凝聚在一枚小小的二维码上。如湖北省宣恩县合理利用国家扶贫开发系统，对贫困户信息做到及时了解和更新，为易迁社区工作的开展奠定了信息基础，组织全体网格员参与"智慧恩施政法大数据"服务管理平台培训，做到信息准、实、细。尤其是在疫情期间，"互联网＋基层治理"的模式为社区党组织开展线上办公提供了便利。

三　选优配强社区党务人员

社区治理的关键是人，尤其是高素质的党务人员直接关系治理的效果。

（一）抓好社区党组织班子配备

探索把迁出地原村"两委"班子成员、年轻优秀党员、致富带头人、退役军人等推选为社区"两委"班子成员、业主委员会成员、居民小组负责人。配强易迁社区党组织书记和居委会主任，在有条件的地方，稳妥推行社区党组织书记和居委会主任"一肩挑"。探索实施"红色头雁"工程。

如恩施州委组织部为把易迁社区（安置点）党组织带头人真正培养

为易迁社区（安置点）工作的核心力量，结合易迁社区（安置点）的实际情况，提出了诸多有针对性的有效措施和办法：一是要求各县（市）组织部门采取集中学习、分批培训、送课上门等方式，对易迁社区党支部书记和易迁安置点所在的村（社区）支部书记单独开班，进行全员培训，切实提升其政治思想素养、服务群众和解决实际问题的各项能力。二是实施村后备干部"三个一批"计划，即从在职村干部、村医村教、致富能手、外出务工人员、大学生村官等人员中培养一批书记人选、一批"两委"成员人选、一批入党积极分子，形成易迁社区组织后备干部的梯次储备。① 三是根据实际情况，要求县委组织部门为易迁社区或易迁安置点所在的村（社区）选派"第一书记"，切实增强基层党组织在乡村社会治理中的主导作用。恩施州委组织部要求各县（市）对易迁社区和易迁安置点所在的村（社区）"两委"班子进行深入细致的摸底调查，对"两委"班子软弱涣散、组织力量不强，但又无法在短期内解决的，要及时选派"第一书记"全面领导和组织易迁社区或易迁安置点所在村（社区）的工作。四是实施农村"五老助力"工程，选聘农村"五老"人员担任易迁社区或易迁安置点所在村（社区）顾问，助力易迁社区发展，服务易迁社区治理。

来凤县坚持县委主导、县乡联动，严把三关，做好四统筹，对易迁社区党组织书记选、育、管、用等方面、各个环节进行全方位、全过程备案管理，把易迁社区党组织书记队伍建设抓在手上。一是严把选任标准关，县委亮明村党组织书记选任"四有四能"标准，划出不称职"八条红线"，旗帜鲜明树立"能者上、平者让、庸者下"的选人导向。二是严把人选质量关，县委明确规定研判、动议、联审、考察、任命五个步骤选任易迁社区组织书记。三是严把人才储备关，县委要求建好、用好乡土人才库和村党组织书记后备人选库。四是统筹教育培训资源，县委

---

① 王俊程、胡红霞：《关于西部边疆民族地区农村基层组织人才队伍建设的调研》，《宁夏社会科学》2016 年第 2 期。

办好办实政治课堂、业务课堂、产业课堂、实践课堂、群众课堂"五个课堂"，育强易迁社区书记队伍。五是统筹管理考核机制，县委制定考核办法，保证党组织书记"干成事、不出事"。六是统筹激励保障政策，落实基础保障，建立关怀帮扶机制，保证易迁社区党组织有干头、有盼头。健全责任体系，强化县委主体责任、乡镇党委直接责任、县直部门和驻社区单位帮扶监管责任，保证易迁社区党组织书记队伍建设一盘棋。

（二）整顿软弱涣散社区党组织

开展软弱涣散基层党组织整顿是深入贯彻全面从严治党重大部署，是推动基层组织建设全面提升、全面过硬的重要举措。整顿软弱涣散社区党组织，解决突出问题是关键。各易迁社区坚持问题导向，抓好学习教育，着力解决思想政治建设薄弱的问题；强化队伍建设，着力解决社区带头人不胜任的问题；严格制度落实，着力解决组织生活不规范的问题；理清发展思路，着力解决服务群众能力不强的问题。

恩施州实施"固底板"工程，整顿软弱涣散村（社区）党组织。严格党组织书记、委员人选的政治审核把关，确保党组织领导班子政治素质过硬、政治立场坚定。着力解决领导班子不团结、党内政治生活不严肃、政治纪律涣散、作风不实等突出问题，坚决撤换调整政治上不合格的党组织书记。从州、县两级党政机关选派 1308 名优秀党员干部担任驻村第一书记，实现贫困村、集体经济薄弱村、软弱涣散村党组织派驻第一书记全覆盖。如咸丰县按照省、州要求，完成对 2016 年至 2020 年 3 次被纳入软弱涣散整顿的 4 个村党组织"回头看"和评估验收；印发《2021 年软弱涣散村党组织整顿工作方案》，落实"四个一"整顿措施，"一村一策"完成 2021 年度 27 个软弱涣散村党组织整顿提升工作。

（三）发挥党员的先锋模范作用

一是开展机关、企事业单位党组织和党员干部"双报到、双报告"活动。"双报到"即机关、企事业单位、高等院校等在职的党员干部，通过组织派遣报到和个人报到相结合的方式，到单位联系社区和居住地社区报到，完成社区分配的相关任务。"双报告"指包联社区的单位党组织每年要向上级党组织报告组织党员干部下沉社区工作、参与社区活动和履行社会责任的情况，在职党员干部每半年向所属党支部报告参与社区活动情况的报告制度。二是发挥党员的先锋模范作用，党员"亮明身份、服务群众"，党员在家门口张贴标识，亮明身份，积极为邻里提供服务。社区居民普遍形成了"有事找党员，只要跑一遍"的共识，党员成为社区居民的"主心骨"。三是加强对社区流动党员的管理，如恩施州巴东县沿渡河镇罗溪坝社区实施"八个一"管理模式，即每周与家人通一次电话，每月缴纳一次党费，在网络平台每月主题党日报到一次，每季度上交一份学习心得，每季度参加一次支部党员民主评议，每半年汇报一次思想动态，每一年参加一次所在支部活动，每年出席一次流入地党组织活动。四是挖掘先进典型，挖掘宣传有思想、有行动、有影响力的优秀党员典型，通过群众的身边人、身边事，引领群众构筑和谐的邻里关系。

四 拓展党组织的服务范围

以党建引领社区治理，根本目的是在党组织领导下，组织动员多元主体力量更好服务居民群众，更好满足居民的生活需要，巩固党的执政基础。恩施州尝试"智慧社区"建设，享用科技发展带来的各种社会治理便捷。

（一）建设"智慧社区"

易迁社区以"智慧社区"建设为框架，以包括易迁社区在内的村（社区）网络为终端，搭建各行各业信息融通共享平台，实现"一网打尽"和全覆盖。如湖北省恩施州巴东县以"农民办事不出村"信息化平台为基础，在易迁社区建成信息化的便民服务中心，县、乡政务中心授权易迁社区便民服务中心受理行政审批服务，将材料录入并上传系统，县、乡政务中心相应部门在线办理，结果及时反馈，打通了政务服务"最后一公里"。截至目前，易迁社区便民服务中心受理的行政审批服务达 50 余项，涵盖民政、国土、人社等 20 余个部门，全部要求一周之内办结。除此之外，社区便民服务中心还可受理农技、农机、畜牧技术和合作医疗政策等资讯类事项与转账、取款、生活缴费、充值等商务类服务事项。社区便民服务中心信息化服务系统通过数据跑路，在线办公实现了审批人与服务对象的分离，所需材料、办理流程全部网上公开，投诉电话印在墙上，受理有了固定场所，改变了干部工作作风，提高了工作能力，大大缩小了腐败的滋生空间，尤为重要的是实现了让数据多跑路、人民群众少跑腿，大大提升了社区服务人民群众的能力。

（二）推进网格化管理全覆盖

根据社区实际，科学划分网格，建立社区网格化服务管理中心。健全多渠道、全领域、各环节的问题发现、资源调配、分类处置、监督考核等闭合机制，把网格打造为落实管理责任、实现精细管理、有效整合资源、精准高效服务的基层综合服务管理平台。恩施州各级政府充分利用网格化信息平台技术，采取"村（居）民委员会＋业主委员会＋楼（院）长"纵向网格化管理模式，按照"社区有网、网中有格、格中有人、人负其责"机制推行易迁社区网格化管理，在社区内划分若干个网格，每个网格配备 1 名网格员，通过网格员及时准确采集、核对、录入网格管理信息；全面收集社情民意、矛盾纠纷、安全隐患信息；协助相关部门做好重点人员管控；为群众提供政务代办服务并及时反馈；保障社区网格化信息系统正常运行，遇故障及时向乡镇综合管理中心和网格站长报告，进而提升易迁社区的社会治理和服务水平。

如恩施州咸丰县坪坝营镇杨洞社区实行网格化管理，将易迁社区划分为 15 个网格，每个网格推选 1 名楼栋长和 3 名网格员，随时了解和掌握本网格居民的基本情况，特别是住户人员结构和动向情况。实行网格化管理以来，共解决老百姓反映的具体问题 172 件。疏通下水道问题 18 件，解决用水、用电问题 156 件。在网格化管理下，社区党组织精准了解社区居民需求，既有利于为居民提供更加完善的服务，又有利于党组织加强党性宣传教育，为吸纳优秀人才打好基础。

（三）推进"菜单式"服务

当地社区将党建与群众关切关联起来，抓住社区居民最关心的事情，破解社区治理的难点，通过联系群众、发动群众、服务群众，化解矛盾纠纷，提升社区服务水平。从社区党组织收集整理群众需求、根据群众需求形成所需提供的服务"菜单"，到辖区党组织和党员根据"菜单"进行"点菜"、按照"菜单"认领服务，再到各类党组织一起"做菜"，通过协同做好"菜单"服务项目，推动服务群众模式由单一向多元、由单向推动向双向互动转变，为居民群众提供精准化服务。

宣恩县按照社区居委会的模式规划安置小区的基层治理体系，全面增强乡镇政府的服务能力。实施"1+6+N"配套服务模式。全面落实6个配套建设标准，即建设一个社区党群服务中心、一个就业创业空间、一个标准卫生室、一个文体活动场所、一个便民服务超市和一户一块菜地。

一个社区党群服务中心指按照城市社区建设标准，参照村级服务事项、服务流程，建设9个易迁社区党员群众服务中心，集中为居民群众提供便民服务；一个就业创业空间指依托集中易迁社区一楼架空层门面，通过以奖代补、资金入股、资产折股等举措，与企业联姻建设136个就业扶贫"微工厂"、与景区联手开展旅游服务、与社区联合开办服务公司，2725名易迁群众培训后上岗就业；一个标准卫生室指规模在100户以上或2公里内没有医疗机构的易迁社区，设立面积不少于200平方米的标准卫生室，设置诊断室、治疗室、输液观察室、基本公共卫生服务室和药房，解决易迁户看病难的问题；一个文体活动场所指建设面积不小于300平方米的社区文化场所，配备相关的文化和体育设施，整合党员教育、科学普法等功能，确保活动开展经常性、常态化；一个便民服务超市指创新"扶贫资金+扶贫互助社+银行信贷"路径，提供5万~10万元金融扶贫创业贷款及贴息，鼓励支持易迁户中有经营能力人员开设便民服务超市，为社区居民提供便民服务，调动贫困户创业增收的积极性；一户一块菜地指通过利用存量闲置土地、流转置换等措施，保障每户易迁户有一块 30 平方米的菜地，居民对菜地享有使用权，没有所有权，实现搬迁群众蔬菜自给，为他们减少生活支出。

在"1 + 6"配套标准建设的基础上，易迁社区全面完善"四点半课堂"、老年活动中心、日间照料中心、红白喜事用房、垃圾收集转运站、污水统一收集处理设施等"N"项配套基础服务设施。此外，易迁社区新建了 4 个卫生院，改建了 5 个卫生院，组建家庭医生团队、健康扶贫小分队进点入户开展健康上门服务，实现 9 个易迁社区医疗服务全覆盖。

易迁社区党组织注重发挥党建引领基层治理的堡垒作用和实战能力，依托"1 + 6 + N"配套服务模式，动员在职、在册、在地的党员和社区党建共建单位等组织和个人，既减少了社区居民额外的支出，又丰富了社区居民的生活，提升了居民的幸福感。

（四）引导群众共建幸福家园

帮助易迁户融入新环境、新社区，对易迁户实行双重管理，原户籍地行政村管理易迁户原有土地和山林，社区管理住房和居民，保障易迁户平等地享有基本医疗、教育、养老、低保等合法权益；通过文化上墙、宣传入户、制度明文、创先争优、素质培训等活动或方式，有计划地进行思想道德、生活习惯等方面的宣传教育，引导群众改变落后的生产生活习惯，促进群众综合素质提升；建设和开辟公益性文化体育场所，开展群众喜闻乐见、健康有益的娱乐和文化体育活动；大力整治社区环境，开展文明小区、文明楼道、文明家庭、好媳妇、好公婆、最美家庭、诚信居民评比活动，树立一批模范，带动社区形成"知荣辱、讲正气、树新风、促和谐"的文明风尚，打造环境整洁、文明和谐的幸福小区。

党建引领下开展易迁社区的治理，有利于全面贯彻落实党中央的决策与部署，构建"纵向到底、横向到边、共建共治共享"的城市基层治理体系，把基层党组织的政治优势、组织优势转化为治理优势。

五　发挥典型的示范引领作用

易迁社区党组织在治理的过程中，善于发现典型，及时总结推广经验，打造了一批党建示范点，供各地学习借鉴。

恩施市"和谐家园"创新基层治理模式，在化解居民痛点上着力，打造"居民之家"综合服务平台，探索"党建引领＋专业社工介入＋志愿者广泛参与"的小区治理模式，践行"服务就是最好的治理"的理念。

巴东县沿渡河镇罗溪坝社区建立了"罗溪工作法"。即以"两定两划"为核心抓党建。"两定"即根据干部任职分工、职责要求，无职党员能力、性格和特长等，分别制定党员职责量化考核表和党员合格标准；"两划"即社区五年发展规划和年度工作计划。以"214"民主管理模式为基础抓居民自治。"2"指线上线下两公开，"1"指每年召开一次民主管理大会，"4"指建立民主理财、民主议事、民主决策、民主监督四项制度。"罗溪工作法"实施后，新老居民凝聚力增强，党员战斗力增强，群众主动参与社区治理，社区"两委"干部与群众、群众与群众之间隔阂逐渐消除，广大党员干部的干劲上去了。

咸丰县探索"一统三治六联"（"一统"指党建统领，"三治"指法治、自治、德治相结合，"六联"指治安联防、纠纷联调、平安联创、困难联帮、服务联心、发展联手）的基层社会治理模式。自采取"一统三治六联"基层社会治理模式以来，全县赴省上访发生率减少37.0个百分点，进京上访发生率减少68.4个百分点，化解矛盾纠纷重点群体、重点人员92个，信访积案存量下降83.3%，调解基层矛盾纠纷8083件，调解成功率达93.9%。村风民风向好向善，基层发展内生动力日渐增强，工作经验得到省、州各级领导高度肯定。经验在《半月谈》2018年12月特刊和2019年第5期"全国两会特别报道"专栏发表。

第三节　现存的主要问题

在易迁社区的实际运行中，党组织引领的治理体系也存在一些问题，主要表现在以下几个方面。

一　运行体制机制协同性不强

明确社区治理主体、理顺错综复杂关系并规范其权责是推进社区治理的重要前提和基础。易迁社区治理主体是多元的、复杂的，涉及党政基层组织、社区居委会、社区居民、社区社会组织和驻区单位等，他们在社区治理中发挥不同的作用。从社区治理实践来看，由于社区治理主体权责界定不甚清晰、功能定位不太精准，角色功能存在缺位、越位甚至错位的现象。

一是组织结构设计不够科学，社区治理主体尤其是基层政府组织与居委会之间权责边界模糊，造成治理运行体制机制的适配度不高。二是社区管理体制不健全、运行机制不完善，部门之间"各自为政"、各行其是，协同治理的质量和水平亟待提高。[①] 当前，社区公共问题日益凸显，多元共治逐渐成为社区治理的常态。多元主体参与社区治理，必须清晰界定事权、明确权责，推动部门协调联动和信息资源共建共享。但是，由于运行体制机制上的一些障碍，基层政府组织和社区居委会、社区社会组织、驻区单位等治理主体联动不足、协同不够，即便发现矛盾和问题，也难以做到积极响应、快速行动，社区群众对此不甚满意。三是群众性自治组织不健全。易迁社区（安置点）缺乏乡贤能人和管理人才，有些易迁社区（安置点）没有发动群众成立自治组织，易迁社区（安置点）的社会治理工作主要由基层政府承担，往往是临时指定某一个人负

---

① 全林：《党建引领城市基层治理的现实困境与优化路径》，《上海交通大学学报》（哲学社会科学版）2021 年第 1 期。

责易迁社区（安置点）的联络协调等工作。少数易迁社区（安置点）虽然制定了居民公约，但实际效果有限。

二 部分党组织功能发挥不到位

基层党组织是社区治理的主体，应发挥领导核心作用，但调研发现，党组织功能发挥存在一些问题。一是党组织未实现全覆盖。如巴东县除信陵镇荷花村集中安置点成立了党小组外，其他集中安置点均没有建立基层党组织，党组织战斗堡垒作用和党员先锋模范作用得不到有效发挥。二是易迁社区党建工作与治理工作"两张皮"现象依然存在。社区党组织在治理实践中组织能力尚待提高[1]，往往停留于出思路、定方向、交任务层面，向社区党总支书记交任务、压担子的传导力度不够，一些社区党总支书记不能较好地胜任工作，在社区治理工作中的担当作为不够，城市社区治理成效不明显，社区党委"服务最后一公里"作用发挥仍不充分，管理和服务职能下沉不足。三是一些基层党组织服务能力不强。我们党历来具有联系群众、服务群众、凝聚群众、领导群众的优良传统。随着社会管理向社会治理转变，基层党组织不再能够依靠行政权力实现对社区力量的动员和组织，越来越依靠多样化、专业化、精细化的社会服务来巩固基层党组织的领导核心地位，这对社区党组织的服务能力提出了严峻的挑战。当前一些易迁社区党组织的服务意识不强，能够提供的服务内容与社区居民利益主体的需求相关度不高，提供服务的内容单一、服务方式传统、服务功能形式化，脱离社区利益实现过程的"服务"难以成为创新社区治理的有效路径。这些导致公共服务有效供给不足，无法满足社区居民日益增长的美好生活需要。

---

① 滕玉成、臧文杰：《基层治理中党建引领力的构成及其提升路径——从基层组织能力视角分析》，《西北农林科技大学学报》（社会科学版）2022年第1期。

三　易迁社区党员教育管理难度大

易迁社区党员的情况复杂，普遍年龄偏大，活动开展难度大。大多数易迁社区党员为离退休的老党员，整体年龄较大，其健康状况呈逐年下降的趋势，几乎所有离退休的老党员都患有不同程度的老年病。再加上视力、听力的下降，老党员再教育工作的开展出现困难。除此之外，离退休老党员治病、养病成为生活常态，在开展教育工作时总会因为健康问题缺席。

另外，少数党员的组织关系虽然转入易迁社区（安置点），但人却经常在原村组或者外出务工，没有真正地参与易迁社区（安置点）的发展、管理，也没有及时、主动向党组织报告生活、学习等方面的情况，易迁社区（安置点）党组织不了解他们的最新动态，对他们的管理教育难免有所松懈。这部分党员不仅没有发挥党员的先锋模范作用，还容易成为易迁社区（安置点）党员教育管理的"空白点"。[①]"三会一课"制度在落实中形式化的现象较为突出，党内政治生活以学习党的知识为主，党员教育存在照本宣科的倾向，党员管理方式比较传统僵化。

第四节　党建引领易迁社区治理的路径思考

当前，易迁社区的治理问题成为重大的现实问题。要在转变党建工作理念、创新机制、理清思路、加强自身建设方面着力，从打造社区党建与治理"命运共同体"方面着手，提升党组织引领社会治理的能力。

一　进一步转变理念，发挥基层党组织功能

党的十九大报告对基层党组织规定了五大职能，即"宣传党的主张、贯彻党的决定、领导基层治理、团结动员群众、推动改革发展"，更加明

[①] 朱潇潇：《党员教育管理的历史沿革与新时代使命》，《思想理论教育》2020 年第 2 期。

确了基层党组织领导基层治理的功能。在党的十九大之前，2017 年 6 月中共中央、国务院联合发布了《关于加强和完善城乡社区治理的意见》，明确指出要"充分发挥基层党组织领导核心作用。把加强基层党的建设、巩固党的执政基础作为贯穿社会治理和基层建设的主线，以改革创新精神探索加强基层党的建设引领社会治理的路径"。社区治理主体包含党、政府、社会三方力量，党组织是领导核心。作为社区治理体系的核心力量，党组织要积极深入基层，稳固党的基层执政根基，强化基层党组织的组织力和动员能力，同时统筹协调社区治理的多方主体，将基层党组织建设成为紧密联系社会、服务基层的坚强战斗堡垒。[①]

（一）凸显政治功能

政治属性是党组织的根本属性，政治功能是党组织的基本功能。进入新时代，社区党组织只有突出政治功能、增强政治能力、强化政治导向、彰显政治优势，才能把党员组织起来、把人才凝聚起来、把群众动员起来，才能不断提升社区党组织的政治领导力。要突出社区党组织的政治功能，充分发挥党组织对社会组织和居民群众的政治引领、宣传凝聚等政治功能，保证基层社会治理沿着正确的政治方向进行。一是要增强党内政治生活的严肃性。严格遵循《关于新形势下党内政治生活的若干准则》要求和《中国共产党支部工作条例（试行）》对组织生活的规定，经常、认真、严肃地开展批评和自我批评，不断增强党内政治生活的政治性、时代性、原则性、战斗性。二是利用好开展党内政治生活的载体。《中国共产党支部工作条例（试行）》对"三会一课"、主题党日、组织生活会、民主评议党员、谈心谈话等组织生活载体做了规范。要充分利用各种组织生活载体，特别是"三会一课"，加强政治学习和教育，突出党性锻炼，以"两学一做"为主要内容，结合党员思想和工作实际确定主题和方式，做到形式多样、氛围庄重。

---

① 何得桂、李想：《基层党组织制度优势转化为治理效能的机制与路径——基于群众路线视角的探析》，《西北农林科技大学学报》（社会科学版）2022 年第 3 期。

（二）增强服务功能

建设基层服务型党组织是建设学习型、服务型、创新型马克思主义执政党的基础工程，对密切党同人民群众的血肉联系，提高党的执政能力、夯实党的执政基础具有重要意义。强化党组织的服务功能，通过创新并完善服务载体、服务方式、服务机制，使党员、党组织贴近群众、深入群众，在服务的过程中团结群众、引导群众、赢得群众，真正将群众团结在党组织周围，让他们发自内心地响应党组织的号召，实现党对社会的领导。重点做好服务民生、服务群众、服务党员工作。服务民生，就是贯彻落实党的惠民利民政策，为谋民生之利、解民生之忧创造条件，为解决群众上学、看病、就业、养老、住房等实际困难提供服务，推动基层社会治理创新，主动化解社会矛盾，促进社会和谐稳定。服务群众，就是自觉践行群众路线，既认真倾听群众意见、维护群众利益、按照群众的需求和意愿提供服务，又充分运用民主协商、耐心说服和典型示范等方法教育引导群众，团结带领群众共同创造幸福美好生活。服务党员，就是尊重党员主体地位，保障党员民主权利，健全党内激励关怀帮扶机制，从思想、工作、生活上关心党员，尤其要帮助老党员、生活困难党员和流动党员解决实际问题，增强党员的归属感、光荣感、责任感，激发党员服务群众内在动力。[①]

（三）完善整合功能

党组织的整合功能分为政治整合和资源整合。政治整合，就是突出党的组织覆盖和工作覆盖，合理设置机构，解决工作不平衡的问题。在新时代背景下，面对复杂的执政环境，通过领导与推动社会整合，城市基层党组织能够有效打破社区一盘散沙的现状，从而以社会整合为中介，实现自身领导/政治核心作用与城市基层治理相互推进的良性循环。[②] 除

---

①　苏洁、谢洁：《新时代党内政治文化建设中党员主体性发挥的理论逻辑与路径构建》，《思想理论教育导刊》2020 年第 7 期。

②　王立峰、潘博：《社会整合：新时代推进党建引领城市基层治理的有效路径》，《求实》2020 年第 2 期。

此之外，党组织的整合功能还体现在易迁社区的党支部承担着对易迁社区的政治领导职责，既包含对党的路线方针的贯彻执行和上级党组织决议的传达，也包含对易迁社区民主制度的实践。

资源整合，党组织凭借其组织优势和政治优势，用市场化、多元化的方式将共享的社会资源和社会队伍有效激活，探索一条让群众参与、居民受益的路径。社区自身力量单薄有限，利用党组织发挥自身优势进行资源整合，将社区与单位牵线搭桥，促进区级单位与部门参与社区治理，形成治理合力，提供精准服务，为社区居民解决实际困难。除外部资源的整合以外，党组织还可以发挥自身优势，对内部工作资源进行有效利用、开发，并优化自身配置，有效提高党组织内部的工作效率，与其他社会资源进行良性互动。

（四）发挥协调功能

思想政治教育是党和国家各项事业的生命线，也是国家治理现代化的有机组成部分。中央全面深化改革领导小组第十二次会议强调，改革推进到哪一步，思想政治工作就要跟进到哪一步。发挥思想政治教育的功能，主要从以下几个方面着手。一是以社会主义核心价值观加强思想整合。当今社会，不同的群体有着不同的利益诉求和不同的观点主张，形成了复杂多元的社会思潮。这就要求思想政治教育要切实把社会主义核心价值观贯穿国家治理的方方面面，通过及时解决和回应国家治理过程中人们遇到的思想问题和价值困惑，不断强化国家治理的引领力，确保国家治理现代化实践活动既具有目的性也具有价值性。二是通过培育和践行社会主义核心价值观，教育引导社区成员提升素质，增强治理自觉意识。

二　进一步创新机制，完善党委领导下的治理架构

党的十九届四中全会提出，要构建基层社会治理新格局。基层党组织应当理顺多元主体间的关系，建立互惠性的合作机制。

（一）完善社区党组织

推进党组织对社区其他治理主体的结构嵌入，实现党组织对驻区单位、业委会、居委会、社会组织等治理主体的全面嵌入，扩大党组织的横向覆盖面。另外，建设一支政治觉悟高、服务能力强的党组织队伍是完善社区党建工作的首要前提。一是加强队伍的政治建设和思想建设，增强党员的政治信仰和基层服务意识。二是加强基层党员的理论培训。定期对社区党组织进行理论教育培训，确保党组织和党员掌握最新的工作理念和工作方法。三是加强党员的服务技能培训。通过推进党员"双报到"制度、开展党员志愿活动，引导党员深入基层，发挥党员在社区治理中的示范引领作用。四是完善党员奖惩机制，明确社区内党员工作与责任，工作布置具体到个人，确保各项任务有专人负责，最终从制度上实现党建工作的贯彻与落实。

（二）引领多元主体协同参与

完善多元主体的协商机制。党组织在社区治理体系中处于核心领导地位，需积极调动各主体参与社区治理的积极性，明确多元主体的协商步骤和协商流程。此外，细化党组织与各主体的对接机制，建立健全党建联席会议制度、社区协商会议制度、社区议事平台制度，理顺各主体间的权责关系，推动其在社区治理过程中达成稳定化、常态化的合作模式。同时发挥外围组织的协同治理作用，如引领工青妇等群团组织发挥治理协同作用，以群建带动党建，推动群团组织治理资源下沉。

由社区党组织牵头，引进"项目化运行＋精准化服务＋专业化支持＋多元化协作"的"四化"服务模式，进一步引导社会组织参与社区治理。社区党组织针对社区居民需求的多样化、特殊化，以项目竞标的形式拓展社会组织参与社区治理的渠道，有效激发社会组织参与治理的主动性。聘请专业的社会工作者，提升社区管理队伍的专业度与服务精准度，促进社会组织服务与居民需求的精准对接。

（三）引导社区居民有序参与

居民是社区治理的主人翁，对社区的发展情况和治理难点最为了解。

首先是培育社区居民的共同体意识，以社区共同价值观约束居民行为，加强社区事务与居民利益的关联性，增强居民的参与动机。健全居民参与的规章制度，落实社区重大事项的居民听证制度、民主评议制度，合理采纳社区居民的意见，为社区居民营造合法的自治空间。其次是推动社区居民的组织化参与，建立党建引领下的居民监督委员会、社会组织、业主委员会等自治组织，发展和培育各类社会组织，以统筹协调社区自治资源，推动形成社区治理共同体。[①] 除此之外，加强对社区居民相关知识的培训，使社区居民具备参与社区治理的基本能力，了解掌握社区治理的内容、形式、流程、规则等。社区党组织还应及时联系群众，了解群众在参与社区治理中遇到的实际困难，并为其积极解决，搭建居民参与治理的平台。

三 进一步理清思路，引领社区稳定发展

脱贫摘帽不是终点，而是新生活、新奋斗的起点。易地扶贫搬迁群众能否稳得住、逐步能致富，这取决于后续扶持工作做得如何。恩施州易迁群众中少数民族、老年人、妇女等特殊群体占大多数，他们就业增收难度大，面对全新、陌生的环境，他们的心理也需要适应。所以，社区党组织要充分认识这些现实困难，理清工作思路，在产业发展、就业帮扶、公共服务、法律制度等长久性、基础性工作上着力，确保群众搬得出、能稳住。

（一）突出抓好易迁社区产业发展

全国易地扶贫搬迁后续扶持工作现场会上强调，如果易迁社区的产业发展不起来，易迁青壮年仍然只能外出务工，下一代也跟着走，易迁社区将会随着人口逐步减少变成"空心区"，也会出问题。产业发展的最终目的是促进易迁群众就业增收、提升社区管理和公共服务水平。当前，

---

① 王浦劬、汤彬：《基层党组织治理权威塑造机制研究——基于 T 市 B 区社区党组织治理经验的分析》，《管理世界》2020 年第 6 期。

要重点加强城镇大中型易迁社区配套产业园区建设，支持农村小微型易迁社区发展特色种养、农畜产品加工等产业，鼓励有条件的易迁社区发展景观农业、观光体验、文化休闲、健康养生等新型业态。①

坚持政府引导、群众自主、市场依托的原则，凭借优越的地理位置，在政府政策支持下，鼓励群众自主创业，发挥易迁居民在产业发展中的主体作用，加快脱贫致富的步伐。党建的红色引领是产业实现高质量发展的第一动力。只有坚持正确的价值导向、担负起社会责任，产业才能长久地发展，只有切实发挥党组织把方向、管大局、保落实的重要作用，才能不断塑造产业高质量发展的新优势。

（二）突出抓好易迁群众就业帮扶

必须高度重视做好搬迁群众就业帮扶，确保外出务工的能稳岗就业，当地的有就业门路，最终实现稳定脱贫和逐步致富。如果就业问题解决不好，易迁群众无业可就、无活可干，就很难"稳得住"，更谈不上"逐步能致富"。因此，解决易迁群众就业问题是后续扶持最为紧迫的任务。

一是重点解决好易迁户中弱劳动力、半劳动力的就业问题。弱劳动力、半劳动力大都年纪偏高（55岁左右）、文化程度较低、专业技能匮乏，外出务工难度较大，要通过发展设施农业、服务业或家庭作坊等方式，提高就地就近就业吸纳能力，确保他们有事做、有活干、有稳定收入来源。

二是积极开发公益性岗位，优先安置"无法离乡"的易迁劳动力，并且综合考虑劳动时间、劳动强度，合理确定岗位补贴标准，劳动报酬不低于当地现行平均标准。

三是加强劳动力技能培训。根据当地特色产业发展方向，结合用工需求和搬迁劳动力就业意愿，有序组织搬迁劳动力职业技能培训，落实职业技能培训补贴政策。鼓励易迁劳动力就读技工院校或参加中长期培

---

① 常晓鸣：《产业发展、就业质量对易地扶贫搬迁政策满意度的影响机理——基于对凉山彝区易地扶贫易迁户的田野调查》，《民族学刊》2021年第4期。

训，引导有意愿的留守妇女、留守老人、残疾人等特殊群体，结合个人实际接受必要的技能培训。鼓励企业开展"订单式"培养、以工代训，发挥致富能手"传帮带"作用。充分利用网络培训平台，拓宽易迁劳动力技能培训渠道。

四是做好就业信息的收集发布工作。要定期做好易迁劳动力就业信息统计分析工作，掌握易迁劳动力就业意愿，做好各类市场主体用工需求收集整理工作，及时通过政务平台、微信等多种渠道向易迁群众发布岗位信息，提供精细化就业服务。

在就业服务领域坚持党建引领，不断扩大党在新兴领域的号召力、凝聚力、影响力。通过对易迁社区群众进行就业帮扶，以思想引领为重点，积极探索新就业群体帮扶新路径。

（三）提升易迁社区公共服务水平

为保证给易迁群众提供与迁入地居民一体化、无差别的公共服务，防止"两种服务标准、两套服务渠道"的现象出现，提高易迁社区整体公共服务水平、促进易迁群众融入当地社会，各地要统筹易迁社区与迁入地公共服务供给，切实满足易迁群众对幼儿园、中小学、医院、社区卫生服务中心、福利院、养老院等方面的需求，在经费投入、资质审批、编制划拨等方面予以倾斜。支持迁入地根据人口规模变化，推动教育、医疗、社会福利、养老等公共服务设施扩容升级，确保易迁群众与迁入地群众共享公共服务资源。合理布局综合超市、便利菜店、社区药店、电商网店等设施；引导社会组织和志愿者为易迁群众提供户籍、就业、就学、就医、社保、法律咨询等各类协调服务，保障居民正常需求，丰富居民日常生活，真正达到"挪穷窝""拔穷根"的目的。易迁社区内党员人数众多，推动在职、在地党员到社区参加志愿服务、参与基层治理，充分发挥党组织的引领作用，下沉基层，收集群众需求，进行精准服务，提升辖区居民的幸福感。

（四）促进易迁群众融入社区

利用易迁社区现有场地设施积极拓展文化、体育、科普服务功能，广泛开展精神文明建设、文化体育和科普等活动，促进易迁群众社会交往和互动，增强社区归属感和身份认同感；支持引导动员社会组织、慈善机构、社工和志愿者在易迁社区开展扶弱助残、助学助医、扶老助孤、心理疏导等公益服务，帮助解决易迁群众实际困难，促进社区融入。用好新时代文明实践中心、道德讲堂等平台，持续开展感恩教育、市民教育和法治教育，引导易迁群众感党恩、听党话、跟党走，大力弘扬社会主义核心价值观，强化易迁群众的社会责任意识、规则意识、集体意识，依法理性表达诉求，维护社区秩序和安定团结；结合"文明家庭"创建活动，大力开展公民基本道德和社会公德、职业道德、家庭美德宣传教育活动，弘扬孝老爱亲、守望相助、自强不息、崇德向善等优秀中华传统美德；结合中华传统节日、少数民族特色节日等节庆活动广泛开展各类文体活动，促进易迁群众互动交往和情感交流。发挥红白理事会作用，引导易迁群众移风易俗，对婚丧事新办、简办倡导勤俭节约的美德，营造良好社会风气。

四 进一步加强自身建设，提升党组织治理能力

建设一支政治觉悟高、服务能力强的党组织队伍是完善社区党建工作的首要前提。

（一）筑牢社区党组织的基础

党的影响力依赖于党的组织覆盖，党的有效领导也需要党全面掌握社区中各个组织和广大居民的各类信息。在新时代，易迁社区党组织要充分发挥战斗堡垒作用，不断增强阶级基础和扩大群众基础，优化组织结构以扩大党组织的工作覆盖面。要不断消除社区中的领导空白区域，形成全方位、全领域的组织覆盖。探索灵活多样、管用有效的党组织设置模式，在具备条件的易迁社区建立党小组，也可按照党员工作性质、兴趣爱好、作息规律等组建特色党小组，对易迁社区党员实行全方位的管理和服务。

社区基层治理要抓好党的建设这个关键点，要精准了解社区居民的需求，贯彻落实为人民服务的理念，提升服务水平，创新服务方式，着力打造"资源共享、优势互补、共治共建"的社区党建新格局。

（二）加强社区班子成员的选配

选拔政治素质好、协调能力强、公道正派、热心服务群众的优秀基层党员干部担任社区党委书记。创新选拔培养机制，采取上级选派、跟踪培养、群众推荐等方式，选拔党性强、能力强、改革意识强、服务意识强的党员担任党组织书记。加强对社区班子成员的日常教育管理，注重发现和培养社区后备干部，开展基层党务工作者专业化、职业化建设，采取选聘党建专职组织员、指导员等方式增强社区党务工作力量，夯实党组织在基层的基础。发挥党员先锋模范作用，通过党员志愿服务，组织党员参与基层治理。强化基层党员的理论培训。定期对社区党组织进行理论教育培训，确保党组织和党员掌握最新的工作理念和工作方法；督促党员加强对党建和社区治理相关理论的学习，并在实践应用中实现理论融合和创新。加强党员的服务技能培训。通过推进党员"双报到"制度、开展党员志愿活动，引导党员深入基层，发挥党员在社区治理中的示范引领作用；各党组织要进一步加大对优秀党建工作的宣传和学习力度，借鉴社区党建工作的成功经验。

总之，易地扶贫搬迁是一项复杂的社会系统工程，是一系列社会生产生活方式、思想观念、角色意识和权利意识的变迁，也是农民角色群体从村民变为社区居民的过程。党组织在社区治理中处于核心领导地位，发挥着极其重要的作用。新时代，要不断推进制度创新，解决实际问题，进一步健全党的组织体系，把党建设得更加坚强有力，推进社区治理体系现代化。

第六章　易迁安置社区经济发展的巴东模式研究

潘大礼

摘　要：易地扶贫搬迁是我国脱贫攻坚战的"头号工程"，也是实施"五个一批"精准扶贫工程中最难啃的"硬骨头"。近年来湖北省巴东县委、县政府紧紧围绕"易地搬迁脱贫一批"的目标，出台一系列配套政策，采取一系列超常规举措，形成了部门协同、上下联动、合力攻坚的良好局面，取得了阶段性的胜利。易地扶贫搬迁安置社区作为一种制度创新，其在精准扶贫中的作用，应继续在理论层面加以认识和总结，这对易地扶贫搬迁安置社区治理变迁和治理转型都具有重要的理论指导意义。对易地扶贫搬迁安置社区治理制度变迁的研究，能够较为清晰地展示这一社区治理变迁中各行动者之间的互动情况，为"后扶贫时代"易地扶贫搬迁安置社区治理提供对策建议，对实现共同富裕和全面建成小康社会具有重要的现实意义。

关键词：安置社区　经济发展　巴东模式

自2016年实施易地扶贫搬迁以来，巴东县上下提高政治站位，树立打赢"精准扶贫、精准脱贫"攻坚战的决心，牢牢把握"搬迁是手段、脱贫是目的"的根本要求，创新扶贫思路举措和体制机制，推进全县易地扶贫搬迁工作。成立了由县委书记任组长、县长任第一副组长、常务副县长任常务副组长的易地扶贫搬迁工作领导小组，组建了县发改局局长任主任的易地扶贫搬迁工作领导小组办公室，按照资金、项目、招投标、管理、责任"五到县"的要求，出台了《巴东县易地扶贫搬迁实施方案》（巴政办发〔2016〕16号）、《巴东县易地扶贫搬迁分散安置工作方案（试行）》（巴易迁办发〔2016〕16号）、《巴东县人民政府关于建立易地扶贫搬迁工作"绿色通道"和"容缺机制"的意见》（巴政发〔2016〕17号）、《巴东县2020年易地扶贫搬迁工作实施方案》等政策文件，从对象精准识别、项目建设程序、质量安全监管、资金监管拨付等方面细化了政策、明确了职责、优化了程序，保证巴东县易地扶贫搬迁工作有序、规范运行。县政府多次召开政府常务会议，专题研究、部署易地扶贫搬迁工作，出台了五项制度（易迁督办制度、末位述职表态制度、易地扶贫搬迁问责制度、"一票否决"制度、通报公示制度），建立了县主要领导包集中安置点、县直部门包帮扶村、帮扶人包易迁安置户的"包保"机制，保证了巴东县易地扶贫搬迁快速、健康推进。①

2017年，在县委、县政府的领导以及各级易迁办的指导下，巴东县上下坚定首战必胜的信心，结合山区县情实际，积极探索，强力推进，成效显著。全县易地扶贫搬迁工作得到国务院扶贫办、国家发改委、省委、省政府、州委、州政府及省、州易迁办的高度肯定。2017年9月14日，中央电视台《新闻联播》栏目报道了巴东县把好地段、好产业优先向安置点集聚的做法。巴东县制作的易地扶贫搬迁专题片《迁痕》获得湖北省第十七届党员教育电视片一等奖；创作的精准扶贫易迁工程主题歌曲《太阳照在屋顶上》成功入选全国2017年度优秀歌曲20首精品歌曲；创新的"易迁+"多维扶贫模式，被湖北省、恩施州作为经验学习推广，湖北省人民政府门户网站、《湖北日报》等主流媒体分别对巴东县"易迁+"多维扶贫模式进行了宣传报道。②

---

① 《巴东县"十三五"易地扶贫搬迁规划》（巴易迁办发〔2016〕2号）。
② 巴东县易迁办公室：《立足搬迁群众 下足绣花功夫用心用情书写巴东易迁篇章——巴东县易地扶贫搬迁工作总结》。

多年来，巴东县委、县政府坚定不移贯彻落实国家、省、州决策部署和习近平总书记关于精准扶贫、精准脱贫基本方略，坚持把易地扶贫搬迁作为脱贫攻坚工作的重中之重，始终把脱贫作为易地扶贫搬迁的出发点和落脚点，完善易地扶贫搬迁政策，健全工作体制机制，创新工作方式方法，聚焦脱贫目标和关键环节，用心用情用力推进，狠抓落细落小落实，取得了显著成效。

第一节　巴东县易地扶贫搬迁安置社区经济发展的总体情况

2017 年，巴东县建成集中安置点 133 个，集中安置点入户 3293 户 10363 人，分散安置搬迁入住 670 户 2312 人（含进城进镇购房、购闲置房和投亲靠友住户），共完成搬迁 12675 人，超额完成省定 12599 人的年度任务；2016 年完成 3269 户 11039 人的旧房拆除任务，启动易地扶贫搬迁拆旧区的土地复垦工作；评选"最美安置小区"和"最美安置户"，培育安置小区文明新风，规范安置点后续管理；创新"安置点 +"的产业发展模式，完善了 96 个集中安置点产业配套设施。2017 年巴东县谋划了 133 个集中安置点产业配套项目，确保易地扶贫易迁户真正"搬得出、稳得住、能脱贫、可致富"。

2018 年湖北省下达易迁安置计划 5630 户 18474 人。全县实际建设集中安置点 114 个，安置 5097 户 16785 人；分散安置（含投亲靠友和购闲置房住户）524 户 1610 人；进城进镇购房 276 户 1164 人。截至 2018 年底，已交付入户的安置点 112 个，2 个安置点主体建设基本结束；已迁入 5642 户 18720 人（含分散建房、购房安置住户）。

截至 2019 年，巴东县共安置 12964 户 43197 人，建设集中安置点 265 个，集中安置 9693 户 31259 人，分散安置 3271 户 11938 人（分散建房安置 2160 户 7608 人；进城进镇购房 964 户 4055 人；购闲置房安置 60 户 172 人，投亲靠友安置 87 户 103 人）。巴东县 43197 人已全部搬迁入住，入住率达 100%；易迁总户数为 12964 户，符合政策可不予拆除户数为 2115 户（其中无宅基地无房户 1123 户、共墙 931 户、文物保护 61 户），应拆旧复垦 10849 户，已完成拆旧复垦 10849 户，拆旧率为 100%。

"十三五"期间，全县易地扶贫搬迁共投资 24.6 亿元，安置 12964 户 43197 人。建设集中安置点 265 个，集中安置 9693 户 31259 人，集中安置率为 72%（按人计算）[①]。

第二节　巴东县易地扶贫搬迁安置社区经济发展的主要做法

如何在短时间内快速推动易地扶贫搬迁项目建设，让身处"一方水土养不活一方人"的群众迅速搬入新家，实现住房有保障的目标；如何让贫困人口"搬得出、稳得住、能致富"；如何让易迁群众在新的环境安居乐业，这三件事事关脱贫攻坚成效，事关长远稳定，事关逐步实现共同富裕。在实际工作中巴东县委、县政府将讲政治贯穿易地扶贫搬迁工作的始终，全面压实工作责任，不断探索出"7321"工作机制（"七统一""三联合""两合并""一套图"）、"三级"监管体系、"易迁＋"多维扶贫模式和"政府＋企业＋院民"的开放式管理模式。

一　精准施策，强力推进项目建设

1. 健全组织，压实责任

（1）加强领导

巴东县委、县政府高度重视易地扶贫搬迁工作，成立了由书记任组长的领导小组，由两名县领导具体负责易地扶贫搬迁工作，实行常务副县长分管、县人大常委会一名副主任专管、县发改局具体抓落实、专人专班推进的工作机制。建立了县主要领导包集中安置点、县直部门包帮

---

① 巴东县易迁办公室：《立足搬迁群众 下足绣花功夫用心用情书写巴东易迁篇章——巴东县易地扶贫搬迁工作总结》。

扶村、帮扶人包易迁安置户的"包保"机制。乡镇形成书记镇长抓总、分管领导负责、干部职工驻守的工作格局，形成了县、乡、村三级层层压实责任、齐抓共管的工作责任体系。

针对易地扶贫搬迁点后续管理存在的薄弱环节，巴东县委办公室牵头具体负责全县易地扶贫搬迁安置后续管理工作的研究、协调、督促和考核工作，并印发了《中共巴东县委 巴东县人民政府关于加强和完善城乡社区治理的实施意见》，将各乡镇集镇安置点纳入第一批城乡社区治理试点。政府各职能部门从项目规划和争取、组织工程建设、就业创业、安置点的服务和管理等方面相互协作，整体推进。

（2）强化落实

县、乡两级党委、政府主要领导亲临易地扶贫搬迁工程建设一线，靠前指挥。形成了会议必谈易迁、下乡调研必查易迁、听工作汇报必讲易迁的工作氛围。自2016年以来，全县共召开易地扶贫搬迁推进会、部门联席会等会议80余次，及时解决了阻碍易迁工作推进的难点问题，确保易迁工作的有序快速推进。同时，建立了半月督查、分月通报、末位述职、一票否决、责任追究5项制度，确保工作落到实处。

巴东县易地扶贫搬迁工作领导小组办公室负责检查、指导、督办易迁工作，通过对问题清单进行跟踪督办、现场办公、视频调度等方式，对全县易迁项目建设完成情况、安置管理工作开展情况、后续发展工作推进情况逐一落实，确保工作取得实效。将易迁安置和后续管理工作纳入年度目标考核的重要内容，由县委、县政府督查室开展督查考核，对因重视不够、措施不具体、推进工作不力，造成全县易迁安置和后续管理工作受影响的党员干部予以通报、对负主要责任领导诫勉谈话，使督查问效常态化、长效化。[①]

（3）规范运行

按照资金、项目、招投标、管理、责任"五到县"的要求，巴东县

[①] 《巴东县2018年度精准扶贫精准脱贫目标责任考核细则》（巴扶指办发〔2018〕97号）。

出台了《巴东县易地扶贫搬迁实施方案》（巴政办发〔2016〕16 号）、《巴东县易地扶贫搬迁分散安置工作方案（试行）》（巴易迁办发〔2016〕16 号）等政策文件，从对象精准识别、项目建设程序、质量安全监管、资金监管拨付等方面细化了政策、明确了职责、优化了程序，保证巴东县易地扶贫搬迁工作有序、规范运行。

（4）建立机制

在易地扶贫搬迁开展过程中，按照"县政府负总责、办公室统筹、乡镇抓落实"的管理体制，整合资源、各负其责、齐抓共管、合力攻坚，不断建立完善县主要领导包集中安置点、县直部门包帮扶村、帮扶人包易迁安置户的"包保"机制和"7321"工作机制。①

（5）专题研究

县政府多次召开政府常务会议，专题研究、部署易地扶贫搬迁工作，出台了五项制度（易迁督办制度、末位述职表态制度、易地扶贫搬迁问责制度、"一票否决"制度、通报公示制度）。

2. 坚持底线，严守红线

（1）精准识别，确定对象

通过屋场会、院子会和"两公示、一比对、一公告"程序，2016 年巴东县初步确定了 10745 户 34247 人的搬迁规模。同时按照上级文件精神，遵循实事求是的原则，进行了 6 次动态调整，于 2018 年 9 月 20 日最终确定了易地扶贫搬迁安置规模为 13141 户 43197 人，基本实现了"应搬尽搬、不落一人"的目标。按照"精准识别、不落一人"的要求，对照县扶贫办确定的对象花名册，征集搬迁对象意愿，因户施策，分类建档，完善易迁户档案，统筹谋划易地扶贫搬迁项目建设。同时，在集中安置点选址结束后，再次核定易迁户意愿，经扶贫部门比对核准相关信息后，启动安置点项目建设。

---

① 巴东县易迁办公室：《立足搬迁群众 下足绣花功夫用心用情书写巴东易迁篇章——巴东县易地扶贫搬迁工作总结》。

（2）严守"三条红线"，实施"交钥匙"工程

根据《湖北省 2016 年度易地扶贫搬迁实施计划》文件精神，巴东县结合实际，出台了《巴东县"十三五"易地扶贫搬迁规划》《巴东县易地扶贫搬迁实施方案》《巴东县易地扶贫搬迁拆旧复垦工作方案》，由县国土资源局统一遴选机构、统一规划设计、统一组织实施，明确了"政府主导、群众自愿，量力而行、保障基本，因地制宜、科学规划，突出重点、统筹安排，绿色发展、改善生态"的搬迁原则，采取以集中安置为主、分散安置为辅的安置方式，提供更加完善的医疗、教育、养老等公共服务。无论是集中安置还是分散安置，乡镇均按照"交钥匙"的要求，组织实施易迁安置工作。严格执行国家政策，严守政策红线，科学选址，节约、高效、科学用地。全县使用统一设计的建房图纸、统一规划设计、统一地质灾害评估、统一环评、统一地勘、统一图审、统一工程监理，严格控制建房面积。明确以人口面积为单位的补助标准，实施"交钥匙"工程，确保易迁户不负债。全县按照省定时间要求积极推动拆旧复垦工作。[①]

（3）严格质量安全标准，健全监管体系

一是组织制定了《巴东县易地扶贫搬迁工程质量安全施工技术指导手册》《巴东县易地扶贫搬迁工程质量通病防治措施》，指导工程参建各方按规程操作，严格工程基本建设程序，落实项目"四制"要求。二是建立了县、乡、村三级质量监管专班。县易迁办、住建局组建专班，不定期对所有易地扶贫搬迁安置点进行全面巡查。乡镇组建以分管城建的领导牵头，村镇办、交通城建环保中心参与的工程质量安全监管专班，常态化开展现场巡查和工程验收。村级组建由易迁户代表参加的监督专班，发动易迁农户全过程参与质量安全监管。三是抓好对监理等中介机构的管理。加强环节监管，强化基础验槽、基础验收、主体验收、工程竣工验收等环节监管，加强痕迹管理，完善档案资料，确保质量安全。

---

① 《巴东县 2020 年易地扶贫搬迁工作实施方案》（巴扶指办发〔2020〕11 号）。

四是部门联动，强化检查督办。用铁的规范、铁的机制、铁的手腕加强监管，对质量和安全问题零容忍，该返工的返工，该查处的查处。组织专班对已建和在建工程实体进行质量抽测，发现安全隐患及时整改排除。五是制定风险防控应急预案。按照《巴东县突发事件应急处理办法》的相关规定，各乡镇制定了易地扶贫搬迁集中安置点风险防控应急预案，强化组织领导，成立应急救援分队，明确应急处置措施，确保出现潜在安全风险或隐患时，能够快速反应，有序撤离，安全避险，全力保障易迁群众的生命财产安全。

（4）强化资金管理，确保资金使用安全规范

巴东县制定了《巴东县易地扶贫搬迁资金管理办法》（以下简称"《资金管理办法》"）。县城投公司负责整个项目的资金归集、管理、拨付、偿还和核算工作。秉持"单独建户、物理隔离、封闭运行、台账管理、精细核算"的管理原则，所有易地扶贫搬迁项目的资金全部归集到县城投公司开设的专门账户管理。按照分别监管原则，落实监管责任。强化绩效管理和审计监督。县城投公司根据《资金管理办法》和县、乡两级实施方案及年度实施计划统筹安排资金使用计划。按乡镇提供的经过审核、审批的资金拨付申请表、搬迁安置明细表或项目建设相关资料，将资金拨付到乡镇财政所开设的易地扶贫搬迁资金管理专户，乡镇扶贫搬迁办公室按报账程序，将资金拨付到搬迁对象或建设施工单位开设的账户。

（5）开展问题整改，确保政策落实

结合湖北省易地扶贫搬迁成效考核及财政部专员办、审计署特派办、湖北省审计厅的审计意见，巴东县对交办的问题及时整改到位，确保政策执行不走样。根据湖北省易迁办要求，巴东县对 2016 年度工作中出现的重复享受政策、已脱贫享受易迁政策、分散安置单人户超面积等问题按要求进行了全面整改，对使用易迁资金支付的易迁项目征地费，县人民政府统筹资金 8000 万元回退到易迁专项资金，目前各项问题均已整改到位。①

---

① 《巴东县 2020 年易地扶贫搬迁工作实施方案》（巴扶指办发〔2020〕11 号）。

（6）高标准规划，满足搬迁群众意愿

巴东县委、县政府高度重视易地扶贫搬迁工作，不仅把易地扶贫搬迁作为脱贫攻坚的重点工作，而且将其与乡村振兴战略有机结合，出台了《巴东县易地扶贫搬迁选址办法》，严格按照"五靠近"的要求进行规划选址，用最好的地块建设易地扶贫搬迁安置点，按照"产业小区""森林小区"的要求高标准设计，确保易迁户舒心入住、放心发展。因地制宜，多元化安置，全县采取了集中安置、进城进镇购房安置、分散建房安置、投亲靠友和购闲置房安置五种安置方式，最大限度满足易迁户的意愿。

二　加大保障力度，切实推动产业发展

巴东县按照"产业小区""森林小区"的要求谋划集中安置点的建设和发展，制定绿化方案，配套水、电、路、网、电视、污水处理等基础设施，按照美丽乡村的标准打造布局合理、美观大方、建筑质量安全可靠的集中安置点。坚持配套脱贫产业与易迁房建设同谋划、同部署、同推进，促进易迁配套脱贫产业发展。为实现易迁对象搬得出、稳得住、能致富，巴东县按照"一个集中安置点一个主导产业，每个易迁户都有具体的脱贫措施"的要求，实行远景规划与近期措施相结合的办法，确保搬迁一户脱贫一户。[①]

1. 着眼全局，产业发展先行

坚持配套脱贫产业与易迁房建设同谋划、同部署、同推进，加强易迁配套脱贫产业发展谋划指导。为实现易迁对象搬得出、稳得住、能致富，各乡镇结合实际，探索循环养殖、融入板块基地、依托主导产业、城郊配套服务、龙头企业带动、光伏发电补助、劳务培训输出、金融贴息撬动、政府全面兜底、支持回乡耕种等方式，制定切实可行的产业发展方案，实行远景规划与近期措施相结合的办法，确保搬迁一户脱贫一

---

① 《巴东县 2020 年易地扶贫搬迁工作实施方案》（巴扶指办发〔2020〕11 号）。

户。信陵镇土店子村集中安置点依托农村专业合作社，建成湖北省农科院培训基地，产业发展与安置房建设同步进行。

2. 拓宽渠道，保障脱贫增收

制定和完善帮扶政策，引导和扶持易迁群众通过发展特色产业、劳务经济、现代服务业和资产流转等方式实现脱贫致富。官渡口镇火峰、红花岭等集中安置点通过返乡回馈模式，利用易迁产业配套资金兴建厂房，鼓励在外创业的本地人返乡办厂，吸纳易迁对象进厂务工，实现家门口就业。沿渡河镇罗溪坝社区积极探索旅游带动模式，推荐符合条件的易迁户进入神农溪景区工作，让罗溪坝社区80余户易迁户分享"大旅游"红利。

3. 统筹资源，盘活生产要素

易迁后，易迁户原承包的土地、林地等相关生产资料承包权、使用权、收益权、继承权等继续享有，通过鼓励、支持承包人"依法、自愿、有偿"流转或用于参股专业合作组织，形成可规模化利用的土地资源，为产业科学布局和规模经营奠定了基础。信陵镇荷花安置点将土地整治等涉农资金与产业扶贫发展资金进行统筹，夯实了产业发展基础，并探索实施股份合作模式，让易迁户以土地、资产等方式入股，参与当地家庭农场、合作组织、种养大户的产业开发经营，通过收益分红和务工获得收入，实现脱贫致富。

4. 激发动力，转变群众观念

完善配套产业，形成"安置点＋"模式。一是股份合作模式。荷花安置点的贫困对象以土地、资产、资金等方式入股，参与当地家庭农场、合作组织、种养大户的产业开发经营，实行收益分红，有劳动能力的贫困对象还可通过务工获得收入。二是基地辐射模式。绿葱坡镇北界集中安置点在规划之初，就与当地有一定基础的采摘园、养殖区等相衔接，建立"公司（合作社）＋基地＋易迁户"的联结机制，共同发展产业。三是返乡回馈模式。官渡口镇火峰安置点、红花岭安置点在集中安置点附近，利用易迁产业配套资金兴建厂房，鼓励在外创业的本地人返乡办厂，吸纳易迁对象进厂务工，实现家门口就业。四是电商带动模式。鼓励农村淘宝、供销 e 家等电商企业到贫困村招募合伙人，把电商、微商办在安置点上，带动贫困户兴办传统手工作坊、生产车间，实现生产、加工、包装、仓储、运输、销售一条龙。五是旅游服务模式。加强对易迁户的旅游服务培训，让符合条件的易迁对象从事导游、船工、纤夫等旅游服务业。通过多形式的产业配套，确保易迁户中至少 1 人有稳定收入来源，实现脱贫增收。①

三　创新模式，破解弱势群众安置难的问题

1. 创新安置方式

巴东县现有农村低保 22740 户 31848 人，仅五保供养对象就有 3129 人，而全县 12 家农村福利院只能容纳 500 多人。这些人大多居住在偏远山区，独门独户，饮食起居无人照料，生活极为艰难。为切实解决分散供养五保户和没有能力建房的低保户生活、就医等问题，巴东县结合易地扶贫搬迁政策，依据"老有所养、老有所依、老有所乐"的思路，采取"易迁 + 老年公寓"模式建成红花岭、蔡家老年公寓试点，既降低了易迁分散建房成本，又解决了农村福利院容量不足的问题，让农村五保户与残障老人有了自己的"家"，生活、就医、护理得到保障。

2. 创新管理模式

老年公寓实行"政府 + 企业 + 院民"的开放式管理模式。政府安排专人负责老年公寓的管理工作，并向贫困户组成的诚愿服务公司购买服务，让其负责老年公寓的卫生、安全、饮食、护理等工作。实行院民自治，相互帮助，自我管理。成立自治协会，负责调处邻里纠纷和政策宣讲。实行松散的开放式管理，院民可以自由接待来客，客人可在食堂就餐。院民请假后不仅可以走亲访友还可以外出务工，可以长期外出务工，

---

① 《巴东县 2020 年易地扶贫搬迁工作实施方案》（巴扶指办发〔2020〕11 号）。

也可以早出晚归做临工。集体食堂实行按餐结算，按月公开。有劳动能力的院民自发成立生产专班负责蔬菜种植，食堂按市场价收购蔬菜。院民除缴纳就餐费用外，享受的低保救助政策及务工等其他收入归其本人所有。由政府承担水、电、维修等公务费用及购买社会服务的相关费用。

3. 形成"六个清零"工作模式

"六个清零"工作模式是指，巴东县各安置点在项目建设、搬迁入住、拆旧复垦、社区管理、帮扶到户、问题整改六个方面工作的完成情况。

巴东县累计拆旧 7376 户，其中 2016 年应拆旧 2991 户，已拆旧 2963 户，拆旧率为 99.1%；2017 年应拆旧 3625 户，已拆旧 3123 户，拆旧率为 86.2%；2018 年应拆旧 5468 户，已拆旧 1290 户，拆旧率为 23.6%。

根据县挂钩办反馈的信息，巴东县 2016 年规划设计复垦 2487 户，已竣工测量 1849 户；2017 年规划设计复垦 4668 户，已完成 3387 户；2018 年复垦工作正有序推进。

全县围绕茶叶、柑橘、药材等主导产业，建成标准化茶叶基地 16.2 万亩、柑橘基地 11.5 万亩、药材基地 23.8 万亩、蔬菜基地 30 万亩，积极探索"易迁 +"多维扶贫模式，基本实现每个安置点至少有 1 个主导产业，每户易迁户至少有 1 人稳定就业。

巴东县大型集中安置点已全部纳入社区管理，并遴选楼栋长协助日常管理。一户一宅安置点按照属地管理原则，由安置点所在村委会加强日常管理。同时，将各乡镇集镇安置点纳入巴东县第一批城乡社区治理试点。

四　规范管理，促使安置小区树新风

探索创新后续管理。一是建立道德评议会、红白理事会、乡贤理事会等基层群众组织，组建小区自治组织和互助协会，建立居民公约等各项制度，实行自我管理、自我约束、自我教育、自我服务，让易迁群众逐步接受全新的生产生活方式，转变发展理念，改变陈旧的生活习惯，增强自主脱贫意识。二是通过开展"最美安置小区""最美易迁户"评选活动，广泛宣传易迁户典型，引导居民移风易俗，培育文明新风，推动乡村精神文明建设，提升文明水平，打造文明宜居小区，激发易迁对象的脱贫内生动力。

集中安置点选址力求做到靠近学校，方便安置点易迁对象子女就近入学，严格落实国家济困助学政策、全日制普通高校贫困生政府资助政策，县内重点高中、普通高中拿出贫困户专项招生计划名额，多渠道保证易迁家庭孩子上得起学，上得了学。易地扶贫易迁户不论是否更改户籍类型，均享受健康扶贫系列政策，建立起以新农合补偿为主，大病救助为辅的医疗保障制度，解决易迁户因病致贫、返贫问题。同时，在集中安置点配套卫生室，保障易迁群众就近就医。对无劳动力或因不可抗拒因素造成生活困难的易迁户，通过社会保障兜底、社会救助等方式予以保障，确保易迁户有稳定的生活来源。

五　"三级"监管，保障安全与质量

在项目实施过程中，建立健全县、乡、村三级监管体系，县易迁办牵头会同住建、安监等部门对工程建设进行常态化督导；项目所在的乡镇政府为辖区工程安全质量责任主体，对项目实施、搬迁入住、拆旧复垦等各项工作进行全程监管；充分发挥村"两委"、村民代表和易迁户的监督作用，对工程建设实施现场监督，促进全县易地扶贫搬迁项目建设，确保房屋建设质量。

出台《巴东县易地扶贫搬迁工程质量安全施工技术指导手册》，加强对易地扶贫搬迁项目的技术指导。健全县、乡、村三级监管体系，县易迁办、住建局不定期进行全面巡查，乡镇分管领导牵头进行质量安全常态巡查监管，村级组织易迁户代表现场监督，最大限度保障易地扶贫搬迁项目的质量安全。

六 管理新路，探索开展试点建设

巴东县将全县集镇安置点纳入第一批城乡社区治理试点，落实专人专管，通过楼栋住户会议选定楼栋长和住户代表协助日常管理，楼栋长和住户代表组建志愿消防队，配备保洁员负责公共区域环境卫生，选派330名公益性岗位人员参与集中安置点管理。经县政府第39次常务会议同意，2019年12月25日官渡口镇晴帆园社区正式批复成立。该社区是全县规模最大的易迁社区，由"两区一园两公寓"（冯家湾易迁安置小区、红花岭易迁安置小区、红花岭京援创业扶贫园、红花岭老年公寓、蔡家老年公寓）组成，社区居委会设在冯家湾易迁安置小区。该社区常住人口有1015户2951人，其中党员有26人，2020年成立晴帆园社区党支部，现有"尖刀班"人员6人、社区干部6人、网格员9人，全面落实安置社区民生事项服务、社情民意收集、矛盾纠纷化解、治安群防群治、特殊人群帮教、政策法规宣传、重大事件报告等工作。两个老年公寓实行"政府＋企业＋院民"管理模式。政府安排专人负责老年公寓管理工作，向贫困户组成的诚愿劳务有限公司购买服务，负责老年公寓卫生、安全、饮食、护理等方面的工作，全面实行政府监督、企业管理服务、院民互帮互助的"三位一体"管理。同时，探索"菜园子"模式，对具有一定劳动能力的安置人员，在履行请假手续后，采取"吃住在安置点、就近外出务工"的模式，形成"候鸟式"迁徙的上班族。①

沿渡河镇选择在最大的易迁集中安置点——罗溪坝社区开展试点，自2019年以来，以"六抓"为主要内容的基层社会治理"罗溪工作法"在全镇推广。"罗溪工作法"即以"两定两划"为核心抓党建（"两定"即社区"两委"干部定岗定责、全体党员定标定责，"两划"即社区五年发展规划和年度工作计划）；以"214"民主管理模式为基础抓居民自治（"2"指线上线下两公开，"1"指每年召开一次民主管理大会，"4"指

---

① 《巴东县官渡口晴帆园社区调研会议记录》，2020年8月10日。

建立民主理财、民主议事、民主决策、民主监督四项制度）；以"四主一转"为方向抓经济转型（"四主一转"即政府主导、公司主营、村级主抓、农民主业，传统农民转变为产业工人）；以"六字经"为手段抓矛盾化解（"六字经"即防、控、化、调、和、发）；以解决疑难问题为突破点抓文明建设；以"村村行"为途径抓作风建设。该经验先后被《恩施日报》《湖北日报》报道，并在"学习强国"平台推介。同时，按照"生态、文明、节俭、惠民"原则，罗溪坝社区探索建设太阳山农村公益性公墓和殡仪服务站试点，公墓占地面积为20亩，殡仪服务站设计建筑面积为1500平方米。同时，制定了"十不准"（不准大吃大喝、不准请道士做斋、不准带彩娱乐、不准收人情、不准治丧超过三夜、不准送花圈、不准留坟头、不准另立竖碑、不准悬挂清明吊、不准挑选墓位）制度，有效解决了安置点有关殡葬的突出问题。①

七 强力推进，实施"7321"工作机制

巴东县易地扶贫搬迁领导小组建立"7321"工作机制。即"七统一"推进前期工作：全县统一住房设计图纸、统一规划设计、统一地质灾害评估、统一环评、统一地勘、统一图审、统一工程监理。"三联合"加快项目选址：集中安置点选址工作实行联合踏勘、联合会签、联合审批。"两合并"简化项目审批：业主单位将项目可研报告和初步设计合并为《项目实施方案》，县发改局对《项目实施方案》进行审批。"一套图"打造巴东特色，确保易地扶贫搬迁项目快速、规范推进。

"七统一"推进前期工作。由县城投公司负责，县发改局、国土局、住建局、审计局、公共资源交易管理委员会办公室等部门配合，公开遴选测量测绘、地质完善评估、地勘、工程监理、造价咨询等中介机构，统筹安排中标单位到乡镇开展项目建设相关工作。乡镇负责规划设计单位、施工企业的确定，并组织实施项目建设。

---

① 《巴东县2020年易地扶贫搬迁工作实施方案》（巴扶指办发〔2020〕11号）。

　　"三联合"加快项目选址。按照乡镇申请，县易迁工作领导小组统筹安排发改局、国土资源局、规划局、林业局、水利局、环保局、交通运输局、城投公司、电力公司等部门业务负责人组成的选址工作专班及负责地质灾害评估、规划设计等工作的中介机构对集中安置点选址实行联合踏勘、集中研究、现场认定，并在联合会签表上签字盖章。各部门提出预审意见，各乡镇会同相关职能部门完善审批要件。

　　"两合并"简化项目审批。鉴于易地扶贫搬迁项目点多面广，工程实施的可行性、必要性相对明确。巴东县将每个集中安置点作为一个项目，业主单位将项目可研报告和初步设计合并，聘请有专业资质的工程咨询设计单位编制《项目实施方案》。县易迁领导小组对《项目实施方案》进行审定，县发改局对《项目实施方案》进行审批。分散安置的由业主单位将每年度的分散易迁户打包成一个项目进行申报审批。

　　"一套图"打造巴东特色。由县住建部门负责，委托有资质的机构结合土家族文化设计一套具有巴东特色，包含 25 平方米、50 平方米、75平方米、100 平方米、125 平方米，5 种户型的巴东县易地扶贫搬迁通用居民建房图纸，要求达到施工图设计深度。并委托有相应资质的施工图审查机构对图纸进行审查，供全县易地扶贫搬迁建房统一使用。各安置点采用通用居民建房图纸建设的不再进行施工图审查。

第三节　巴东"易迁 +"多维经济发展模式①

　　巴东县围绕茶叶、畜牧业、旅游业等主导产业，在发展"短、平、快"脱贫项目的基础上，同步谋划发展"中长期、高收益"的特色产业，通过土地流转得租金、基地务工得薪金、出售产品得现金，保底分红加利润提成，构建贫困户短期脱贫和长期致富的机制，探索形成

① 巴东县易迁办公室：《立足搬迁群众 下足绣花功夫用心用情书写巴东易迁篇章——巴东县易地扶贫搬迁工作总结》。

"易迁 +" 多维产业模式。"易迁 + 产业"模式，让贫困人口能稳定脱贫；"易迁 + 旅游"模式，让贫困人口能逐步致富；"易迁 + 电商"模式，让贫困人口能转型发展；"易迁 + 厂房"模式，让贫困人口能实现家门口就业；"易迁 + 生产资料"模式，让贫困人口过渡生活有保障；"易迁 + 老年公寓"模式，让贫困人口老有所养；"易迁 + 劳动输出"模式，让贫困人口有稳定收入。

一　推行"易迁 + 产业"模式，助力易迁群众稳定脱贫

按照"搬得出、稳得住、能脱贫、可致富"的要求，巴东县立足县情，探索循环养殖、融入板块基地、依托主导产业、龙头企业带动等方式，制定切实可行的产业发展方案，实行远景规划与近期措施相结合的办法，确保搬迁一户脱贫一户。一是推行股份合作模式。鼓励支持易迁户将原承包的土地、林地等相关生产资料，"依法、自愿、有偿"流转或参股专业合作组织，为产业布局和规模经营奠定基础，让贫困人口有稳定的就业场所和收入来源。信陵镇荷花安置点统筹土地整治等涉农资金与产业扶贫发展资金，探索股份合作模式，让易迁户以土地、资产等入股，参与家庭农场、合作组织、种养大户的产业开发经营，通过收益分红和就近务工获得收入，稳定脱贫。二是推行基地服务模式。围绕茶叶、柑橘、药材等传统主导产业，因地制宜发展种植业，建成标准化茶叶基地 16.2 万亩、柑橘基地 11.5 万亩、药材基地 23.8 万亩、蔬菜基地 30 万亩，受益易迁户达 9298 户 30225 人。围绕养殖基地发展特色养殖业，利用茶店子镇楠柏生态野猪养殖基地、信陵镇土店子黑猪养殖基地，带动辐射周边乡镇易迁户发展特色养殖业，受益易迁户达 497 户 1680 人。

二　推行"易迁 + 旅游"模式，推动易迁群众逐步致富

巴东县围绕"宜居宜业、休闲度假"功能定位，大胆尝试"易迁 + 旅游"脱贫路径，打造"深山桃花园、智慧新农村"。绿葱坡镇北界安

置点结合自身特点，积极打造罗家淌户外运动体验中心、峡谷漂流等特色旅游产品，推进集户外探险、避暑度假、越野体验于一体的特色民宿旅游业发展。依托神农溪、森林花海、巴人河、巫峡口等旅游景点年接待游客 700 万人次的市场机遇，引导易迁群众从事旅游服务业。信陵镇荷花安置点、官渡口镇西溪坝等安置点积极创建集乡村游、采摘园、户外体验、休闲观光于一体的"安置点 + 田园综合体"观光农业模式。

三 "易迁 + 电商"模式，让贫困人口能转型发展

大力开展电商扶贫，推动农企合作、农商联姻，建设电商产业园，实现农村淘宝、供销 e 家、淘实惠等 30 余家电商企业入驻和 12 个乡镇电商特色馆入园，电子商务主体达 5000 余家。鼓励农村淘宝、供销 e 家等电商企业到贫困村招募合伙人，启动"电商平台 + 村级服务站 + 贫困户"模式，引导和扶持易迁群众通过发展特色产业、现代服务业和资产流转等方式实现脱贫致富。目前，162 家电商与 1127 户贫困户实现产销精准对接，全县电子商务交易额突破 7 亿元，带动 2 万多人增收致富。

四 "易迁 + 厂房"模式，让贫困人口实现家门口就业

通过兴建扶贫厂房，扩大县城区和乡集镇就业岗位，引导贫困户就近务工就业。目前，巴东县已在红花岭建成 3 万平方米扶贫厂房，武汉剑峰实业有限公司（无纺布生产及其加工企业）、铭金工贸、福建省正山堂茶叶有限责任公司、维洁纸业、金意塑料、硒海堂茶叶等企业入驻投产，可吸纳 1000 人就近就业。野三关开发区 10 万平方米的标准扶贫厂房正在加紧建设，建成后可吸纳近 4000 人就近就业，受益易迁户约 750 人。野三关开发区投资 5000 万元修建的中药材交易市场可吸纳 300 名贫困人口就业。

五　"易迁 + 生产资料"模式，让贫困人口过渡生活有保障

巴东县按照 2 人户以下户均 0.1 亩、3 人户以上户均 0.2 亩的标准配套开拓菜园地 776.8 亩；在具备条件且不影响生态环境的集中安置点，按照户均 10～15 平方米的标准配套兴建猪栏 5272 栋，让易迁群众吃菜有着落、家具有处放、过渡生产生活有保障。

六　"易迁 + 老年公寓"模式，让贫困人口老有所养

为切实解决分散供养的五保户问题，结合易地搬迁政策，围绕"老有所养、老有所依、老有所乐"的思路，巴东县探索"易迁 + 老年公寓"模式，官渡口镇在全县先行先试建成红花岭老年公寓，主要用于安置全镇政策兜底分散供养的五保户。红花岭老年公寓占地面积为 40 亩，建有安置房 20 栋 80 套，建筑面积为 4000 平方米，投资 1000 余万元，可入住 160 人。老年公寓于 2016 年 8 月开工，同年 12 月 31 日正式投入使用，为入住的五保老人统一购置电视、衣柜、床、淋浴等用品。老年公寓实行"政府 + 企业 + 院民"的开放式管理模式。政府安排专人负责老年公寓的管理工作，民政部门为老人们配备了医生，随时为五保户提供诊疗服务；公寓统一管理五保户养老金账户，实行按餐结账制，结余的账款将发放给本人；探索"菜园子"模式，有劳动能力的五保户履行请假手续后，可外出务工，20 余名五保户吃住在公寓，成了候鸟式迁徙的"上班族"。为让五保户享受点对点服务，公寓引进了巴东诚愿劳务有限公司，政府购买社会服务，负责老年公寓的卫生、安全、饮食、护理等方面的工作，吸纳 8 名贫困户就业。同时成立自治协会，鼓励院民相互帮助，实现自我管理、自我发展。

七　"易迁 + 劳动输出"模式，让贫困人口有稳定收入

通过政府引导、组织，外出务工人员达 11 万人，其中易迁户近 2000

人。易迁户通过外出务工，保证有稳定收入。同时，所有易迁集中安置点创建小区自治组织，培育文明新风。一是建立道德评议会、红白理事会、乡贤理事会等基层群众组织，组建小区自治组织和互助协会，建立居民公约等各项制度，实行自我管理、自我约束、自我教育、自我服务，让易迁群众逐步接受全新的生产生活方式，转变发展理念，改变陈旧的生活习惯，增强自主脱贫意识。二是通过开展"最美安置小区""最美易迁户"评选活动，广泛宣传易迁户典型，引导居民移风易俗，培育文明新风，推动乡村精神文明建设，提升文明水平，打造文明宜居小区，激发易迁对象的脱贫内生动力。

第四节 巴东县易地扶贫搬迁安置社区经济发展中存在的不足

一 后续管理体制机制有待健全

后续管理体制不健全。易地扶贫搬迁后续管理是一项长期性、系统性工程，不可能在短时间内一蹴而就。县易迁工作领导小组是易迁前期工作牵头的临时机构，针对易迁的后续管理目前还没有成立相应的牵头机构，可能会出现管理脱节的问题。同时，后续管理涉及职能部门较多，现有的管理体制不利于形成管理合力。[①]

后续管理制度不健全。目前集中安置点后续管理还处于探索阶段，没有一套统一、成熟、系统的管理制度，乡镇与乡镇之间、安置点与安置点之间管理水平参差不齐，易引起易迁户心理失衡。[②]

基层组织不规范。根据湖北省扶贫攻坚领导小组印发的《关于加强和完善易地扶贫搬迁后续扶持工作的实施意见》（鄂扶组发〔2019〕10

[①] 巴东县发展和改革局：《全县易地搬迁集中安置点后续管理工作情况报告——2020 年 7 月 28 日在县十八届人大常委会第 27 次会议上》。

[②] 巴东县发展和改革局：《全县易地搬迁集中安置点后续管理工作情况报告——2020 年 7 月 28 日在县十八届人大常委会第 27 次会议上》。

号）要求，安置人口在 1000 人及以上的城镇安置区，可根据人口规模酌情设立一个或多个社区居民委员会。巴东县容纳 1000 人及以上安置点（沿渡河镇罗溪坝安置点 1071 人，官渡口镇晴帆园安置点 2603 人，溪丘湾乡茶桂苑 1700 人，信陵镇春晖苑 1775 人）共 4 个。通过易迁数据库与组织部党员（预备党员）数据库比对，巴东县易迁对象共有党员（预备党员）434 名，其中有 3 名及以上党员（预备党员）的安置点 37 个，现仅成立了晴帆园社区党支部，安置点党的组织建设迫在眉睫。

二　集中安置点后续管理保障不足

后续管理资金保障不足。按照"四个三"重大生态工程的要求，垃圾要清运到正规垃圾处理厂，但垃圾清运费用没有资金预算，目前均由安置点所在村负责处理，转移支付村级办公经费有限，集中安置点公共设施的管护维修更换暂无资金来源。易迁安置点公益专岗岗位补贴资金除从杭州市对口帮扶资金中列支外，尚无其他资金预算。新成立的官渡口镇晴帆园社区位于县城规划区，但资金预算仍参照农村社区预算，经费支出捉襟见肘。[①]

后续管理人员保障不够。2020 年全县易迁集中安置点共开发东西部劳务协作对口帮扶易迁安置点公益专岗 330 个，基本保证了每个安置点都有公益专岗人员参与管理，但公益专岗人员服务期限仅为 1 年，安置点后续管理人员队伍不稳定。易迁安置点干部职位数配备与相关文件要求存在差距，干部工作量大，工作质效不高。

后续教育引导不强。对易迁户的教育引导不够，部分安置点的居住环境脏、乱、差。

后续配套设施不充分。集中安置点户口迁移、子女上学、就医等配套服务，城乡居民医疗保险和养老保险服务，民政救助和兜底保障，安置点的党组织建设等工作稍显滞后。

---

① 巴东县扶贫开发办公室：《巴东县 2018 年脱贫攻坚工作情况汇报》。

后续易迁户帮扶工作落实不到位。易迁户"等、靠、要"思想严重，有的认为政府既然给他们搞了搬迁，就要给他们生活保障，会出台相关政策；有的依靠现有的保障兜底政策，能够解决生活需求，自身发展动力不足。

三　前期规划设计与群众后续发展需求不协调

易迁住宅面积较小。"十三五"期间国家对易地扶贫搬迁做出明确规定，易地扶贫搬迁人均住宅面积不超过 25 平方米，但是易迁对象家庭成员自然增减现象时有发生，导致计划相应易迁户数中的实际人数与原设计面积不一致，尤其是有适龄婚嫁生育的易迁户，搬迁后一到两年内家庭人口数量增加，面临住房不够用的实际困难。同时，集中安置单人户享受 25 平方米的住房面积，室内有卧室、厨房、卫生间，且卧室面积较小，仅能放置一张宽为 1.2 米的床铺，衣柜、椅子等无处放置，厨房和卫生间面积有限，给易迁户生活带来诸多不便，影响了一些群众的搬迁积极性。有待针对实际情况完善具体政策措施。

生活用水困难。现有的集中安置点供水仅能满足易迁群众日常生活必需用水，后续发展生产所需用水保障严重不足。同时，官渡口镇水獭坪安置点饮水配套因泵站管理和管网维护、耗电等原因供水成本高达 14 元每吨，虽暂时未收费，但后期收费将大大增加易迁群众生活成本。

四　现有配套设施无法满足易迁群众对美好生活的追求

基础设施配套欠完善。巴东县按照"缺什么补什么"和"量力而行"的原则，已下达易迁补短板项目四批次 449 个项目 10548.01 万元，补齐水、电、路、通信网络短板，因地制宜配齐菜地、工具房和公共服务用房，有条件的地方配套栏圈，保障易迁户生活需求。但安置点排洪排污、殡葬服务等与易迁户生活息息相关的基础设施配套有待进一步加强。

　　文化配套建设相对滞后。巴东县部分安置点因地制宜建设了文化墙、文化宣传栏、文化广场等文化配套设施，但现有的文化配套设施与易迁群众日益增长的精神文明需求存在一定的差距。

　　产业配套带贫效益不明显。巴东县易迁户就业以劳务输出为主，留守在家的多为老弱病残等特殊困难群体，且他们的生产以传统种植、养殖业为主，部分易迁户承包的林地、耕地都在原居住地，距现居住地较远，易迁户返回原住地交通不便，农具等诸多生产资料无处放置，旧房拆除后给生产带来诸多不便，生产效益不高。安置点已配套的扶贫车间多为劳动密集型产业，对劳动者的素质、技术等方面的要求相对较高，但劳动报酬不理想，很难吸引易迁户就近就业。已引进的市场主体自身不够壮大、抗风险能力较弱、可持续发展后劲不足，带贫效益不明显。

　　公共交通配套欠完善。部分安置点建设在城乡、乡镇村结合区域，但城区公交、村村通客运车辆路线未延伸或安置点所在区域未开通，易迁户出行不便。安置点项目建设进展缓慢。清太坪镇集镇综合体、城投公司负责的信陵镇谭家湾集中安置点未按省定时间节点完成主体建设。已搬迁入住对象旧房未及时拆除，复垦工作无法正常开展。

　　重建设轻管理现象突出。部分乡镇绩效管理意识淡薄，已配套各类设施、设备管护机制不健全、管理缺位，尤其是已建成的产业配套项目，未及时招商引资，不能发挥其应有的效益，资产闲置现象突出。

第五节　巴东县易地扶贫搬迁安置社区经济发展建议和对策

一　制度建设抓长效管理

　　解决好谁来管的问题。明确固定的常设管理机构，统筹协调各职能部门围绕自身职责开展工作，完善管理体制，保障后续管理工作的延续性。同时，按照《关于加强和完善易地扶贫搬迁后续扶持工作的实施意见》（鄂扶组发〔2019〕10号）、《关于加强和完善易地扶贫搬迁集中安置点社区治理工作的通知》（恩施州政扶组办发〔2020〕13 号）等文件要求，不断完善基层组织建设，避免出现"两不管"的现象，保障易迁户的合法权益。

解决好如何管的问题。由各职能部门结合自身工作实际，制定和优化相应规章制度，确保各项管理工作有章可循、有制度可依。[①]

二 质量先行抓项目建设

规范建设行为，强化项目质量监督，按照进度服从质量的要求，采取超常规举措，实现全县易地扶贫搬迁项目建设全监测，包括安置房、基础设施及公共服务配套、生产生活配套、产业配套、安置点提升工程等。

三 逐户落实抓搬迁入住

将搬迁入住责任压实到村"尖刀班"，督促查找易迁户未入住的原因，研究解决办法，加强安置点人性化配套和管理，确保所有易迁对象实现全入住，真正实现放心搬迁、安心入住、舒心生活。进一步加强各类规划对接，解决易迁户实际生活困难。将"十四五"期间乡村振兴与易地扶贫搬迁有机结合，统一规划设计。因家庭成员自然增长面临住房不够的易迁户，其房屋可申请加建，既确保解决易迁户实际问题，又保证整体规划可控。此外，集中安置点后期的生产用水，可合理储藏利用天然降水等资源，尽量降低易迁户生产生活成本。

四 多措并举抓拆旧复垦

拆旧是倒逼易迁户入住的重要抓手之一，也是土地复垦指标交易增加财政收入的基础，统筹协调自然资源部门、乡镇人民政府对照标准、

---

① 巴东县发展和改革局：《全县易地搬迁集中安置点后续管理工作情况报告——2020 年 7 月 28 日在县十八届人大常委会第 27 次会议上》。

摸清底细、逐户研究、制定措施、快速拆旧复垦。所有易迁户拆旧复垦工作于 2020 年任务清零。充分利用好增减挂钩指标的"政策窗口期",增加增减挂钩结余指标交易。①

五　立足长远抓产业配套

将工作重心转移到产业配套上来,围绕全县主导产业,因地制宜、科学谋划、长短结合、关联小型企业,实现安置点产业配套全覆盖,落实有劳动力的易迁户有 1 人实现稳定就业的要求。积极协调人社部门大力开展劳动就业培训,组织易迁户外出务工,积极开发公益性岗位,优先选聘易迁户就业。进一步加强配套设施建设,确保易迁户搬得开心、住得舒心。一是进一步补齐各类基础设施短板,重点加强多层多户安置点殡葬服务配套建设、实施人工湿地建设项目,解决安置点排污问题。二是进一步加强集中安置点文化配套设施建设,将试点建设成功经验逐步推广普及。三是进一步鼓足脱贫增收后劲,加大企业支持力度,培育龙头企业,增加企业带贫效益;加强易迁户技能培训,提升易迁户就业素质,全面促进易迁户就业增收。四是逐步开通或延伸公交线路、确保每个规模安置点通客车,确保易迁户出行方便。

六　探索创新抓后续管理

在易地扶贫搬迁工作中,安置点硬件基础设施建设和经济收入的提升相对容易,但易迁群众间的信任、精神面貌、交际心理、价值观、思维方式上的转变则需要一个长期的过程。巴东县将研究制定安置点后续管理办法,对易地扶贫搬迁工作安置点后期管理、扶贫政策落实、易迁户户口迁移等工作进一步明确相关措施。实现安置点后续管理全覆盖,10 户以上的安置点要做到有制度可依、有专人负责,积极引导易迁群众养成良好的生活习惯,形成良好的社会风气,不断增强易迁群众的获得

① 《巴东县 2020 年易地扶贫搬迁工作实施方案》(巴扶指办发〔2020〕11 号)。

感、幸福感、安全感。①

七　完备规范抓档案管理

按照《县易迁办关于进一步完善易地扶贫搬迁档案资料的紧急通知》要求，对照目录，规范、完善易地扶贫搬迁项目工程档案、一户一档资料。

八　精准高效抓审计结算和资金拨付

加快易地扶贫搬迁项目审计结算工作，尽早核算出结余资金，县城投公司按照审计结算资金，加速资金拨付，尽早将结余资金用于后续产业发展扶持，保证资金使用绩效。按照保基本的原则，全面梳理、据实测算。后续管理人员及经费需求纳入年度预算，确保集中安置点后续管理有稳定的管理人员、有基本的经费保障。充分发挥投入资金应有的效益。紧紧围绕项目绩效目标，对已完工但未完成招商引资的项目，迅速招商引资，支持引进企业迅速投产；已完成企业引进的项目，要加强企业监管，坚决杜绝企业套取资金的现象发生，确保投入资金充分发挥带贫效益。②

九　全面彻底抓问题整改

对照各级巡视、考核、评估、审计等反馈的问题清单，全面认账，彻底抓好问题整改，并以点带面，举一反三，建立问题排查台账、整改台账，明确整改责任人、完成时限，实行销号管理，要对整改报告、佐证资料进行专档管理，实现 2020 年所有问题整改清零的目标。③

---

① 巴东县易迁办公室：《立足搬迁群众 下足绣花功夫用心用情书写巴东易迁篇章——巴东县易地扶贫搬迁工作总结》。
② 巴东县发展和改革局：《全县易地搬迁集中安置点后续管理工作情况报告——2020 年 7 月 28 日在县十八届人大常委会第 27 次会议上》。
③ 《巴东县 2020 年易地扶贫搬迁工作实施方案》（巴扶指办发〔2020〕11 号）。

十　耐心细致抓信访处置

随着易地扶贫搬迁工作的逐步深入，信访问题不断出现，面对信访问题，各乡镇按照属地管理原则，仔细了解群众诉求，带着感情做好群众工作，并依法依规尽快解决，不搞矛盾上交，并及时做好反馈。同时做好信访排查工作，做到情况早发现、工作早介入、问题早解决，让信访问题消除在萌芽状态，不出乡镇，绝不能出现群体性上访事件。

十一　严字当头抓作风治理

按照省易迁办和各级纪委监委要求，县易迁办对发现的问题线索及时移交上报。加强易迁干部队伍腐败和作风教育管理，管好资金和项目，确保干部干净、作风扎实。同时要借用纪委监委力量对工作进度慢、作风不实的乡镇开展工作约谈、执纪问责。

十二　保障搬迁群众合法权益

按照中央、省、州各级政府部门的相关要求，进一步夯实易迁后续发展基础，重点围绕易迁群众合法权益，做好户籍迁移、不动产登记等事关易迁群众切身利益的各项工作，进一步加快工作步伐，保障易迁群众合法权益。[①]

十三　全面完善后续管理，确保易迁群众能安居乐业

易迁群众的后续管理事关社会稳定，要在搬迁的同时全面完善安置点的后续管理工作，针对目前易地扶贫搬迁安置后续管理存在的薄弱环节，成立县易地扶贫搬迁安置后续管理领导小组，具体负责全县易地扶贫搬迁安置后续管理的研究、协调、督促和考核工作，对因重视不够、措施不具体、推进工作不力，造成全县易地扶贫搬迁安置和后续管理工

---

① 《巴东县 2020 年易地扶贫搬迁工作实施方案》（巴扶指办发〔2020〕11 号）。

作受影响的，将予以全县督查通报、主要领导诚勉谈话等严肃处理，使
督查问效形成常态化、长效化，倾力打造宜居、和谐的人居环境，确保
易迁群众安居乐业。①

十四　进一步加强易迁户教育引导，实现易迁户生活方式华丽蜕变

加强社区网格化管理，分类、因户、因人施策，宣传各项方针政策，
开展感恩教育、普法教育等系列活动，用新思想武装易迁群众头脑，尽
快实现易迁户生活方式的华丽蜕变。

在"两个一百年"奋斗目标的历史交汇期，在向着第二个百年奋斗
目标迈进的重大历史关头，巴东县将按照湖北省政府"两个全面、四个
清零、三个三"的要求，坚持"思想不松、标准不降、力度不减"，进一
步提高政治站位，压实工作责任，克难攻坚，决战决胜，紧盯建设任务、
搬迁入住、拆旧复垦、社区管理、帮扶到户、问题整改"六个清零"的
目标，围绕"搬迁是手段，脱贫是目的"的要求，真正实现易地扶贫搬
迁对象"搬得出、稳得住、能脱贫、可致富"，让搬迁群众舒心搬迁、安
心入住、暖心生活、放心发展。

参考文献：

[1] 习近平：《在全国脱贫攻坚总结表彰大会上的讲话》，2021 年 2 月 25 日。

[2] 中共中央、国务院：《关于做好 2022 年全面推进乡村振兴重点工作的意见》，
2022 年 1 月 4 日。

[3] 《习近平谈治国理政》（1~4 卷），外文出版社，2018~2022。

[4] 《"十三五"易地扶贫搬迁建设任务基本完成》，《人民日报》2020 年 3 月 7 日。

[5] 中华人民共和国发展和改革委员会：《中国的易地扶贫搬迁政策》，2018 年 3 月

---

① 巴东县发展和改革局：《全县易地搬迁集中安置点后续管理工作情况报告——2020 年 7 月 28
日在县十八届人大常委会第 27 次会议上》。

30 日。

[6] 中华人民共和国发展和改革委员会：《全国"十三五"易地扶贫搬迁规划》，2016 年。

[7] 中华人民共和国国务院新闻办公室：《中国的减贫行动与人权进步》，人民出版社，2016。

[8] 许汉泽：《"后扶贫时代"易地扶贫搬迁的实践困境及政策优化——以秦巴山区 Y 镇扶贫搬迁安置社区为例》，《华东理工大学学报》（社会科学版）2021 年第 2 期。

[9] 刘升：《城镇集中安置型易地扶贫搬迁社区的社会稳定风险分析》，《华中农业大学学报》（社会科学版）2020 年第 6 期。

[10] 王春光：《中国社会发展中的社会文化主体性——以 40 年农村发展和减贫为例》，《中国社会科学》2019 年第 11 期。

[11] 孟梦、马克林：《"元治理"视角下易地扶贫搬迁安置社区治理的现状和路径：一个实地研究》，《重庆文理学院学报》（社会科学版）2019 年第 6 期。

[12] 马流辉、莫艳清：《扶贫移民的城镇化安置及其后续发展路径选择——基于城乡联动的分析视角》，《福建论坛》（人文社会科学版）2019 年第 3 期。

[13] 曾小溪、汪三贵：《打赢易地扶贫搬迁脱贫攻坚战的若干思考》，《西北师大学报》（社会科学版）2019 年第 1 期。

[14] 吴新叶、牛晨光：《易地扶贫搬迁安置社区的紧张与化解》，《华南农业大学学报》（社会科学版）2018 年第 2 期。

[15] 董蕊茜：《扶贫移民的社会适应困境及其化解——基于社会记忆理论视角》，《湖南农业大学学报》（社会科学版）2018 年第 2 期。

[16] 曾小溪、汪三贵：《易地扶贫搬迁情况分析与思考》，《河海大学学报》（哲学社会科学版）2017 年第 2 期。

[17] 彭玮：《当前易地扶贫搬迁工作存在的问题及对策建议——基于湖北省的调研分析》，《农村经济》2017 年第 3 期。

[18] 陈坚：《易地扶贫搬迁政策执行困境及对策——基于政策执行过程视角》，《探索》2017 年第 4 期。

[19] 王宏新、付甜、张文杰：《中国易地扶贫搬迁政策的演进特征——基于政策文本量化分析》，《国家行政学院学报》2017 年第 3 期。

[20] 张世勇：《规划性社会变迁、执行压力与扶贫风险：易地扶贫搬迁政策评析》，《云南行政学院学报》2017 年第 3 期。

第七章　易迁安置农民土地权益保护研究

骆东平

摘　要：近年来，中央一号文件均要求各地巩固拓展脱贫攻坚成果同乡村振兴有效衔接，加强易迁安置农民土地权益保护。当前，易迁安置农民土地权益保护主要面临成员权和财产权益两方面的问题。成员权维度上，面临迁入地集体经济组织成员主体范围被动扩张、跨村安置农民易出现管理"无对象"或"手段不足"的问题、进城安置间接突破一户一宅原则等困境。财产权益维度上，面临易迁安置农民在迁出地的房屋继承权实现、易迁安置农民依附于成员权的股权"入"与"退"等问题。应采取区分农村村民自治组织与集体经济组织、类型化厘定"退权"与"退社"的关系、通过"AB股"细化有偿退出政策以及发挥登记在易迁安置中的确权作用等措施予以应对。

关键词：易迁安置　农民土地　权益保护

当前，巩固包括易地扶贫搬迁在内的一系列脱贫攻坚成果，推动乡村振兴与脱贫攻坚政策体系有效衔接、确保平稳过渡是关键。2021 年中央一号文件专门提出设立从脱贫之日起算的 5 年衔接过渡期，以期解决脱贫攻坚中的部分遗留问题，为全面实现乡村振兴夯实基础。2022 年中央一号文件再次明确了制定和落实易迁安置农民合法权益保障措施、推动脱贫地区帮扶政策落地见效的工作要求。为此，做好易迁安置农民土地权益保护工作是贯彻落实前述文件精神的内在要求，也是进一步推动乡村治理现代化、助力乡村振兴的重要方面。

第一节　易迁安置农民土地权益保护面临的现实困境

根据《新时期易地扶贫搬迁工作百问百答》（发改振兴〔2019〕1068号）的规定，农民凭搬迁对象资格确认文件、身份证明件和搬迁安置协议等材料办理安置住房不动产权证。易迁土地权利登记应根据安置住房土地性质、取得方式和安置方式，分类办理安置住房不动产登记。使用国有土地建设的安置住房，按照国有建设用地使用权及房屋所有权办理登记；使用集体土地建设的安置住房，根据用地批准文件，办理宅基地使用权及房屋所有权登记或集体建设用地使用权及建（构）筑物所有权登记。其中，国有建设用地分为国有划拨土地和国有出让土地，根据不同的类型，在不动产登记机构转移登记时，注明其来源。使用集体土地建设安置住房，土地所有权归安置住所房用地所在村、组或乡镇农民集体所有，土地使用权、房屋所有权归建档立卡易迁户所有。此种登记规定的细化映射了"三权分置"的制度。此外，各地应在不动产登记簿和不动产权证书附记栏注明"易地扶贫搬迁保障性住房"。对回购商品房或公租房、共有产权房、合户安置房、个人无产权住房等特殊类型安置住房，由于涉及的人员较为特殊，覆盖范围较小，则具体问题具体处理。

课题组通过对武陵山地区的调研，以及对我国其他地方有关资料查询后得知，易地扶贫搬迁安置农民（以下简称"易迁农民"）的宅基地、承包地与集体经济组织成员权、财产权等土地权益衔接的深层次问题尚未得到有效解决。一方面，易迁农民在迁出地自愿有偿退出集体经济组织缺乏相关细化的法律标准，易迁农民子女等依法继承房屋与缺乏宅基地权利间存在矛盾。另一方面，迁入地相关集体经济组织对易迁农民及其新添人口的集体经济组织成员资格如何认定存在分歧，对大量住在此村而生产资料在彼村的易迁农民如何进行有效管理和服务常常感到棘手。

一 迁入地集体经济组织成员权面临挑战

（一）迁入地集体经济组织成员主体范围被动扩张

易地扶贫搬迁有原地安置、村内安置、镇内安置、县内安置等多种方式，后两种方式属于跨村安置，其涉及主体资格变动和土地承包经营权变动的问题。一方面，在易迁安置中出现外来成员取得宅基地的情况。在跨村安置中，不动产登记时土地权利种类为宅基地使用权，宅基地使用权实际享有主体已超出土地所属农村集体经济组织的成员范围，"被安置的移民并不取得迁入村集体经济组织成员资格，但对分配取得的宅基地享有与本村农户同等的权利，地方政府为其确权发证。"[1] 此种情况便会造成成员权在范围形式上不变，实际上基于宅基地的确权发证造成主体范围的被动扩张。我国法律对集体经济组织成员资格的规定尚付阙如，在地方社会管理和司法实践中标准各异，这直接影响易地扶贫搬迁中土地承包权、宅基地使用权主体的确定。有学者认为农户是土地承包经营权的主体[2]，有的学者认为集体经济组织成员是土地承包经营权的主体[3]，还有学者综合了农户和成员的观点，认为农户也是由集体组织经济成员组成的，二者互为表里。在家庭承包土地和土地承包经营权行使时必须考虑成员的资格认定问题，[4] 实务界则更多倾向于以农户为主体。[5] 易迁

---

[1] 宋志红：《农村土地改革调查》，经济科学出版社，2016，第 28 页。

[2] 崔建远：《物权：规范与学说——以中国物权法的解释论为中心》（下册），清华大学出版社，2011，第 507 页。

[3] 朱广新：《论土地承包经营权的主体、期限和继承》，《吉林大学社会科学学报》2014 年第 4 期。

[4] 耿卓：《集体土地征收中土地承包经营权主体的确定》，《民法判例百选》，法律出版社，2020，第 192 页。

[5] 《二轮土地承包期内，农户家庭成员中有考入国家公务员或"农转非"的，发包方能否收回其承包地》，载最高人民法院民事审判第一庭编《民事审判指导与参考》（总第 66 辑），人民法院出版社，2016，第 259 页。

安置主要以户为单位进行搬迁，单个成员搬迁为辅，如何对搬迁而来的外来人口进行集体经济组织成员资格的认定进一步反映了对法律制度完善的需求，更为重要的是，"农户说""成员说""兼有说"都强调集体经济组织成员资格确认在前，取得相应的土地权利在后，宅基地的取得要以集体经济组织成员的资格认定为前提。在跨村安置实践中，此种逻辑顺序恰恰颠倒了，造成成员主体范围的被动扩张。

另一方面，集体成员所享有的土地承包经营权在其资格变动时是否随之变动。在集体成员从农村搬迁到城镇的过程中，这一问题更加突出。《农村土地承包法》第26条规定，在承包方承包期内承包地不得收回的基础上，对承包方承包期内迁入小城镇落户和设区的市并转为非农业户口的两种情形，分别按照尊重承包方的意愿保留或依法流转、承包方交回或发包方收回的方法来区别处理。2019年修订后的《农村土地承包法》第27条对此进行了修改，不再区分小城镇和设区的市，明确"退出土地承包经营权"不得作为农户进城落户的条件，按照自愿有偿退出原则，在本集体经济组织内转让土地承包经营权、交回承包地或者流转土地经营权。这一变化得益于农村土地承包经营权"三权分置"制度的落实，更体现了国家让农民安心进城、发挥土地承包经营权社会保障功能的态度。

然而，易地扶贫搬迁是否依然适用此种制度有待斟酌。首先，易地扶贫搬迁本身就是一项社会福利政策，也是一项利民工程，有相关针对性的政策和措施来为易迁农民提供后续的基本生活保障。[①] 如果此时坚持土地承包经营权发挥社会保障功能，与村中农民、城中市民相比，易迁农民因同时享有村中农民之集体成员权益和城中市民之社会保险的双重福利，而获得"永久的'超市民待遇'"[②]，在"增人不增地""增人不增

---

① 《中共中央　国务院关于实现巩固拓展脱贫攻坚成果同乡村振兴有效衔接的意见》（2020年12月16日）。

② 金励：《城乡一体化背景下进城落户农民土地权益保障研究》，《农业经济问题》2017年第11期。

股"的政策背景下①，加剧了农村新增集体成员享受集体土地权益不均导致不公平的问题。② 此外，倘若认定农户为集体经济组织成员，当易迁户通过易迁进城落户后，新添人口是否依然可以纳入集体经济组织成员，其后代是否"因出生自动取得集体成员身份资格"③，进而凭借集体成员身份取得集体土地"三权"④？这些问题都涉及续包权、继受权等成员权，如果答案是肯定的，那么势必会造成主体范围的被动扩张。

（二）跨村安置农民易出现管理"无对象"或"手段不足"的问题

跨村安置农民在安置地取得宅基地的途径主要有三种：一是在流转环节通过跨集体经济组织，农户之间的自愿转让行为实现；二是通过对安置地农村集体经济组织的利益进行补偿，跨集体经济组织的宅基地分配得以实现；三是"宅基地换房"将一定区域范围内多个村庄的农民集中到在中心村镇建设的农民公寓居住，农民公寓用地性质仍为宅基地。⑤途径一是当前政策所鼓励的。途径二面临如何对农村集体经济组织进行利益补偿的难题，包括资金来源、补偿标准、程序、监督等一系列问题。在易迁安置中，这三种方式都被采用，基本上宅基地的取得以途径三为主，途径一、途径二为补充。在跨村安置中，非本村集体经济组织成员取得宅基地的途径是市场经济在农村发展到一定程度的产物，但依据现有的法律规定，迁出村民的土地承包经营权仍然保留在原村，易迁农民并不当然被接纳为迁入地集体经济组织的成员，但当对其管理时，则会出现原村欲基于成员权和土地承包经营权，对已经迁入他村的原住农民进行管理但"无对象"的难题，而易迁安置点对易迁农民进行管理时又存在制约"手段不足"的难题。

---

① 刘守英：《中国土地问题调查：土地权利的底层视角》，北京大学出版社，2018；刘守英：《土地制度与中国发展》，中国人民大学出版社，2017；耿卓：《土地法制科学》，法律出版社，2017。

② 高海：《论农民进城落户后集体土地"三权"退出》，《中国法学》2020 年第 2 期。

③ 韩松：《农民集体所有权主体的明确性探析》，《政法论坛》2011 年第 1 期。

④ 这里的"三权"指与主体资格密切相关的土地承包权、宅基地使用权、土地经营权。

⑤ 宋志红：《乡村振兴背景下的宅基地权利制度重构》，《法学研究》2019 年第 3 期。

管理之"难"还体现在两个方面：一是"数量大"。"十三五"时期，在易地扶贫搬迁工程中，近1000万人口迁离贫瘠旧壤，其中近800万人口依托城镇社区被集中安置。二是"问题杂"。[①] 通过对易迁安置点的基层干部、易迁农民、原有居民的调查和采访，课题组归纳总结了管理中存在的5个方面主要问题，分别是家禽安置、养殖业搬迁、生活习惯、亲友交往、邻里纠纷。例如，武陵山地区A县的《全县易地搬迁集中安置点后续管理工作情况报告》指出，跨村、跨乡镇安置的易迁户户籍管理、综治信访、换届选举等管理难度大，容易出现"两不管"情形，不利于保障易迁村民的合法权益。

（三）进城安置间接突破一户一宅原则

2019年修改并于2020年1月1日施行的《土地管理法》规定，进城落户的村民可依法自愿有偿退出宅基地，鼓励盘活闲置宅基地和闲置住宅。"依法、自愿、有偿"的表达，充分体现了国家通过宅基地使用权实现农村福利和社会保障的立场。实践中，一些地方利用专项扶贫资金鼓励易迁农民进城，并保留其成员资格。这一做法总体上有其合理性，但忽略了易地扶贫搬迁的特殊性，该做法会间接突破一户一宅原则。易迁中的"进城落户"在一定程度上解决了困难群众无所居或居住条件差的问题，本质上是一项社会福利政策，与法律规定的"主动进城落户的农村村民"的背景条件和进城目的存在巨大差异。易地扶贫搬迁下的进城落户是以农村的宅基地换城市的房，自主进城落户是个人通过财富积累，在已有农村住宅的基础上再拥有城市的住房。通过易迁方式进城落户的农民，表面上的确处于弱势，似乎更需要以农村的土地权益进行保障，应该可以选择"依法、自愿、有偿"退出宅基地，但倘若不选择退出，易迁农民是否仍然具有再次申请宅基地使用权的资格？如果仍然具有再次申请宅基地使用权的资格，便存在间接突破一户一宅原则的问题。此

---

① 《国家发展改革委出台全国"十三五"易地扶贫搬迁规划》，人民网，http://rmfp.people.com.cn/n1/2016/0922/c406725-28734239.html。

外，如果自愿退出缺乏期限标准，可能造成宅基地长期闲置，阻碍农业规模化发展。[①] 如果不在法律框架内进行"收尾"工作，这将会给基层治理埋下隐患，存在权利滥用的风险。

二 易迁农民土地财产权益的实现存在障碍

（一）易迁农民在迁出地的房屋之继承权实现问题

易迁农民因失去原村民资格而失去原村的宅基地使用权获得资格，其在原村拥有的房屋因此没有宅基地使用权，这就会出现易迁农民的子女等如何享有房屋的继承权问题，这是典型的"旧题新问"。

"旧题"指宅基地的继承问题。《民法典》第363条规定，宅基地使用权的取得、行使和转让，适用土地管理的法律和国家有关规定。理论上，王利明认为农村集体经济组织成员一旦丧失其成员身份，基于成员身份取得的宅基地使用权将因失去权利基础而被农村集体经济组织收回，且宅基地通常以户为单位而不能以个人名义申请。[②] 高飞认为宅基地使用权在内容上的福利性、权利主体的身份性、取得的无偿性和流转的禁止性等特性，导致宅基地使用权不能被继承。[③] 浙江省宁波市中级人民法院在陈某1、陈某2继承纠纷二审民事判决书中认定："集体土地使用权只有本集体经济组织成员才能享有，当事人之间的针对集体土地使用权进行分割的协议无效。"[④] 该判决强调宅基地使用权的人身依附性和社会福利性。总之，基于成员资格的考虑，宅基地使用权是不能作为财产权利进行继承的。

"新问"指宅基地使用权不能被继承，但在"房地一体"模式下，房屋能否被继承？可从两个维度分析这个问题：第一，基于房屋所有权

---

① 金励：《城乡一体化背景下进城落户农民土地权益保障研究》，《农业经济问题》2017年第11期。

② 王利明：《物权法研究》（下卷），中国人民大学出版社，2018，第186～187页。

③ 高飞：《宅基地使用权继承问题》，《民法判例百选》，法律出版社，2020，第198页。

④ （2016）浙02民终3633号民事判决书。

如何获得宅基地使用权，有学者提出法定租赁权制度，即"权利主体在特定条件下因继承权、抵押权实现或买卖等方式获得宅基地上房屋及建筑物，其无法获得宅基地使用权时，依照法律规定享有一定期限内有偿使用宅基地的权利"。[①] 有的学者提出次级用益物权设定的想法，即宅基地使用权人可以通过为第三人设立次级用益物权。[②] 有的学者提出"社会主体宅基地经营权"，认为宅基地三权分置的权利结构为农民集体土地所有权、农村宅基地使用权、社会主体宅基地经营权。[③] 有的学者提出"退出—出让"模式，即"借鉴国有划拨土地流转方式的基础上，由宅基地使用权人自愿将宅基地在一定期限内退回给集体，并由集体将建设用地使用权出让给受让人"。[④] 以上方案都具有一定的合理性，但不足的地方是目前宅基地三权分置的探索还停留在部分地区试点的阶段，这些方案可操作性不强。第二，在缺乏宅基地使用权的前提下，易迁农民房屋所有权的归属问题。这也是易地扶贫搬迁中亟须解决的问题，实践中最常见的两种做法是将房屋就地拆毁和征收为景点用房。采取就地拆毁的方式将可能面临房屋补偿及由谁来支付的问题，采取征收为景点用房的方式牵扯的利益纠纷可能更多。实践中涉及征收补偿的纠纷众多，是征收方直接给予补偿，还是有宅基地使用权的成员分得补偿后再次就房屋进行利益分配？种种问题都有待厘清和解决。

（二）易迁农民依附于成员权的股权加入与退出问题

在跨村安置中，搬迁的农民在迁入地是否可以获得股份，迁出地的股份权益如何退出或保留成为关系易迁农民切身财产利益的重要议题。根据《农村土地经营权流转管理办法》第 14 条第 2 款规定："入股，是

① 陈小君：《宅基地使用权的制度困局与破解之维》，《法学研究》2019 年第 3 期；刘凯湘：《法定租赁权对农村宅基地制度改革的意义与构想》，《法学论坛》2010 年第 1 期。
② 席志国：《民法典编纂视域中宅基地"三权分置"探究》，《行政管理改革》2018 年第 4 期；刘国栋：《农村宅基地"三权分置"政策的立法表达——以"民法典物权编"的编纂为中心》，《西南政法大学学报》2019 年第 2 期。
③ 宋志红：《乡村振兴背景下的宅基地权利制度重构》，《法学研究》2019 年第 3 期。
④ 李凤章：《宅基地使用权流转应采用"退出—出让"模式》，《政治与法律》2020 年第 9 期。

指承包方将部分或者全部土地经营权作价出资，成为公司、合作经济组织等股东或者成员，并用于农业生产经营。某安置点将土地整治等涉农资金与产业扶贫发展资金统筹，探索股份合作模式，让易迁户以土地、资产等入股，参与家庭农场、合作组织、种养大户的产业开发经营，通过收益分红和就近务工获得收入，稳定脱贫。入股是流转土地经营权的方式之一。"《农村土地承包法》第 36 条规定："承包方可以自主决定依法采取出租（转包）、入股或者其他方式向他人流转土地经营权，并向发包方备案。"尽管法律已明确将入股确定为流转经营权的方式之一。但对于土地权益入股的法律效果，学界一直以来存在"物权流转说"与"债权流转说"的争论，① 该争论是农民土地权益保护的共性问题。就易迁农民而言，其入股的标的是基于成员权产生的土地承包经营权，而学界现应探讨的是当成员权变动时，易迁农民的股权加入时资格认定问题与退出时财产分割问题。

传统民法上的"成员权"专指法人成员所享有的权利，原《物权法》第 59 条第 1 款打破"与法人存在必然联系"的成员权界定，从此《物权法》上的成员权进入我国民事权利族谱。② 成员权来源于《公司法》，进而被物权法吸收并发展为资格权，在农村土地所有权、资格权、经营权组成的"三权分置"制度构造中，资格权是集体经济组织成员权，这种成员权拥有对新增宅基地、承包地申请资格，以及集体资产分配中作为集体经济组织成员的资格福利与经济利益。当易迁农民失去原有成员身份或者拥有了新的成员身份时，土地承包经营权消灭或者变动，这种依附于"成员权"的股权将会面临如何加入与退出的问题。例如，农民退出原住地时面临的财产利益分割问题，是否参照《公司法》的股权概念办理退出手续；农民加入新居住地时面临的参与资格、参股标的、合法程序等问题。

---

① 高海：《土地承包经营权入股合作社法律制度研究》，法律出版社，2014。
② 谢怀栻：《论民事权利体系》，《法学研究》1996 年第 2 期。

第二节　易迁安置农民土地权益保护的完善路径

在系统梳理易迁农民土地权益保护面临的各种问题后，基于现有法律法规和有关规范性文件之规定，结合我国现阶段的实际情况，本节有针对性地提出应对之策，对全面推进乡村振兴和乡村治理体系现代化具有重要意义。

一　区分农村村民自治组织与集体经济组织

区分农村村民自治组织与集体经济组织是实现易迁农民土地权益保护的重要方式之一。从宏观角度来看，农村村民自治组织和集体经济组织的区分，呼应了乡村治理体系现代化构建的现实需要。农村村民自治组织侧重政治功能，集体经济组织侧重经济功能，明晰两种功能的界限，划分承担两种功能的主体，将有益于农村治理的精细化，进一步助推乡村治理现代化，助力乡村振兴。

《村民委员会组织法》确立了村民自我管理的组织形式是村民委员会，并赋予其相应的基本权利。该法第 8 条第 2 款和第 24 条规定，由村民委员会行使集体经济组织的各种权利。然而《民法典》第 261 条规定，农村土地所有权属于农民集体经济组织，由集体经济组织行使各项权利；第 96 条规定，作为特别法人，农村集体经济组织是独立的民事主体。这便出现了与《村民委员会组织法》第 8 条第 2 款和第 24 条不一致的地方。"由村民委员会行使集体经济组织的全部权利，尤其是土地所有权的规定，从其立法的历史背景看有一定的合理性。"[①] 但随着市场经济的发展，农村土地要素越发成为市场经济资源配置中的要素。无论是京沪广的郊区，还是欠发达的农村地区，均出现集体经济组织成员相对稳定化

---

① 孙宪忠：《从〈民法典〉看乡村治理中急需关注的十个法治问题》，《中州学刊》2021 年第 2 期。

和村民自治组织越发动态化的趋势，因此，区分农村村民自治组织与集体经济组织就十分必要。

"农民享有的成员权应与农民所享有的公法上的权利相分离""集体经济组织的成员同时也可能是村民，但是又不完全相同"。① 区分农村村民自治组织和集体经济组织的举措在一定程度上也可以消弭农村散户安置中面临的"成员权"困境——迁入地的原有成员不愿意易迁农民的加入，导致自己所在集体经济组织的既有利益被稀释；在"脱贫不脱政策"的原则下，易迁农民也不希望自己固有的权益丧失。因此，易迁农民搬迁后只是改变了自治组织，既不丧失原有集体经济组织里的利益，也不去"抢占"其他集体经济组织里的财富。此外，区分集体经济组织和村民自治组织，可以让通过土地流转获得土地经营权的外来主体（尤其是有治理才能的居民）积极参与村民自治，更好管理承包地。易迁农民在迁入地只是获得村民自治组织的资格，原集体经济组织成员资格保留，便不会造成主体范围扩张。无论是主体范围的被动扩张问题，还是跨村安置中的管理"无对象"或"手段不足"难题，都可以迎刃而解。需要注意的是，关于农村村民自治组织与农村集体经济组织的关系问题，理论上存在"独立代表主体说"和"所有权主体说"的争论，近年在理论研究和实践探索中一定程度上存在"泛化"农村集体经济组织的现象，② 在此有必要强调农村集体经济组织专指农村集体经济组织本身，而不是其多样化的实现形式。

二 类型化厘定"退权"与"退社"关系

在易迁安置中，无论是进城落户的户口迁移，还是新村安置的社区治理，两者关于与原迁出地的"退出关系"问题，本质都是一个集体经

---

① 王利明：《王利明学术文集》（物权编），北京大学出版社，2020，第 483 页。原载《中国法学》2012 年第 1 期，与周友军合著，原标题为《论我国农村土地权利制度的完善——以成员权为视角》。

② 宋志红：《论农民集体与农村集体经济组织的关系》，《中国法学》2021 年第 3 期。

济组织内部"退权"与"退社"关系的厘定问题。在农村"三权分置"的背景下,"退权"主要指放弃各类土地权益,"退社"主要是指退出集体经济组织。其中,牵涉的易迁农民权益变动与易迁农民面临的财产权益实现障碍关系密切。

"退权"与"退社"关系问题的根源是我国的户籍制度。在我国,户籍管理是确定公民身份的基本依据。[①] 户籍的变化关乎医疗卫生、社会保障、子女教育等一系列问题。因此,易迁农民是否迁移户口直接关系到易迁农民的切身利益。现有政策以"尊重群众意愿、积极稳妥"为原则,在保持易迁农民土地(林地)承包经营权、集体收益分配权和其他惠农益贫政策权益不变的前提下,积极引导易迁农民将户籍迁至迁入地,并以"办理居住证"的方式,管理暂未迁移户籍的农民。可见,在易地扶贫搬迁中,户籍与易迁农民在成员权和财产权获得上是捆绑在一起的。如根据武陵山地区 A 县的报告,该县"十三五"易地扶贫搬迁共投资24.6 亿元安置 12964 户 43197 人。建设集中安置点 265 个,集中安置9693 户 31259 人,集中安置率为 72%(按人计算);分散安置 3271 户11938 人(分散建房安置 2160 户 7608 人,进城进镇购房 964 户 4055 人,购闲置房安置 60 户 172 人,投亲靠友安置 87 户 103 人)。集中易迁农民户口仍属农村户口。在分散安置中,分散建房安置户口在农村,进城安置则涉及农村和城镇户口的转移,投亲靠友、购闲置房安置需根据具体情况判断户口的变动情况。通过数据可以看出,进城安置的比例较小,但权益变动最大。因此,鉴于现有政策和安置方式,应以户籍为依据,区分一般情形和特殊情形,厘清"退权"与"退社"的关系。在进城安置中"退社"等于"退权",是一种永久性退出,此为特殊情形;在新村安置和散户搬迁中"退社"不等于"退权",是一种阶段性退出,此为一般情形。

---

① 王瑞雪:《关于成员权及其退出问题的探讨》,《调研世界》2006 年第 10 期。转引自王利明《王利明学术文集》(物权编),北京大学出版社,2020,第 494 页。

关于永久性退出，"退权"等同于"退社"这一特殊情形。"特殊情形"是指在城镇集中安置方式下，村民变为市民后，其户籍发生重大改变，进城落户农民的权利可以通过"成员权置换市民权"得到保障。此时，无论是从其经济收入来源还是其享有的社会保障来看，完全有理由让其退出集体经济组织的同时不再拥有各种土地权利，如宅基地使用权、宅基地上的房屋所有权、土地承包经营权等一系列与土地相关的权利都应该随"成员权"一并退出。在城镇集中安置方式中，其房屋一般是以国有划拨土地或国有出让土地为基础建设的，其房屋的潜在价值与在集体建设用地上建设的房屋的未来市场价值预期存在较大差距，此时如果还让其保留在集体经济组织中的土地权益，可能会诱发"过度福利"的风险，导致政策的过度干预进而破坏公平。当然，这种"退权"等同于"退社"的情形，也需要确立相应的"有偿退出"标准和程序。

关于阶段性退出，"退权"不等于"退社"这种一般情形。新村安置和散户安置作为"一般情况"的代表，易迁农民在户籍上仍属于农村户籍。现有政策是"在集中安置点实行社区治理"，对农村散户搬迁这种搬迁方式暂未给出明确规定。在新村安置中，易迁农民没退出原有集体经济组织，只是阶段性退出相应的土地权利，真正离开的是原村民自治组织。尽管这也涉及集体经济组织的成员变动，但此类土地权益的变动仍然在农村所属的范畴中。例如，A、B、C是三个互相独立的行政村，易迁安置后，在集中安置点组成一个安置点 D，实行社区管理，但 A、B、C 村的易迁农民仍属于各自的集体经济组织。倘若 A 村进行资源整合发展旅游业，那么 A 村易迁村民仍然可以凭借 A 村集体经济组织成员的身份享受相关权益。与此同时，如果安置点 D 发展"产业扶贫"项目，A 村易迁农民依然可以凭借 D 社区居民的身份参与。由此，借助"区分集体经济组织与农村村民自治组织"的措施，易迁农民可以享受两种组织身份带来的收益。通过不"退社"又不"退权"的方式最大限度地发挥土地的社会保障功能，让农民土地权益得到更好维护。

关于引入"成员资格阻却制度"。在农村集体经济组织针对新增人口的成员资格认定中,"农户说"存在导致主体范围被动扩张的问题。有学者认为以户为单位按照婚姻和继承制度可以解决新增人口的问题。也有学者提出了一种"成员资格阻却制度"。户内新增未成年人之集体成员资格,应该经本集体成员民主议定后,确定其能否取得。该制度有助于缩短进城落户农民户内集体成员的身份链,进而解决农民进城落户后集体土地"三权"的退出问题。有关政策规定,易地扶贫搬迁人均住宅面积不超过25平方米,但是易迁对象家庭成员自然增减现象时有发生,尤其是适龄婚嫁生育的易迁户,搬迁后1~2年家庭人口数量增加,导致计划相应易迁户数中的实际人数与原设计面积不一致。在实践中,有的易迁农民便会以住房不够用的实际困难,申请增加面积或重新分配安置房。从易地扶贫搬迁的实践来看,通过婚姻继承制度处理新增人口的做法更倾向于解决农村固定农民新增人口的问题,而不适用易迁安置中的"新增人口"问题,一旦新增人口认定为集体经济组织成员,便不能满足每人25平方米的安置标准,也会引发易迁农民通过生育来增加住房安置面积的问题。相较之下,以"新增人口阻却制度"处理"新增人口"的"退权"与"退社"关系的思路更值得借鉴,以解决农民进城落户后集体土地"三权"的退出问题。

三 "有偿退出"政策的明确与细化

城镇集中安置"退权又退社"需要相应的"有偿退出"政策跟进,以防止农民陷入在身份上脱农却不脱贫的困境。在"有偿退出"政策中最核心的要素是如何确立"有偿"的标准以及厘清"退出"后的法律关系。

（一）制定"AB股"分配式"有偿退出"标准

理论界一直呼吁对"有偿退出"给予一个明确的标准。有的学者从制度上主张健全"（最先）优先受让权＋股权补偿"的双重激励机制[1],

---

[1] 高海:《论农民进城落户后集体土地"三权"退出》,《中国法学》2020年第2期。

这种引导宅基地使用权和土地承包经营权入股的做法，其实质是将退出的货币补偿更新为股权补偿。有学者探讨可操作的计算公式。"具有代表性的主要补偿公式为：承包期剩余年限×年平均流转收益×面积；承包期剩余年限×（年平均流转收益＋惠农补贴）×面积；固定年限（如10年）×（年平均流转收益＋惠农补贴）×面积等。"① 这些补偿公式面对各地不一的土地政策，灵活性和可操作性不强，更难将相关要素全部囊括其中，进而使农民的权益得不到充分保护。比较之下，制度激励更为妥当，但存在不够细化和缺乏全面考虑的问题。

在"股权补偿"的框架下，建议采取以"AB股"的细化方式制定"有偿退出"标准。股权化方案顺应了市场经济条件下公司运作方式的发展趋势，如国有企业公司化改制、机关法人和特殊法人的设置都是借鉴公司化运作方式的成果。在区别集体经济组织与农村村民自治组织的思路下，"有偿退出"引进"AB股"的方案可解决当前困扰农村土地发展的桎梏和农民土地权益保护面临的困境。"AB股"方案是指，在集体经济组织中基于成员权，让不同的成员持有不同类型的股份。持有A股者是没有脱离集体经济组织的成员，他们既是集体经济组织成员也是村民自治组织的成员，具有"成员"的身份和地位，享有相关的土地权益。持有B股者既可以是那些响应"有偿退出"政策进城落户的农民，也可以是易地扶贫搬迁中跨村安置的迁入者，B股持有者没有成员权，因为他们退出了相关土地权益，但是可以分享集体经济组织的收益。如果把一个集体经济组织比作一个公司，那么A类持股者就相当于管理层，有决策权并享受更多的土地权益和股份收益。而B类持股者就相当于购买了这个集体经济组织股份的股民，只享有以"有偿退出"为代价的分红权。此种"AB股"方案源自《公司法》中公司创始人在投融资过程中防止自己的决策权因资本介入而被稀释从而失去公司的控制权。运用到农村土地发展中

---

① 金励：《城乡一体化背景下进城落户农民土地权益保障研究》，《农业经济问题》2017年第11期。

的"有偿退出"政策，不仅能解决集体土地"三权"退出补偿不足、补偿资金匮乏等问题，也能凸显集体经济组织成员的成员权地位，消除进城落户的农民在当前乡村振兴背景下国家政策向农村地区倾斜、农村发展前景看好、自己退出后出现利益受损顾虑，以此更好地推动"有偿退出"政策的实施，推进农村土地规模化、现代化和城镇化发展。

（二）借助"比例原则"修正股权量化的机械性

"比例原则"源自德国公法，经德国学者阿列克西的发展形成系统的比例原则理论。其具体内容包括"目的正当"、"手段合目的"、"私权损害最少"以及"政策收益大于政策成本"。学界将其总结为"正当性""适当性""必要性""狭义比例性（平衡性）"四个子原则。近年来，法学界主张将比例原则的适用扩展到私法领域以维护或者节制私法自治。[①]"AB 股"机制的建构可以顺应该趋势，借鉴其"双向调整"的功能修正机械化股权量化方式。摒弃依赖计算公式的机械计算方式，在比例原则的指导下，根据不同农户的实际情况，以公平公正将土地权益置换为股权为目的，围绕该目的采用科学的手段量化股权，最大限度保障"有偿退出"农民的权益，产生最佳的政策效果。比例原则通过四个子原则的合理搭配发挥其"双向调整"功能。一方面当易迁农民认为股权评估低于市场预期时，可以通过"适当性"审视其评估手段是否科学，进而判断是否达到"必要性"要求的"私权损害最少"。另一方面当集体经济组织认为股权置换成本过高时，可以通过"正当性"检查"有偿退出"非获利的社会保障目的，进而满足"政策收益大于政策成本"的要求。需要注意的是，"适当性"原则应结合易地扶贫搬迁实际情况进一步细化和明确。在"激励有偿退出"和"保障基本生活"作为高低防线的框架下进行评估，给定一个上下界限，增强其合理性和可操作性。依据不同农户的居住年限、房屋建造年限、参与集体经济组织的年限，以及所承包的地块和山林的生产条件

---

① 戴昕、张永健：《比例原则还是成本收益分析法学方法的批判性重构》，《中外法学》2018 年第 6 期

与产值差异，在集体经济组织和易迁农民之间构建一个关于"有偿退出"的动态利益平衡机制，增强其合理性。

（三）引入第三方评估与监督程序，化解权利滥用风险

将《公司法》中的"舶来品"概念运用到农村土地权益保护上，可能会被质疑可行性和可接受性。实务中，已有运用"AB 股"制度设计的先例，如山东省东平县在经济合作社资源股份设置上就设计了代表集体配置股的 A 股与成员以家庭承包经营土地入股的个人自愿股 B 股。尽管目标不是"有偿退出"，但是仍然具有服务对象的一致性。当然，此种方案也有一定的局限性，一是在股权量化时，运用比例原则量化和评估股权的方式会引起人们因裁量权过宽、操作空间太大而对权利滥用的担忧。此时就需要完善相关评估程序，比如集体评估会议或第三方介入评估等方式。二是在集体经济组织中 A 类持股者在进行风险经营、冒险决策时，B 类持股者的利益将面临受损的风险。因此有关方面需要明确利益即将受损、缺乏发言权、决定权、监督权等相应的救济途径。因此，在具体细化和落实"AB 股"方案时，应构建配套的监督制度、决策制度，形成合力，实现利益平衡和成效帕累托最优。

四　完善"登记"在易迁安置中的确权作用

（一）避免差别登记

《自然资源部办公厅关于做好易地扶贫搬迁安置住房不动产登记工作的通知》（自然资办发〔2020〕25 号）提出，根据安置住房土地性质和取得方式、安置方式，分类办理安置住房不动产登记，并在不动产登记簿和不动产权证书附记栏注明"易地扶贫搬迁保障性住房"，此种做法存在两个疑问。

一是将"根据安置房的性质和取得方式"作为登记类型的判断标准是否科学合理。文件规定"使用国有土地建设的安置住房，按照国有建设用地使用权及房屋所有权办理登记。使用集体土地建设的安置

住房，根据用地批准文件，办理宅基地使用权及房屋所有权登记或集体建设用地使用权及建（构）筑物所有权登记"。在立法设计上，同地同权的问题一直是明确农村建设用地使用权的难点，目前学界也在针对农村集体建设用地能否如城市建设用地一样享有入市的权利展开激烈的讨论。目前，国有建设用地和集体建设用地的同权问题还在试点中，并没有得到普遍认可，同样是保障性安置房，不同的登记方式其中隐藏的财产价值不同，此种做法的依据何在？倘若将来农村的"同地同权"问题得到立法上的确认，那么对于按照集体建设用地使用权登记的安置房将面临"机遇和风险"，所谓机遇是其享有的安置房价值将倍增，所谓风险是与集体经济组织之间的利益分配问题。可见，此种差异化的登记具有较明显的缺陷，若没有科学合理的解释和相应的补充手段，此种差异化登记应尽量避免。

二是在不动产登记簿和不动产权证书附记栏中注明"易地扶贫搬迁保障性住房"的做法有待改进。易迁安置房虽具有政策扶贫性质，但在一定程度上，也是农民通过原有的住宅和宅基地资格权换取来的，是合法的财产权利。此种标记存在影响农民原有财产权利的嫌疑，从房屋财产利益的实现来看，在当前政策并没有禁止此类保障性安置房转让的前提下，此种标记可能对房屋在流转中的价值评估产生负面影响。在市场交易中，买房人对于此种标记定会有所顾忌，进而影响其交易价值。此外，这种登记方式还可能在一定程度上影响易迁农民的自尊心。

（二）明确易迁安置中各种登记方式的效力

为明晰物权的归属，"登记"一直以来发挥着重要的作用，"登记"是公示公信原则的体现。我国城市不动产登记制度日趋完善，但由于种种原因，农村不动产登记制度亟待完善。"农村土地权利登记是财产权利的基础性法律制度建设，对于下一步乡村振兴和乡村治理是很必要的。"[①]

---

① 孙宪忠：《从〈民法典〉看乡村治理中急需关注的十个法治问题》，《中州学刊》2021年第2期。

为巩固脱贫攻坚成果，针对易地扶贫搬迁中涉及的产权变动尤其要发挥"登记"的确权作用，充分利用"登记"这一手段，比如经过集体经济组织登记过的租赁权和继承权在宅基地、承包地、房屋发生变动时，可以得到集体经济组织的继续承认，利益受损方可以经过合法程序得到集体经济组织的补偿。"登记"意味着集体经济组织的责任加重，因此需满足相应的条件。针对"易地扶贫搬迁"进一步系统性研究各种"登记"规定的可行性，明确经集体经济组织确认后的"登记"的效力，以更好保护易迁农民的土地权益。

为切实保障易迁农民的土地权益，需要关注其成员权益和财产权益两方面。区分农村村民自治组织与集体经济组织是易迁农民土地权益保护的基础，该措施本身可以独立解决迁入区集体经济组织成员主体范围被动扩张、对跨村安置农民易出现管理"无对象"或"手段不足"的难题。在此基础上，可进一步类型化厘定"退权"与"退社"的关系，一般情况下，"退权"不等于"退社"，特殊情况下，"退权"等于"退社"；对于新增人口引入"成员资格阻却制度"，进一步解决进城安置间接违反"一户一宅"原则的问题；对于如何补偿"退权"又"退社"的农民，可依据"AB 股"分配式细化有偿退出标准。此外，针对"房地一体"中的房屋所有权分割和宅基地继承问题、依附于成员权的股权入退等矛盾，建议充分发挥"登记"在易迁安置中的确权作用，明确易迁安置中各种登记方式的效力。

参考文献：

［1］《新时期易地扶贫搬迁工作百问百答》（发改振兴〔2019〕1068 号）。

［2］宋志红：《农村土地改革调查》，经济科学出版社，2016。

［3］崔建远：《物权：规范与学说——以中国物权法的解释论为中心》（下册），清华大学出版社，2011。

［4］朱广新：《论土地承包经营权的主体、期限和继承》，《吉林大学社会科学学报》

2014 年第 4 期。

[5] 耿卓：《集体土地征收中土地承包经营权主体的确定》，《民法判例百选》，法律
　　出版社，2020。

[6] 《二轮土地承包期内，农户家庭成员中有考入国家公务员或"农转非"的，发包
　　方能否收回其承包地》，载最高人民法院民事审判第一庭编《民事审判指导与参
　　考》（总第 66 辑），人民法院出版社，2016。

[7] 《中共中央　国务院关于实现巩固拓展脱贫攻坚成果同乡村振兴有效衔接的意
　　见》（2020 年 12 月 16 日）。

[8] 刘守英：《中国土地问题调查：土地权利的底层视角》，北京大学出版社，2018。

[9] 刘守英：《土地制度与中国发展》，中国人民大学出版社，2017。

[10] 耿卓：《土地法制科学》，法律出版社，2017。

[11] 高海：《论农民进城落户后集体土地"三权"退出》，《中国法学》2020
　　年第 2 期。

[12] 韩松：《农民集体所有权主体的明确性探析》，《政法论坛》2011 年第 1 期。

[13] 宋志红：《乡村振兴背景下的宅基地权利制度重构》，《法学研究》2019
　　年第 3 期。

[14] 金励：《城乡一体化背景下进城落户农民土地权益保障研究》，《农业经济问题》
　　2017 年第 11 期。

[15] 王利明：《物权法研究》（下卷），中国人民大学出版社，2018。

[16] 高飞：《宅基地使用权继承问题》，《民法判例百选》，法律出版社，2020。

[17] 陈小君：《宅基地使用权的制度困局与破解之维》，《法学研究》2019 年第 3 期。

[18] 刘凯湘：《法定租赁权对农村宅基地制度改革的意义与构想》，《法学论坛》
　　2010 年第 1 期。

[19] 席志国：《民法典编纂视域中宅基地"三权分置"探究》，《行政管理改革》
　　2018 年第 4 期。

[20] 刘国栋：《农村宅基地"三权分置"政策的立法表达——以"民法典物权编"
　　的编纂为中心》，《西南政法大学学报》2019 年第 2 期。

[21] 李凤章：《宅基地使用权流转应采用"退出—出让"模式》，《政治与法律》
　　2020 年第 9 期。

[22] 高海：《土地承包经营权入股合作社法律制度研究》，法律出版社，2014。

[23] 谢怀栻：《论民事权利体系》，《法学研究》1996 年第 2 期。

［24］孙宪忠:《从〈民法典〉看乡村治理中急需关注的十个法治问题》,《中州学刊》2021 年 第 2 期。

［25］王利明:《王利明学术文集》(物权编),北京大学出版社,2020。

［26］宋志红:《论农民集体与农村集体经济组织的关系》,《中国法学》2021 年第 3 期。

［27］程允允:《"三权分置"背景下农民进城落户后集体土地退出机制探究》,《上海房地》2021 年第 9 期。

［28］戴昕、张永健:《比例原则还是成本收益分析法学方法的批判性重构》,《中外法学》2018 年第 6 期。

［29］孔祥智:《产权制度改革与农村集体经济发展——基于"产权清晰 + 制度激励"理论框架的研究》,《经济纵横》2020 年第 7 期。

第八章 脱贫乡村迈向乡村振兴示范的"一统三合"实践探索

——恩施州洞下槽村的实践考察*

谭志松 谭 瑜

摘 要：艰苦卓绝的脱贫攻坚战取得全面胜利，乡村振兴战略接续而至。这是中国共产党在百年辉煌之际，为建设中国特色社会主义美丽幸福乡村吹响的新时代战斗号角；是践行"人民至上，一切为了人民"的铿锵步伐；是建设具有"共同富裕"特征的中国特色社会主义新农村的点睛之笔。这既需要我们扎实巩固脱贫成果，又要面对新目标创造新的辉煌，探究一条前人没有走过的新路径。恩施土家族苗族自治州的洞下槽村，经过5年的实践探索，创造了从脱贫乡村迈向乡村振兴示范村的"一统三合"模式，正以坚定的步伐走向乡村振兴战略实施的深处。洞下槽村以党建为统领，以特色产业发展为突破口，用"产农融合"和"村企协合"的产业内外部发展运行机制，有效推动了乡村经济发展和产权制度改革。同时，用"五治结合"的乡村社会治理机制促进社会治理、精神文明建设和生态文明建设，优化社会结构，为乡村产业发展提供社会保障，促进了乡村经济与乡村社会协调发展。

关键词：恩施州 脱贫乡村 乡村振兴 "一统三合"

---

* 本文的主要内容曾于2023年7月1日在中国民族学学会2023年高层论坛"铸牢中华民族共同体意识与东北地区各民族交往交流交融"学术会议上以题为《一统三合：乡村振兴战略下新时代乡村共同体建设的一种实践探索》做过报告，并得到专家的肯定。

　　本章是本书的最后一个专题，旨在研究贫困地区在脱贫后如何巩固脱贫成果，持续做好脱贫的后扶工作；如何使一个脱贫的乡村乘势与乡村振兴战略相衔接，进而建成人们向往的新时代美丽幸福的新型乡村。本章以 2018 年确定的恩施州首批乡村振兴示范村——洞下槽村的实践探索为例，通过实地调查形成研究成果。

第一节　本专题研究的缘由

　　2018 年，恩施土家族苗族自治州（以下简称"恩施州"）的洞下槽村迎来两个特大喜讯：一个喜讯是洞下槽村取得脱贫攻坚的重大胜利，摘掉了贫困村的帽子，进入小康社会；另一个喜讯是刚刚脱贫的洞下槽村被确定为恩施州首批乡村振兴示范村，时任州委书记亲自蹲点该村，并派出以州委办公室干部为主体的驻村工作队进入洞下槽村指导和参与该村乡村振兴战略实施的试点工作。这是洞下槽村自新中国成立以来最大的两件喜事。前者标志着洞下槽村的经济社会发展迈上了一个新的台阶，村民们的生活有了根本性的改变；后者标志着洞下槽村又迎来了新的更大发展机遇，该村肩负着要率先在乡村振兴战略实施实践中探索出自己的经验或模式的使命。

　　之所以选择洞下槽村作为本研究的实地调查点，不仅因为洞下槽村是恩施州州委、州政府确定的全州首批乡村振兴示范村，是由州委书记直接指导的示范乡村；而且因为其在脱贫攻坚工作实践中取得的成就与经验的典型性和普适性。除此之外，还有三个与笔者直接相关的情结，促使笔者满怀激情带领研究团队开展了比较深入的调查研究。

一　笔者的乡情和文化研究自觉

　　开展本研究的动力之一是笔者的乡情和文化研究自觉，"恩施灯戏"文化遗产项目，引起了笔者对儿时记忆中的一个地方文化项目的研究兴趣。

2016年春节前夕，笔者回到家乡熊家岩村集镇看望母亲，家宴间听笔者的小弟弟（时任熊家岩村党支部书记兼村委会主任）谈到羊角坝（这是当地人对洞下槽村域过去习惯上的口头名称）的阳家寿与"恩施灯戏"传承的故事："羊角坝的'灯戏'申请加入国家级非物质文化遗产名录获成功，项目名为'恩施灯戏'，阳家寿的母亲孟永香（当地人称她为'孟大师'）被授予'恩施灯戏'第九代国家级传承人。孟大师的小儿子阳家寿非常高兴，特地在家乡把旧房进行重建，并配套修建了专门用于灯戏表演的戏台和能容纳百余人的广场，音响、灯光、座椅，以及周边的绿化设施等样样俱全，都具有较浓厚的地方文化特色。孟大师在儿子的支持下，免费收徒传承灯戏，不定期开展表演活动，搞得有声有色，很有正面影响。"弟弟的介绍引起笔者极大的兴趣，也使笔者回想起儿时在当地看过的灯戏中有名的回目《雪山放羊》，其内容生动感人，曾看得笔者失声痛哭，其中惩恶扬善的内容对当地群众，尤其是对青少年群体具有非常好的教育意义。于是，笔者产生了以所在大学的名义建立"灯戏研究基地"的想法。经与孟大师及其儿子阳家寿商定，并向村上级组织白杨坪镇党委书记朱永恒打电话沟通请示，得到支持。朱书记很热心，立即决定到熊家岩村集镇陪笔者一同去洞下槽村（笔者家乡熊家岩村的邻村）阳家寿家，还通知阳家寿专门从恩施州城区（他已迁居恩施州城区，成为市民）赶回洞下槽村与我们进行座谈交流。见面后通过交谈才知道，他还是笔者在熊家岩村当民办教师时期的学生。座谈交流气氛瞬间轻松了起来，他兴致很高地谈了很多，他表示支持母亲传承灯戏的原因有四点：一是在这样一个小山村能有一个国家级非物质文化遗产项目是件很了不起的事，后辈们有责任为非物质文化遗产的保护与传承做点力所能及的事情。二是母亲能成为"恩施灯戏"第九代国家级传承人，既是后辈的自豪，也是这个村的光荣，国家还发放补贴，这说明母亲还有义务和责任把"恩施灯戏"传承下去。三是目前村集体还没有能力和精力来主持"恩施灯戏"传承的具体工作。四是这个村没有集镇，村民们在劳动之余没有公共休闲娱乐、交流的地方，部分村民只好以打牌（或带有赌博性质）等活动为娱乐，败坏了当地的风气。所以，他自己拿出外出务工挣得的钱，对自己家乡的老房子进行改造（实际上是重新设计建造的），既希望给父母晚年生活增加些乐趣，让他们做自己高兴的事，安享晚年，又可以为灯戏传承做些贡献。此外，还可以为乡亲们提供一个可以集中健身娱乐，增进村民交往、交流、交融的场所。这个场子（院子）不仅用于灯戏传承，还定期为村民们放电影、跳广场舞提供场地，可以活跃乡村文化生活。

听了他的这番话，笔者及随行的同事都很感动，在场的干部也很感动和高兴。当座谈结束时，笔者主动提出要在这里建立"'恩施灯戏'研究基地"，阳家寿听了很高兴当即表示同意，白杨坪镇的朱书记也当即表示要大力支持，并表态镇党委、政府将积极支持这个文化传承基地建设，并约定了基地挂牌仪式活动。2016 年 3 月 5 日，在镇政府的主持下，在恩施市文旅局的支持下，挂牌仪式在洞下槽村孟永香家的灯戏广场上隆重举行，仪式结束后传承大师孟永香携弟子们进行了"恩施灯戏"系列节目专场表演，随笔者一同参加挂牌仪式的三峡大学艺术学院师生也表演了民族歌舞，气氛简朴而热烈，收到良好效果。这件事使笔者对阳家寿及其家人有了初步的感性认识和较大的好感。一个农民工的成功之路和对家乡父老的义举给笔者留下了深刻的印象。

二 笔者"农民工流动"研究与农民企业家阳家寿之缘

笔者在当地开展关于农民工流动的课题研究时，洞下槽村农民工及其流动现象成为笔者研究劳动力转移的重要对象，通过与阳家寿的深入交谈，再根据其他调查资料，笔者反复深入研究，初步发现当地农民工从"流而不迁"到"流而近迁"的发展规律。

2017 年 8 月至 2018 年 3 月，笔者在美国威斯康星大学麦迪逊分校访问期间，用空余时间进一步深入研究这一课题。在分析劳动力转移规律变化的过程中，阳家寿作为外出务工的成功人士代表成为笔者研究的重要对象之一。通过越洋电话和微信，笔者对他及其他人员进行了访谈和研究，进一步证实了农民工流动"流而近迁"的结果。2018 年 3 月回国后，笔者第一时间奔赴恩施州及其相关县、乡镇的民政和劳动管理部门调查，到一些农民工流动迁居的州、县（市）对他们进行实地访谈。完成了这一结论的最后论证，并构建了农民工流动"三角良循环"模型成果。[①] 通过这一研究，笔者对阳家寿这个特殊人才及他所在的洞下槽村有了进一步的了解，并使笔者产生了深入研究的兴趣。

三　"乡村振兴洞下槽村研究基地"为笔者团队提供了实地调查平台

2018 年是决胜全国脱贫攻坚战的关键时刻，笔者在参加组织以上相关活动和接触各类人才的同时，也在关注易地扶贫搬迁集中安置社区治理发展相关的研究。笔者从白杨坪镇党委书记口中得知，阳家寿同志在脱贫攻坚战略实施中又有新的义举：他用自己辛苦挣来的钱，按照 2013 年建档立卡的贫困人口情况，先后给每个贫困户资助 5 万元作为脱贫扶持资金。这项善举令笔者十分感动！

洞下槽村属于全州 729 个贫困乡村之一。该村共有建档立卡贫困户 276 户 862 人。阳家寿的义举给该村村民极大的鼓励。在州、市、镇各级党委、政府和全村群众的共同努力下，2018 年洞下槽村经上级考核测评，成功摘帽。随即又被确定为恩施州全州首批乡村振兴示范村之一，由此洞下槽村开启了乡村振兴战略实施的新征程。2020 年，洞下槽村成为湖北省人文社科研究基地，三峡大学区域社会管理创新与发展研究中心的"乡村振兴洞下槽村研究基地"。2020 年 7 月 6 日，在恩施州州政府副秘书长、办公室主任匡乐轩同志主持下，该基地在洞下槽村举行授牌仪式。

---

① 谭志松：《农民工流动的"三角良循环"模型——武陵民族地区农民工流动的考察》，《中国民族学》2018 年第 2 期。

本研究就是笔者及团队对洞下槽村作为全州首批乡村振兴示范村实践探索研究得到的成果，成果中也用到了恩施州内其他县（市）的一些优秀案例。

以上几件事，使笔者对洞下槽村的人和社会有了初步的了解，给实地调查研究带来了一定的便利，也给课题组的全程探讨、研究提供了更加开放、自在和真实的场景。

第二节　乡村振兴之产业发展的现实困境

一个乡村摘掉贫困村帽子，证明该村消除了绝对贫困，解决了村民的温饱问题，进入了小康社会。然而，这并不意味着反贫困斗争已经结束，实际上，反贫困斗争仍然艰巨。最要紧的是两个方面：一方面，要赓续脱贫攻坚精神，巩固脱贫成果，杜绝返贫事件发生，进而发展中产阶层[1]，缓解相对贫困，迈向共同富裕之路。另一方面，要立足乡村生活重构[2]，建设村民向往的美丽幸福的乡村，真正推动和实现乡村振兴，由此推进新时代乡村共同体建设。这两个问题反映在具体实践中，就是要解决好乡村经济高质量持续发展问题，要使村民们不断获得足够的经济收入，让农民真正富起来，这是根本性的问题，是解决其他一切问题的基础。要解决经济发展问题就必须选择好发展途径，为此，2019 年国务院发布了《关于促进乡村产业振兴的指导意见》（以下简称"《意见》"），《意见》指出，产业兴旺是乡村振兴的重要基础，是解决农村一切问题的前提。乡村产业根植于县域，以农业农村资源为依托，以农民为主体，以农村一、二、三产业融合发展为路径，地域特色鲜明、创新创业活跃、业态类型丰富、利益联结紧密，是提升农业、繁荣农村、富裕农民的产

---

① 李培林等：《大变革：农民工和中产阶层》，中国社会科学出版社，2019。
② 王晓毅：《重建乡村生活实现乡村振兴》，《华中师范大学学报》（人文社会科学版）2019 年第 1 期。

业。这是对乡村产业兴旺的权威界定。它指出乡村产业兴旺，是实现乡村振兴的首要核心的任务。《意见》还对乡村产业发展的内涵、外延和路径提出了明确要求和具体指导。然而，当引进企业来村创办产业后，在实践中需要特别关注和解决好以下四个问题。

一 村集体、村民与企业（产业）之间的关系

村集体、村民与企业（产业）之间的关系问题，实质是村集体公共资源、村民承包的土地和山林等资源，以及企业投资等三方主体的产权与利益分配问题。这里面涉及村集体依据政策申请到的政府支持产业发展的配套资金或设备，是否计入集体产权或集体投入资金，以及这些投入能否参与（或怎样参与）利益分配等问题，这些问题的本质是产权与利益如何分配，并由此引申出村集体、村民与企业（产业）的关系问题。这个问题若解决不好，将直接影响产业与企业的健康发展。在现实中，三方主体间不时会出现一些不和谐的现象。

首先，村委会代表村集体对乡镇及以上政府组织负责，并行使相应权力，同时，它对全村村民负责，维护其应有的权益。而对于企业来讲，村委会是村民的"娘家"，有代表村民表达诉求和教育村民的作用。此外，村委会作为一个集体组织，引进或支持创办企业（产业经济组织）是其必须承担的责任，促使乡村经济得到良好发展、乡村各项资源能够充分的开发利用，使村民获得更多的就业岗位和经济收入。与此同时，村级集体组织还期盼通过产业发展壮大村级集体经济，大力提升村级集体组织的经济实力，使村委会具有更强的平衡和协调能力，帮助解决特殊村民的困难和处理应急事务，完善公共服务体系。[①]

其次，企业（无论是引进的还是当地创办的企业）能在村里落户一般基于以下四个因素：一是该村有可以适合产业发展的资源，包括待开

---

① 中共恩施州委组织部、恩施州财政局、恩施州农业农村局：《恩施州发展新型村级集体经济的意见》（恩州农〔2019〕20 号）。

发的自然地或积蓄的物质资源（如土地、山林、旅游、矿藏和人力资源等），以及文化、社会等资源。二是有较好的投资环境（包括社会环境、人文组织环境）和投资政策（包括各类有利于产业发展的优惠政策、资金支持政策等），要保障企业的合理盈利，这是企业得以发展的基本条件。三是各级党委、政府的重视与支持，以及村民们的热情态度与合作精神。四是企业家对乡村发展的大力支持，这也是乡村产业得以建立和发展的基本前提。

最后，村民们对企业的期盼和对村委会的倚重。村民对企业最直接的期盼是希望通过企业得到较高的经济收入，希望自己拥有的土地、山林等资源或生产的初级农产品能够被企业充分利用，并由此获得较好的收入。此外，村民希望企业有适合自身的就业岗位，实现在当地就业，并由此获得基本满意的工资收入，甚至有机会获得更好的发展。同时他们希望在企业得到应有的尊重，真正融入企业，成为一名名副其实的产业工人。村民对村委会的倚重主要表现为希望村委会是村民诉求的代言人，能够保障村民的权益。在笔者及团队实地调查和访谈时发现，由于三方主体在乡村产业发展中的理想和心理期盼与实际有差距，常常会产生某些矛盾与摩擦，这是一种必然的过程。但这些矛盾需要一种正确的态度和处理方式尽快予以解决，否则就会影响产业的正常运转和良性发展。矛盾的根源在三方主体合作的运行机制上，解决这些矛盾需要从三方主体的角色定位、利益诉求和相关协调策略上把握。所以，处理好村民、村集体、企业（产业）之间的关系，需要从运行机制上予以改革和协商，找到和谐的三方关系机制模式，从根本上找到解决问题的办法和途径。

二　乡村产业发展内涵的认知与拓展

乡村产业需要因地制宜地发展，因此，准确理解乡村产业中的农业产业概念和抓住以农民为主体的要求，对拓展乡村产业渠道、解决农民就业和增收问题是非常重要的。因为一个乡村的资源必然有限（无论是范围还是规模都是有限的），所以可供选择的资源也是有限的；有些乡村确实很难找到一种或多种具有一定规模的开发资源，而这个问题涉及的是如何建立起适合乡村发展的产业。所以，乡村产业必须以解决农民就业增收问题为主，把农民就业增收放在第一位，"农民工是乡村振兴的关键"[1] 的观点也深刻揭示了乡村产业发展的核心是解决农民工就近就业增收的问题。所以，乡村产业除了直接利用当地农业资源发展的农业产业以外，还可以引进其他能够帮助村民实现就近就业又能使其增收的产业（这方面，在恩施州易地扶贫搬迁集中安置社区的产业发展中，有不少成功案例和先进经验[2]）。

三　重建乡村生活与社会治理问题

王晓毅教授认为"重建乡村生活是乡村振兴的核心。乡村振兴不同于农村振兴，乡村与农村不同之处在于乡村是有人生活的地方，强调的是人，如果没有了人，乡村肯定不存在了。所以乡村振兴的目标在于使乡村重新成为有人生活的空间"。[3] 但如何重建这样的生活空间是一个复杂的乡村社会治理问题。在乡村振兴战略实施过程中，没有经济的高质量发展是不可行的，但只有经济发展，没有良好的乡村社会秩序和环境也是不行的。因为，乡村产业发展促进了乡村经济结构的变化，如果社会结构变化不能适应经济结构变化，或者说当经济结构与社会结构不匹配时，必然导致资源与机会配置在不同社会阶层群体之间的不平等，从而导致乡村社会矛盾的产生。[4] 因此，在抓乡村产业发展的同时，要加

---

[1]　陆益龙：《乡村振兴要做好农民工工作》，《中国社会科学报》2019 年 9 月 25 日。
[2]　特别是在易地扶贫搬迁集中安置社区（乡村）这样的成功产业很受欢迎，也确实解决了农民就近就业和增收问题。如宣恩县的西水情安置社区的准者体育用品有限公司等。
[3]　王晓毅：《重建乡村生活实现乡村振兴》，《华中师范大学学报》（人文社会科学版）2019 年第 1 期。
[4]　陆学艺：《当代中国社会结构》，社会科学文献出版社，2010。

强乡村社会治理，为重建乡村生活提供社会保障，确保乡村经济与乡村社会协调发展。提升村民的安全感、归属感、获得感、责任感和幸福感，使他们真正享受到乡村振兴的成果。

四　如何有效落实党建对乡村产业发展的统领

实施乡村振兴战略是一项复杂而系统的工程，不仅涉及政治、经济、文化、社会和生态文明"五位一体"总体布局的各方面内容，全面覆盖乡村社会各方面的发展，而且要实现"五个方面"的振兴，即"产业振兴、人才振兴、文化振兴、生态振兴、组织振兴"。这样一个复杂而长期的系统工程要顺利实施，并实现其目标，唯有加强党对这项工程的全面统一领导，发挥党的社会动员力、党组织的政治保障力与党员的先锋模范作用，团结组织广大村民和村内外各方力量，围绕乡村振兴这个共同目标创造性地完成这项工作。从目前的乡村发展情况来看，最核心最紧迫的是如何把加强党对乡村振兴战略实施的领导落到实处，真正发挥党组织的全面领导和指导作用。自农民工到城市、沿海发达地区务工，提升收入以来，乡村大量有能力、有思想的劳动力（包括一些党员和优秀分子）离开了家乡；同时，许多新生代农民青年也选择外出务工。所以，留在家乡发展的党员也很有限，党组织发展也相对滞后。有些乡村常常选不出优秀党员担任村支部书记、村主任。虽然近年来农村加强了基层党组织建设，党员数量有一定增加，但人员的流动让乡村社会的党员骨干力量严重不足，在领导和指导乡村建设中缺乏强有力的带头人和党员骨干，缺乏党组织应有的凝聚力、权威性，以及必要的素质和能力。所以，加强乡村党组织的建设，用党的建设全面统领乡村振兴各项工作，是实现乡村振兴战略实施的政治保障和组织保障。这也正是《意见》中指出的，要通过乡村党组织领导下的组织振兴，为实现其乡村振兴目标提供保障。因此，如何加强党组织对乡村产业发展的全面领导，确保乡村产业始终沿着正确道路高质量持续发展，实现乡村产业兴旺，是全面推进乡村振兴目标实现的重要基础。

本研究以洞下槽村乡村振兴战略实施为主线，结合笔者在恩施州各县（市）实地调研发现的部分具有普适性的经验和优秀案例，总结提炼出洞下槽村从脱贫乡村成为乡村振兴示范村的实践探索模式，并从社会运行理论的视角给予一定的阐释和解读。

本研究概括提出的实践模式是"一统三合"，即"党建统领、村企协合、产农融合、五治结合"，其中，"村企协合"是指村集体组织（代表村民的诉求）与企业组织之间协同创新、合作共赢的关系；"五治结合"是指乡村社会治理要将"自治、法治、德治、智治、共治"有机结合。本研究根据"五治"各自的作用将其表述为"村民自治、法规制治、道德化治、智能辅治、多元共治"的有机结合。

第三节　洞下槽村"一统三合"实践模式探索

在对洞下槽村"一统三合"实践模式的探索中，本研究发现抓好乡村经济发展是关键，只有经济发展得好，才能将脱贫攻坚与乡村振兴战略有效衔接，才能有乡村振兴战略实施的基础和前提。而面对现实，洞下槽村只有根据村域实际资源状况，通过大力发展乡村特色产业，才能更好地促进乡村经济发展。所以，该村以抓特色产业发展为突破口，展开了特色产业发展之路的全面探索。

一　产业发展的"村企协合"机制探索

谋产业兴旺、创和谐机制，促民、企、村三方共赢，这是洞下槽村"两委"创新发展乡村产业的基本思想。

要发展特色产业就必须首先弄清楚本村的资源家底，充分挖掘和利用乡村农业资源。通过开发、加工提升农业资源的附加价值，从种植（养殖）、初加工到精细加工，从销售到服务形成有效的产业链，农民全程参与，实现乡村产业兴旺，由此带给农民财富，乡村从小康走向共同富裕，这是实现乡村振兴的重要基础。

国务院发布的《意见》指出，产业兴旺是乡村振兴的重要基础，是解决农村一切问题的前提。乡村产业根植于县域，以农业农村资源为依托，以农民为主体，以农村一、二、三产业融合发展为路径，地域特色鲜明、创新创业活跃、业态类型丰富、利益联结紧密，是提升农业、繁荣农村、富裕农民的产业。这对乡村振兴中产业发展的内涵、性质和要求都提出了明确的意见和清晰的界定。对一个具体的乡村来讲，首先要弄清楚本村有哪些可以发展的产业资源；其次是如何将这些资源用于物质财富创造；最后是如何使所办产业持续地为企业、村民和村集体创造更多的财富，实现民、企、村三方共赢。这是洞下槽村产业发展的基本思路。

（一）挖掘资源，凝聚特色谋发展

对于洞下槽村可供开发的农业资源，村民在长期的生产生活中是比较清楚的。但是，要将这些农业资源用于产业发展，还需要从实际出发，在市场需求和凝聚特色上下功夫，探索将这些资源变成产品投入市场以获取更多利润的路径和方式。经过广大村民和历届村干部反复斟酌、梳理和分析，洞下槽村可以充分利用和开发的资源有以下四类。

1. 茶叶种植和加工是该村最有前景的产业，值得大力开发

20 世纪 80 年代前后，在国家提出的有关促进乡镇企业发展的政策推动下，洞下槽村根据本村的具体情况，曾先后办起五大产业：茶厂（包括茶叶种植和茶叶加工）、养殖场（主要是养猪场、养羊场以及后期的养鸭场等）、加工厂（打米、做面条、榨油）、林场（护林和林木开发）、水电站（楠木沟水电站）。这些产业都随着洞下槽村的行政隶属关系变迁而属于由不同行政单位管理的集体企业。开始也曾有一定的效益，甚至还是当地比较繁华的地点。但是，由于农村集体经营发展面临各种困境，农民所获收益仍然较低，没有从根本上解决贫困问题，农民对当时的集体经济状况较为失望，洞下槽村的"五大产业"，随着农村家庭联产承包责任制改革、市场经济改革的深入以及各项农村政策出台等先后转制、调整，甚至停办。如茶厂虽仍在经营，但茶厂包括茶叶种植基地和茶叶加工厂，由村集体租赁给个体企业——亲稀源硒茶产业发展有限公司；林场本身没有盈利，只是对西坡林场进行维护而已，现在仍保持原样，管理层正在新的形势下寻找新的发展方式；各类加工厂已经关停；水电站因农网改造而停止发电，将水库改为农田灌溉和生活用水的重要水源地；养殖场规模缩小，承包给私人经营后，也没有大的改变。综合当地产业发展历史与现实状况，镇、村（包括州委驻村工作队）领导决定，把茶叶产业作为洞下槽村产业发展的龙头产业，得到了村民们的认可和各方的支持。

2. 洞下槽村拥有自然生态和地理位置优势，可以开发乡村旅游资源

洞下槽村的自然地理优势比较突出。全村面积 27 平方公里，耕地面积 11084 亩，茶叶种植面积 10000 余亩，其中有 1600 余亩属于村集体茶园；森林覆盖率达 85%，村集体有山林 3000 余亩。洞下槽村离恩施州市中心只有 22 公里，离沪渝高速恩施东出口 5.5 公里，毗邻 318 国道，平均海拔有 900 米，在该村 2018 年脱贫摘帽成为恩施州委确定的首批乡村振兴示范村之后，州、市两级政府加大了对当地基础设施建设的投入，制定了《熊家岩村和洞下槽村连片建设规划》，交通设施得到全面改善，不仅两村实现了顺畅的交通，而且村内公路通畅便捷。交通基础设施的改善使洞下槽村的地理空间得到了拓展；熊家岩村和洞下槽村形成了一个内循环公路圈，将熊家岩村的一些自然旅游景点与洞下槽村连成一体，助力洞下槽村的乡村旅游业发展。如熊家岩村集镇（原来是大公社时期熊家岩党委、政府及其各职能部门所在地）、桥头坝集镇石板街（成为村级集镇）、轿顶山的烧烤基地和山溪钓鱼体验沟、鳝孔坝的湿地草原、穿洞子狮子山等都成为洞下槽村乡村旅游发展的景点和项目。另外，恩施许家坪机场迁移至恩施市二龙寺的项目已获批准（现已进入实施阶段），二龙寺是洞下槽村的邻村，机场建设将直接涉及洞下槽村的相关村组，这将进一步拓展洞下槽村的发展空间。可在乡村旅游资源开发过程中继续深挖洞下槽村的资源，进一步拓宽开发路径，打造村内服务业产业集群，逐步形成产业链，实现村内多个产业协调发展，提升综合效益。综合上述各方面优势，洞下槽村及其周边地区构成了一个完整的乡村旅游目的地，被称为"熊洞连片生态旅游景点"，该景点具有很好的发展前景，成为洞下槽村第二个开发利用的特色资源。

3. 民族和地方文化特色资源

洞下槽村是国家级非物质文化遗产"恩施灯戏"的重要发源地，并且该非物质文化遗产的国家级传承人孟永香女士在其儿子的支持下一直自觉无偿传承发展"恩施灯戏"文化，培养传承人无数，既丰富了"恩施灯戏"的现代内涵，又以此形式教育广大村民家庭要和睦，要做孝顺的儿女、做勤劳善良的友邻，在当地发挥了良好的教育作用，影响深远。当地还是土家族、苗族、侗族等少数民族聚居的地方，少数民族文化资源丰富，文化活动活跃，土家族摆手舞、莲厢、耍耍儿、彩龙船、狮子灯等逢年过节或在红白喜事上都会进行表演；还有丰富的地方文化项目，如蒿草锣鼓、山歌、民歌，以及宗教祭祀文化和刺绣、织锦等少数民族民间工艺文化等。这些少数民族文化及其活动不仅丰富了村民的文化生活，教育了村民，而且极大地促进了多民族之间的交流、交往、交融，促进村民之间的团结进步与乡村共同体建设，为铸牢村民中华民族共同体意识发挥了重要作用。丰富的少数民族文化和地方文化，正是洞下槽村的精神资源和精神力量。同时，若将这些丰富的少数民族文化和地方文化与旅游开发结合起来，当地乡村旅游内容会更加丰富和更具吸引力。除此之外，两所湖北省属大学也加入了支持该村文化旅游产业发展的行列，支持该村的脱贫攻坚和乡村振兴。三峡大学恩施灯戏洞下槽村研究基地、三峡大学乡村振兴洞下槽村研究基地，湖北民族大学洞下槽村文化研究基地等相继成立。

4. 当地传统技术、文化精英和优秀人才资源值得挖掘和利用

洞下槽村有着较为丰富的人力资源。洞下槽村的村民勤劳勇敢、智

慧善良；先后走出去不少党政干部、文化名人、成功企业家以及各类乡贤。这也是该村产业发展的重要资源和基础。洞下槽村共有 7 个村民小组，共 927 户 3184 人。全村有劳动力 2130 人，其中男性 1165 人、女性 965 人；全年外出务工人员有 1933 人，外出务工人员中已有 50 余户在城镇购房定居。洞下槽村有各类乡贤能人 12 人，其中，包括农民企业家阳家寿、谭建华、谭廷全，还有在本地高校任教的教授、处级干部于永超、雷随斌，以及在村内发挥重要作用的乡贤能人，如孟永香、宋银章、杨代锐、蔡万衡、付先贵等。[①]

根据以上四大资源，经过村镇"两委"班子与州委驻村工作队集体反复研究确定，将茶叶种植与加工和乡村农旅作为龙头产业进行开发。打造乡村旅游与特色文化结合的洞下槽村农旅观光产业，最大限度地发挥村内人力资源优势，同时，大力引进产业人才，探索洞下槽村产业发展之路。对此，当地政府部门从多个方面着手推进产业发展，并取得良好效果。

（二）营造环境，招揽贤商大开发

弄清了可供开发利用的资源，还必须要有能开发好资源的企业家来村创办相关企业、开发优质产品，使当地村民获得满意的利润，这是产业开发要解决的首要问题。要想解决优秀企业和企业家进村问题，就必须提供必要的营商条件、较好的优惠政策以及良好的社会秩序和产业发展环境。围绕这些问题，当地各级党政组织和领导与驻村工作队干部共同开展了以下几方面的工作。

一是选准和引进从洞下槽村走出去并已经对该村做出过重要贡献的本村农民企业家阳家寿（以下简称"阳总"）回乡创业。在此过程中，白杨坪镇党委书记亲自率领州、市驻村工作队的同志带着家乡人民的期盼，到恩施州市区阳总的家里、办公室诚恳邀请他共商洞下槽村的致富发展

---

① 以上资料和数据来自笔者及团队在洞下槽村先后三次实地考察时，当地干部和相关人员提供的资料，以及考察访谈得到的实际资料。

之路，探讨洞下槽村的振兴之策，诚邀阳总回乡办企业、搞开发，带领村民创业，走向共同富裕。

二是为支持村里的发展，州、市、镇各级党委、政府不懈奋斗，先后为当地争取3000万元政府资金投入洞下槽村的建设，争取到完善衔接村中心到318国道和沪渝高速的一级公路和村中心通往各生产小组的两车道全硬化的公路项目，以及田园综合体、文化旅游等基础设施项目，使村内外的交通环境得到根本性改变；同时，洞下槽村对古村落进行恢复性修缮，重新修复了洞下槽村的集镇中心和村委会办公地。

三是当地利用龙赶湖地理资源，以古村落为中心开发全域性乡村农业生态体验旅游项目，并得到各级党政部门的大力支持。于是，在阳总的大耀农业有限公司下成立专门的"龙赶湖农旅产业专业合作社"，专门投资开发洞下槽村农旅项目；公司先后投资9000余万元资金，建成儿童乐园、烧烤园、灯戏楼、振兴楼（用于会议、培训、游客住宿）、茶园游步道、自行车道等。同时，号召动员有条件的村民围绕龙赶湖农旅产业，打造"龙赶湖"民宿、农家乐品牌，实现民宿、农家乐高中低梯次布局，开设农家乐和民宿20多家，户均年收入在10万元以上。龙赶湖农旅产业专业合作社通过提供保洁、保安等岗位，每年给村民创造工资性收入100多万元，带动村内就业285人，实现人均年收入16800元。龙赶湖的开发影响了每一户村民，绝大多数村民不仅积极支持和参与，而且主动改变自我，想方设法自主创业的人越来越多。洞下槽村还与龙赶湖农旅产业专业合作社合作，以地方文化和土家族文化为载体，向社会广泛推介龙赶湖旅游项目，将文旅融合产业项目打造为当地特色旅游产品。2020年8月30日，恩施州一年一度盛大的土家族文化节日"土家女儿会"的中心会场就设在洞下槽村的龙赶湖核心集聚区。与此同时，该节日活动还展示了该村主要的土家族文化项目，如恩施灯戏、摆手舞、莲厢、彩龙船等。中国民间文艺家协会副主席沙马拉毅教授出席了开幕式。活动推动了洞下槽村旅游业发展，也提高了该村的社会影响力。三峡大学、湖北民族大学在洞下槽村建立文化传承与旅游发展类研究基地、乡村振兴类研究基地等，积极助力洞下槽村乡村振兴战略的实施。

在龙赶湖农旅产业健康快速发展的同时，洞下槽村的茶叶种植和加工产业也快速走向繁荣。当地诚邀恩施玉露茶艺第十一代传承人蒋子强创办了亲稀源硒茶产业发展有限公司洞下槽恩施玉露茶加工厂，专门生产恩施玉露茶，投资建设的现代化生产车间拥有 3 条生产线，152 台（套）设备，年产能达 300 吨。同时，在恩施玉露茶传统制作技艺体验馆，蓝焙玉露茶的手工制作车间里保留了 9 道手工制作工艺，留存每一片茶叶珍贵的记忆。第二个规模性茶叶生产企业是阳总租赁洞下槽村曦和园原集体企业玩具厂（实际已停止生产）的场地，投资 3000 余万元创办的曦时针茶业有限公司，他花高价聘请了恩施玉露茶工艺传承人、东湖茶叙的策划者李宗孟先生为该厂总技术顾问。李先生亲临现场指导玉露茶和利川红高档红茶的加工生产，该厂现已投产。在这两家企业的带领下，村"两委"又充分调动当地种植和制茶能人的积极性与创造性，支持其创办小型茶叶专业合作社。洞下槽村先后办起了 5 个茶叶专业合作社，如谭廷全，2017 年主动创办玉叶茶叶专业合作社，带动村民发展。付先贵，茶叶制作工艺传人，创办了先贵茶叶专业合作社等。这些专业合作社主要收购当地农民分散种植采摘的鲜茶叶，通过自己的茶叶小作坊制茶，然后自己通过合作社市场渠道销售茶叶产品，形成了种植、加工、销售一条龙的茶叶产业链，不仅使合作社及在合作社务工的农民有较高的收益，而且解决了一些个体茶叶种植农户的鲜茶叶销售问题，提高了这些个体茶农种植茶叶的积极性。这种作坊式合作社对促进乡村经济发展发挥了积极作用。现在，全村累计发展茶叶种植面积 11000 亩，可采摘面积有 8500 亩，年产鲜茶叶 125 万公斤，建成有机茶生产基地 1300 多亩，5 家茶叶专业合作社最高销售收入为 830 万元、最低销售收入为 280 万元，带动全村 800 户以上农户年均增收 2 万元以上。随着旅游业和相关产业的发展，洞下槽村利用交通便利的优势，推动农家乐、民宿、个体养殖等服务业快速发展。如随着乡村旅游的不断发展，洞下槽村已成为周边城区周末游、休闲游、家庭游等的重要目的地。随着游客数量不断增加，本村村民已开办 8 家农家乐（民宿），可提供 600 人左右的餐饮、120 人左右的住宿服务，还有部分农户有较强的开办意愿。据不完全统计，国庆节放假期间该村平均每天接待自驾游客 600 余人（次），使得该村农家乐（民宿）爆满，洞下槽村成为周末、节假日最热闹、旅游业最繁荣的乡村之一。

2021 年洞下槽村被评为"全国特色产业亿元村"。不仅如此，洞下槽村还获得了许多荣誉，先后被评为"中国茶叶学会茶叶科研基地""恩施市茶叶专业村"，也是恩施硒茶中国特色农产品优势区的重要组成部分，还是首批国家级农村产业融合发展示范园——恩施市白杨坪镇国家级农村产业融合发展示范园的核心建设区；荣获"全国生态文化村""湖北绿色示范村""湖北省美好环境与幸福生活共同缔造活动示范村""湖北省美丽宜居乡村示范村""湖北省村级集体经济发展进步村""湖北省法治文化建设示范村""湖北省第二届百佳村民委员会"，并入选第一批全国乡村旅游重点村名录。作为恩施州、市两级乡村振兴示范村，其产业发展实践证明，洞下槽村选择茶叶产业和农旅产业作为特色产业，多主体协调发展的产业发展之路是正确的。

（三）创新机制，"村企协合"促共赢

洞下槽村的特色产业在向纵深发展的过程中，涉及村民、企业、村集体三方主体，在产业创建和发展中三方不可避免地存在资产和经济投入与产出效益分配之间的问题，以及民、企、村之间的运行机制问题；还存在同类多主体之间的健康竞争与协调问题等。归纳起来必须解决三大问题：产权制度改革问题，投入与利益分配问题，民、企、村合作运行机制问题。围绕这三个问题，在镇村党组织的直接领导和指导下洞下槽村进行了深层次的改革探索。

1. 厘清各方主体投入产权，明确投入方式及其产权的归属和性质与利益分配方式

当村里各类经济组织（企业）逐步发展起来后，各类主体，包括企业、村集体、村民之间就会产生许多产权、利益分配方面的问题，必须用一种科学合理的机制才能更好地调动各方的积极性和创造性，进而才能推进产业高质量发展。在实践探索中，镇村党组织与驻村干部充分调动各类经济组织的积极性，鼓励其广泛和深度参与村中经济建设，将全村现有的产权和利益分配关系问题分成三类逐一进行研究，寻找解决路径和办法，建立起有利于解决现有问题，又具有长远意义的长效机制。具体做法如下。

一是村集体在产业发展中投入的资金和资产的性质和归属与利益分配之间的关系问题。州委驻村工作队、村"两委"、各企业统一组织的基层调研发现，当地资源性资产管理不善、家底不清。初步统计，洞下槽村现有集体茶园 3 处面积有 1600 多亩（求雨台、大宝坪、壶宝茶场），先后承租给大耀置业（农文观专业合作社）、亲稀源硒茶产业发展有限公司、富之源茶叶有限公司 3 家企业，村集体按年获得租赁收入，现在 1600 多亩茶园租金收益仅为 10.42 万元。清理中发现富之源茶叶有限公司租赁壶宝茶场 350 亩集体茶园，承包 50 年共 12 万元，平均每年租金为 2400 元，每亩每年的租金仅 6.86 元。这一情况引起村"两委"的重视，该公司的租赁价格与目前新租赁给农文观专业合作社的茶园价格有一定差距，出现不平衡现象，经过协调，富之源茶叶有限公司负责人主动提出将所租赁的 350 亩集体茶园的年租金提升至 5 万元，并重新签订合同，每年付给村集体租赁费 5 万元。虽然这种"甩坨子"的租赁办法缺乏科学性和精准性，但是从比较收入来看，也是一种进步。虽然以后形成什么样的租赁关系，什么价格比较合理还没有最后确定和形成具体的制度。但是，这一变化至少立即为村集体增加了一定的收入，这已是一大进步。此外，村集体另有 3000 多亩西坡林场和规模不详的荒山、沟渠、堰塘等，以及原来村集体办的集体企业留下的闲置房产及其宅基地等，这给村"两委"发展产业增添了一些空间和底气。

二是国家支农资金和其他专项支持基础设施建设的资金投入所产生的各类新资产的权属问题。在引进和发展产业的过程中，国家有许多资金扶持政策，这些资金都是在企业和村镇的积极争取下得来的，但一般来讲申请到的资金与企业投入资金一起被纳入专门的项目，通常用于购置维持企业运行的基础设施、加工设备等，这部分资产没有明确产权归属。在洞下槽村脱贫攻坚的推进和乡村振兴战略的实施中，各级累计投入洞下槽村用于产业提档升级、田园体综合打造、乡村全域旅游开发等资金达 3000 万元（其中能产生项目收益的资产还需进一步甄别），资金主要以项目形式投向亲稀源硒茶产业发展有限公司和农文观专业合作社。所产生的新资产产权没有明晰的归属细则，仅有一个笼统的政府支持数据。而在这些项目建设过程中，企业自身（如以上两家企业）也投入了大量的资金（如以上两家企业在同一项目中投资近 7000 万元）。正是由于企业自身与政府的共同投入，才有了现在比较理想的结果。国家投资的项目经费目前存在两个问题：一是投资经费使用项目的边界不清晰，没有形成明确的资产，或者说形成的资产的产权界限不清楚，没有权威的认定资料和档案；二是政府这部分投资没有形成明确的资产，因此在形式上政府的这些投资就没有产权，因而也就没有产权利益的分配。于是，也就事实上没有显现出给村民或村集体带来什么直接经济效益。鉴于此，当地各方经反复讨论磋商达成的一致意见是将企业和政府各自投入的资金数字化计入项目建设总投入经费，并将建设内容边界精准化形成文本，由村集体、企业双方代表签字并经过司法公证后存档。其中，政府投资部分只作为优惠和支持政策性投入计入成本，但暂不作为利益分配的依据。但是，如果出现企业需要将这部分产业的资产进行转让（转卖或出租），就必须经双方同意、法人代表签字，并且转让（转卖或出租）所获收入须按投资比例分成（含前期没有参与分红的那部分资产）。在企业发展到一定程度，企业利润较好有能力按比例分红时，经村企双方协商同意，再按一定比例给村集体分红，作为集体经济收入。这样做的意义有两个方面：一是体现党和政府对乡村及村民实实在在的支持，激励村民发愤图强、团结一心共同建设乡村，实现共同富裕；二是有利于国家投入的积累和对国有资产的保护。

三是村民的投入与利益分配问题。在乡村产业发展过程中，村民的资源主要有三种：第一种是村民承包的耕地、山林等地理空间资源，这是产业发展所需的重要资源，是产业在乡村发展的基本资源。第二种是村民通过劳动生产的初级产品，这是产业发展所需的原材料资源。第三种是村民劳动力资源，这也是产业生产的基本资源，其中还包括村民掌握的传统工艺技术资源等。村民对这三种资源进行深加工提升其附加值，从而获得尽可能多的收益，再通过合理的利益分配机制获得满意的收入。洞下槽村村民的耕地和山地资源一部分以租赁的方式投入企业的茶叶种植基地，按租赁合同直接从企业获得收入；一部分以入股的方式投入企业厂房等必要设施建设，按入股份额在企业分红中获得收益；还有一部分直接通过政府批准转为商业用地的土地，企业按商业用地价格购买，村民通过卖地获得收入。剩余部分耕地或山林资源由村民自己种植茶叶，将采摘的茶叶作为原材料销售到企业从而获得一定的收入。作为劳动力资源的村民，则通过在企业务工获取报酬，或者作为企业公益岗位雇员以工资形式获得利益分配。

2. 明确村集体、村民和企业对产业发展中产权预分配关系的认知和自身的角色定位，进而形成"村企协合"机制

以上三种类型产权的关系问题，实际上是乡村产业振兴中必须解决的产权制度变革问题，也是乡村产业发展中最关键的问题，它既涉及三方主体的利益，也涉及现有国家政策和市场现状，更涉及制度改革与地方文化心理和当地发展基础问题。

从利益上来讲，三方主体都希望获得更多的收入和回报，但投入和参与的方式有区别，甚至区别较大。对于引进或由引进人才创办的企业主体，它们参与乡村建设大致有两个原因：一是地方的优惠政策有利于企业的发展，环境和资源对企业的发展是有益的；二是地方政府的热情邀请和真诚的合作态度感动了投资者，或者投资者对这块土地有深厚的感情基础。洞下槽村现有产业创办的原因均属于后一种。特别是阳家寿同志，心系家乡，几乎是押上自己半辈子外出拼搏所获得的收入，他是带着一份强烈的爱乡情结和社会责任感投资建设家乡的。

村集体代表党和政府履行实施乡村振兴战略的职责，希望通过产业发展，让村民获得更加丰厚的物质财富，从脱贫走向共同富裕，过上幸福的日子。为此，它需要代表两个主体的利益和权益。一是全体村民的利益和权益，它必须时刻关注全村每一户村民的生活和权益；二是村集体本身的利益和权益。村集体作为代表党和政府的集体组织必须通过发展产业壮大村集体的经济实力，将所获经济收入用于全村的公共基础设施优化和提档升级、各项公益事业、处理突发事件，以及调节村内矛盾。

对于乡村产业发展的主体村民来讲，他们希望自己仅有的资产能够通过乡村产业发展产生更大的效益，收获更多的财富，而且能就近谋到更多创收（就业）的机会，让生活一天比一天好。村民与企业之间是彼此独立的主体，相互之间的利益关系是投入、参与、分配，也都希望尽可能获得更多利益。而在实践中村民的部分诉求是通过村集体组织出面协商达成的，村民的参与积极性除了受到利益关系的影响，还会受到村组织及干部的动员、教育、支持的影响。特别是在重大分配制度改革方面，要适应现代乡村产业的持续发展，仅用市场调节是难以实现的。比如，洞下槽村进行的产权分配机制改革，就经历了一个艰苦的过程。

村"两委"在州委驻村工作队的指导下，始终坚持在改革中找思路、在改革中找出路，将农村产权制度改革作为有力抓手，进行了一些有益的尝试。

当地以党建为统领，从学习教育入手，用党的全面领导积极推进洞下槽村的产权制度改革。州委书记，州委副书记，州委政法委书记，州委常委、州政府秘书长及州委办领导先后多次到村进行实地调研，对洞下槽村产权制度改革工作进行指导。恩施市白杨坪镇成立了由镇党委书记任组长，镇党委副书记、镇长任第一副组长，镇党委组织委员任副组长，21个镇直部门主要负责人为成员的镇农村产权制度改革工作领导小组，并对洞下槽村"两委"班子进行调整，阳家寿作为洞下槽村各类企业的代表获得推荐，并被选为洞下槽村党支部副书记，直接参加村支委的领导工作，为村产业发展增添活力，也为改革工作的开展加强了组织和经验保障。

计划安排周密，制定实施方案。2019年2月，州委驻村工作队组织村"两委"及村市场主体代表赴贵州省安顺市塘约村、六盘水市水城县等地就产权制度改革、"三变"改革和基层治理进行了考察学习。2019年6月，按照中央、省、州有关农村集体制度改革实施方案要求，州委驻村工作队与村"两委"一道，立足洞下槽村实际，制定了《恩施市白杨坪镇洞下槽村农村集体产权制度改革工作实施方案（试行）》，对清产核资、成员身份确定、集体资产折股量化及股权管理、工作操作规程等进行细化，并对工作人员进行专题培训，为改革的推进做了一些基础性工作。

实践中经个别走访、分组讨论、反复协商磋商，当地领导班子充分尊重各主体的意见，听取其诉求，再形成各方可以接受又基本符合相关政策法规的解决方案，并根据具体情况对方案进行修改完善，最后达成基本一致的意见。其探究的过程也是对干部和村民进行教育和提升的过程。当然，还有许多工作需要进一步改进和完善。

在实践中当地逐步认识到在乡村产业发展过程中，建立好企业（经济组织）与村集体之间和谐的关系是十分关键的，这其中的核心就是双方都要摆正各自的位置。经过这几年的实践和反复磨合，村集体与企业之间逐步建立起一种"协合"关系，即"村企协合"机制，也就是村集体与各经济组织主体之间应该建立起一种"协同创新、合作共赢"的运行机制。在这个机制中三方都是平等的主体，并发挥各自的创新创造精神与智慧。企业发挥其作为经济组织的市场运行优势和资本运作的灵活性，通过利益激励机制助力产业兴旺，企业用经济分配杠杆激发村民发展产业的热情。企业支持和参与乡村治理与公益事业，以及参与抢险救灾与灾后重建工作，并以此赢得村集体的信任和支持。村集体积极向政府争取政策和资金，加大对企业的扶持力度；利用管辖的地域优势和劳动力优势、村集体的动员力和组织力优势，教育和组织村民积极投身产业发展，帮助企业缓解用工的难题。同时，村集体发挥村民代言人的作用，帮助村民解决与企业之间的分歧甚至矛盾。村集体通过支持和参与企业发展获得相应的经济收入，壮大集体经济实力，提升村集体协调和解决群众特殊困难、应对风险的能力。村民以主人翁的姿态在企业中发挥自己的创造性、主动性，真正融入产业发展，从而获得应有的收益。如此企业、村民和村集体在一种和谐的机制中形成利益共同体。

3. 用良性的协调机制确保各类产业主体公平竞争，以特色取胜

在乡村振兴战略实施的过程中，必然逐步形成多个产业主体同时发展，进而产生竞争的局面，这是一种正常现象。但是如果没有一个很好的运行协调机制，就会产生无序竞争甚至恶性竞争的问题。这其实也是影响乡村产业健康发展的问题。特别是在同类产业组织之间最容易因市场环境和运行机制不完善，导致企业之间不公平竞争或恶性竞争的问题，进而造成市场混乱和社会秩序混乱。洞下槽村也有过失败的教训，比如龙赶湖旅游中心区的多家个体烧烤店，在旅游旺季会出现随意抬价、降价，扰乱正常市场秩序的问题。通过制定一些制度和机制，再加上教育引导，成立个体餐饮联盟、烧烤业考察组等机构，监督商贩的市场经营行为，在一定程度上有助于问题的解决，而且促使社会风气好转，使广大群众得到教育。洞下槽村逐步形成了各产业主体之间公平竞争、诚实守信，用特色和优质的服务赢得顾客，进而获得更好收益的良好局面。

二 产业发展的"产农融合"内部运行机制探索

乡村产业发展利用"产农融合"运行机制，促使乡村的资源活起来、农民动起来，民、企、村三方效益得到有效提升。

（一）"产农融合"的内涵

这里提出"产农融合"的概念，是因为在洞下槽村产业发展的历程中，曾经尝试过的五大产业（茶业、林业、加工业、养殖业、发电业）都因为效益差没能成功。究其原因除了体制机制、环境政策等因素影响外，实际上还有一个重要的原因就是产业发展方式和路径选择不正确。虽然五大产业发展所利用的都是洞下槽村的既有资源，但产业发展遍地开花，没有重点，又缺乏技术支撑和技术创新，因而没能产生规模效应，更没有使村民活跃起来，参与产业发展，成为产业的主人；既有的农业资源没能通过产业增值增效。而除了一部分劳动力外出务工外，承包的农田山林仍是村民们获取收入的重要渠道，农村资源没能发挥增收作用，人们的生活方式没有改变，生活质量也没有多大提高。尤其是没有把农民的主动性、积极性和创造性融入产业发展，所以产业没能实现持续的高质量发展。这些产业必然由于不适应时代的进步和农民的需求而走向失败。而《意见》的出台给洞下槽村的产业发展指明了发展方向和发展路径。

（二）"产农融合"的实践探索

洞下槽村"两委"和州委驻村工作队反复研究，在《意见》的指导下，从本村资源特点出发，拓展乡村的多元价值，从而形成乡村四大功能，即食品保障、生态涵养、休闲体验和文化传承。强化四个融合，即产业与资源融合（产业建立在乡村资源的优势上）、产业与农民融合（使农民成为产业的生力军和人力资源）、产业与销售融合（实现产品与销售一体化）、产品生产与产品服务融合（产品服务于农民生活、社会市场，产业服务于乡村发展）。融合包括自然的、人文的各种资源的创新保护和利用，洞下槽村依托优质茶叶资源、自然生态资源、国家级非物质文化遗产名录项目"恩施灯戏"的传承，以及农民企业家回乡创业，才有了如今的良好局面。在发展过程中，洞下槽村始终围绕农民就业、村民生活与企业发展紧密结合的主题，依托茶叶种植加工及茶叶产品销售、观光旅游业，配套发展民宿、农家乐和农业服务业等类型多样、内容丰富、相互支撑的乡村产业。洞下槽村用当地特色产业吸引农民就近务工，部分周边县（市）外出务工的劳动力可以季节性、阶段性返乡，做好茶园维护和茶叶采摘工作。

（三）"产农融合"的运行效果

"产农融合"的乡村产业格局使产业因农而生、因农而兴；农村因产旺而繁荣，农业因产旺而发展；农民因产旺而乐业、因产旺而增收。如此，农业、农村、农民融为一体、共同发展，这就是本章提出的"产农融合"的内涵。当然，这不是一个完整的概念描述，而是洞下槽村依据自身条件探索出的实践模式。"产农融合"并不是完全排斥城市产业进乡村，在一些特殊的地方和特别时段，为解决村民就近就业问题，也可引进部分加工技术门槛不太高的产业在乡村落户，当地村民经过技术培训后进入企业务工，达到巩固脱贫成果、使农民逐步走向富裕的目标。例如，恩施州宣恩县的易地扶贫搬迁社区——酉水情社区就位于沙道沟镇的松坪村19组，该社区集中安置了来自44个村的1235户4594名贫困村民，其中70%以上是少数民族，多以土家族、苗族为主。该社区占地面积达310亩，是恩施州规模最大的集中安置点。为解决村民就近就业的问题，宣恩县委、县政府引进了准者体育用品有限公司的服装生产项目，总投资达1.1亿元，分3期完成建设。该项目将解决安置点居民500余人的就业问题，人均月工资达4000元，2021年总产值超过2亿元，年创税收1000余万元。大大缓解了易迁群众的就业压力，也巩固了脱贫成果，促进了沙道沟集镇生活消费服务业的发展，改善了乡村面貌。村民不仅成了产业工人，还成了"新市民"。这样的产业为村民的生活带来了福音，与农村发展融为一体。当地干部和村民都很欢迎这样的产业。这也是乡村产业发展可以借鉴的经验。事实上，在恩施州境内跨村搬迁安置点，特别是跨乡镇搬迁集中安置点，也都有类似的成功案例，如巴东县的罗溪坝社区、晴帆园社区；恩施州咸丰县坪坝营村安置点等，都是通过发展产业解决了困难户的就业问题。产业建在安置点上，与住户很近。当地农民经过短时间培训就可以上岗，获得收入，随着农民技术熟练程度的提高，其收入逐步提高，进而实现农民增收致富。安置点所在农村也随着服务业的不断扩大和文化生活的不断丰富逐步繁荣起来。只不过这种类型的产业对当地农业的促进力度相对小一些，当地农产品只能满足当地农民的生活需要，而易迁农民的原有耕地或山林资源还得通过其他方式或途径实现开发。总之，"产农融合"的核心是要通过发展相关产业，使农业兴起来，农村活起来，农民忙起来、富起来！

三　助力产业发展的"五治结合"社会治理机制探索

"保平安、建乡情、助团结、守自觉、凝共识、促发展"，这是洞下槽村在乡村振兴战略实施过程中，加强乡村社会治理创新探索遵循的基本理念，正向着"五治结合"的治理机制深入发展。

（一）"五治结合"的内容

所谓五治结合是指"自治、德治、法治、智治和共治"的有机结合，具体而言，就是"村民自治、法规制治、道德化治、智能辅治、多元共治"的有机结合。

"五治结合"实际上体现了新中国成立以来，我国社会治理的发展历程。我国社会治理总体经历了四个阶段：第一阶段是政府管制阶段（1949~1978年），这一阶段以单位为载体进行社会管理，国家采取基本控制措施管理人口流动，尤其是控制农村人口向城市流动。第二阶段是社会管控阶段（1979～2002年），这一阶段由于改革开放带来的社会转型，使单位的作用逐步减弱，由此社会建设进入社会管控阶段。第三阶段是社会管理阶段（2003～2011年），随着党的十六届四中全会上首次提出要"建立健全党委领导、政府负责、社会协同、公众参与"的社会管理格局，社会建设进入社会管理阶段。第四阶段是社会治理阶段（2012年至今），自党的十八大以来，特别是十八届三中全会公布的《中共中央关于全面深化改革若干重大问题的决定》指出"要完善和发展中国特色社会主义制度，推进国家治理体系和治理能力现代化"，并提出"加快形成科学有效的社会治理体制"，由此社会建设进入社会治理阶段。①

在第四阶段，"三治"体系逐步形成，即"自治、德治、法治"，亦有学者提出"三治融合"模式；在继续实践创新探索的过程中，随着信息化、智能化的发展及其应用领域的拓展，信息技术将在社会治理中发挥重要的支撑作用，大大提高了社会治理的效率和效果，信息化、智能化在社会治理中的应用被称为社会治理的"智治"。随着社会治理实践探索的深入，人们进一步认识到，一个区域或社区内（包括乡村区域内）的各个组成部分，都必须被动员起来积极参与该区域的社会治理，形成合力，发挥各自的作用，只有这样才能不留死角，进行区域全方位的治理，实现共建共治共享，进而收到更好的效果。因此，"多元共治"和"共建共治共享"的概念逐步形成。

我国农村通过家庭联产承包责任制改革解放了农民的思想，从农村集体经济走向人口流动于城乡之间的市场经济，部分农民开始解决温饱（脱贫）问题；乡村开始出现空心化现象，乡村社会结构发生巨变，原有的乡村生活已不复存在。所以，有学者认为乡村振兴的核心是重建乡村生活。②另外，要重建乡村生活就必须在促进产业兴旺、经济发展的同时，加强

---

① 卢春龙：《新中国70年社会治理之回顾与新时代展望》，《学习与探索》2019年第10期。
② 王晓毅：《重建乡村生活实现乡村振兴》，《华中师范大学学报》（人文社会科学版）2019年第1期。

乡村的社会治理，加快乡村社会发展步伐，使之与乡村经济发展同步。要用系统论的观点统筹乡村振兴战略的实施。因而笔者提出，新时代乡村振兴要用"五治结合"来落实乡村社会治理，用社会治理促进乡村社会建设，推动乡村经济与乡村社会协调发展，全面促进乡村的高质量发展。

(二)"五治结合"的必要性

从"五治"的发展脉络来看，"五治"正是社会发展在各个阶段依据实际需要而适时提出的。这从历史的角度说明了"五治"中的每一"治"都是必要的，现在要阐明的是"五治结合"的必要性和怎样结合的问题。也就是要从乡村振兴战略的实施角度去认识"五治结合"的必要性。

现在的乡村社会结构发生了重大变化，城乡人员的大流动和乡村生产生活方式的大变化，以及乡村城镇化发展、乡镇产业和服务业发展、易地扶贫搬迁安置等，使乡村社会结构从传统的单一农业生产发展为多主体（部门）、多行业的以群体为单位的多元发展模式。这些群体或许与村"两委"的联系并不密切，但从社会治理的对象和要素来看，它们属于村域范围内治理的对象。虽然它们给乡村带来了活力，但由于各类群体的人员素质不一，这给乡村社会治理带来了挑战，各种复杂的现象和新问题的出现迫使乡村必须将"五治"有机结合，用"五治结合"的治理体系推进乡村社会建设，实现乡村社会结构调整，进而为乡村产业发展提供一个与之相适应的新型乡村社会保障结构。党的十七大报告指出"社会建设与人民幸福安康息息相关，必须在经济发展的基础上，更加注重社会建设，着力保障和改善民生，推进社会体制改革，扩大公共服务，完善社会管理，促进社会公平正义，努力使全体人民学有所教、劳有所得、病有所医、老有所养、住有所居，推动建设和谐社会"。[①] 这些内容正是现有乡村社会需要重点关注的问题，要通过"五治结合"社会治理

————

① 胡锦涛：《高举中国特色社会主义伟大旗帜 为夺取全面建设小康社会新胜利而奋斗》，人民出版社，2007。

体系的有效实施，扎实推进乡村社会结构调整。因为，抓住社会结构调整就抓住了社会建设的核心。[①] 社会结构和经济结构是一个国家或地区的两个最基本的结构。在经济社会发展的过程中，我国社会结构发展滞后于经济结构发展。这种社会结构发展滞后的后果是当前中国存在诸多社会矛盾问题的重要原因。这 10 余年的实践也证明了加快城市社会治理，促进社会结构调整，更加有利于经济的高质量发展。因此，笔者认为，乡村振兴应在系统论观点的指导下，推动农村进一步完善多元共治机制，要用制度保障"五治结合"的五个要素之间相互支撑、有机衔接，在一个统一的体系中实现良性运行。只有"五治结合"机制的良好运行，才能建设好和谐的乡村社会秩序，才能全面推进乡村振兴，实现国家乡村振兴的目标。

（三）"五治结合"需要扎实推进的四项工作

第一，充分发挥党建的社会动员力和凝聚力，调动和激发村民建设美好家园的主动性、创造性和自觉性，并将其组织起来，形成乡村社会自治的良性运行机制。根据目前的情况，若要使村民自治在乡村社会发展中真正发挥主体作用还必须加强三点：一是发掘、引进、教育、培养乡贤等各类人才，使这些人才明确自己的作用、义务和责任，建立好人才的组织体系，充分发挥人才的影响力，使之为乡村社会治理做出贡献。就目前的情况来看，现有的乡村人才的各项素质都有待提升，特别是在把握上级政策、化解矛盾的工作方法、处理纠纷方面，需要对他们加强教育和培训。二是建立起民间调解各方纠纷和矛盾的社会组织，并充分发挥其作用。三是开展全体村民的爱村治村自觉行动教育，调动起全体村民的积极性，让他们共同参与美好家园的建设。

第二，狠抓文明乡风建设，将法治教育与道德教育相结合，构建有效的教育平台和教育机制，构建起精神文明建设及法治教育机制；以《中华人民共和国乡村振兴促进法》为基本内容，加强对全村干部村民的

---

① 陆学艺：《当代中国社会结构》，社会科学文献出版社，2010。

普法教育，要让村民懂得用法律来规范自己的行为，从而更好地建设法治乡村。用法治思想和优良道德提高村民自治的自觉意识，逐步形成一种爱护生态、守护和谐、守望相助的乡村文明新风尚，让这种新风尚成为重建乡村美好生活的内在精神动力。

第三，完善乡村信息网络，让信息网络在乡村社会治理中发挥更大的作用，在各种突发和应急事件的预警、防范和处理中得到更好运用，提高乡村社会工作实效；对村民的生活、交往、交流、交融提供更加方便的网络信息平台与途径。同时，为密切干部与群众之间的联系提供更加便捷的沟通渠道。整体推进乡村治理现代化，从而助力实现农村现代化。

第四，完善的多元共治体制机制是乡村社会治理体系的基本治理结构和基本运行方式。随着乡村产业的不断深入发展、易地扶贫搬迁工作的收官，以及城乡人口流动不断加速，乡村的社会结构发生了很大的变化。传统乡村中农民的经济生活同质化以及流动交往方式的同质化等特征已基本改变，多类型经济组织、多类型农民个体，以及各种乡村域内独立的单位或企业等形成了除村集体外的其他类型主体，还可能有与村无任何直接关系（即只有属地关系）的主体（群体），要使乡村社会治理真正落到实处，就必须按区域治理的思路，在多元主体类型中实行属地区域大统一机制，加强和发挥党组织的凝聚力、领导力和组织力。可以借鉴"大党委"机制经验，由"大党委"统筹协调，制定多元主体职责明确、共同参与乡村社会治理的公约和条例，并自觉遵守。形成多元共治、共建共享的良性运行机制。多元共治要把握的重点是调动和整合辖区内所有力量，村民以主人翁的精神参与乡村社会治理，承担义务和责任。具体措施：首先，厘清辖区多元主体，优化治理结构；其次，建构多元共治的运行体制机制；再次，发挥村民自治委员会的主导作用，落实乡村社区工作人员的职责和社区组织的职能；最后，充分调动乡村社会组织的积极性、创新性。

洞下槽村社会治理也在多元共治方面形成了自己的有效经验。该村随着乡村产业的不断发展和繁荣，不仅形成了多个经济组织，还建立了部分社会组织，如白杨坪镇养老福利院、恩施州电信技术培训和演练基地等。所以，实行以党建为引领的社会治理模式，不断完善该村社会治理"多元共治"的运行机制是必要的。当地通过建立乡村村民自治理事会，要求各主体有党员参与理事会，并按各行业主体设立各个分小组，划分责任范围和明确任务，由理事会负责治理行动和督促检查与评价工作，取得了较好的效果。

四　强化党建"五力"，引领"一统三合"良性运行

（一）党建引领"五力"的内涵

笔者认为，乡村振兴战略的实施，必须强化党建引领的"五力"，即"政治保障力、社会动员力、核心凝聚力、全面领导力、党员和党组织的公信力"。

党的十九大报告指出，中国特色社会主义的最本质特征是坚持中国共产党领导，中国特色社会主义制度的最大优势是中国共产党领导。历史的经验证实了在中国，只要加强党的建设和党组织的正确领导，无论多么巨大、多么艰难的事情，都一定能够不断向前推进，直至实现既定目标。

乡村振兴战略的实施是一个复杂的、长期的系统工程，要达到"产业兴旺、生态宜居、乡风文明、治理有效、生活富裕"的总要求，必须以党建为统领全面推进乡村振兴战略。所谓乡村振兴中的党建统领内涵包括以下三个方面。一是党的建设的政治引领，即党组织和党员要用党的思想和路线引领乡村振兴的政治方向。二是落实党组织对乡村振兴全面集中的统一领导。三是乡村基层党组织及其党员应以其应有的精神风貌走在乡村振兴各项工作的最前线，带领广大村民积极投身于乡村振兴各项实际工作，并做出应有的贡献。

（二）党建统领是乡村振兴战略实施的根本要求和必然选择

乡村振兴战略是党的十九大提出并写入《中国共产党章程》的重大战略部署，充分体现了党中央的战略意图和全党的共同意志，是全面建设社会主义现代化强国的重大历史任务；也是关系到践行党的宗旨，落实人民至上理念的重大任务。所以加强党对乡村振兴各项工作的全面领导，是乡村振兴战略实施的根本要求。另外，乡村振兴是一个长期的、复杂的系统工程。只有在党的坚强领导和指导下，才能总揽全局、协调各方，并在巩固脱贫攻坚成果中稳步实现乡村振兴。

（三）乡村振兴党建统领必须抓好五件事

一是建立健全村"两委"班子，不断加强和完善"两委"班子建设。首先必须在上级党委的领导下配备和选举村党支部书记及支部成员，再依法选出村主任和村委会成员。村"两委"的产生需要合章合法，确保党对村的集中统一领导落到实处，实现党对村各项事业的全面领导。确保党员的先进性发挥作用，加强对村"两委"班子成员，特别是对村支部书记和村主任的培养，提升干部的认识和决策能力、执行能力。既要鼓励其开拓创新、敢于担当，又要督促其脚踏实地、讲求实效，真正服务于民。既要防止独断专行的工作作风，又要杜绝慵懒、涣散的履职行为。

二是科学决策、民主决策。要在深入分析村情后，根据乡村振兴的目标要求，做好顶层设计和制度规划。建立科学决策和民主决策机制、运行反思机制和干群共商共治机制。

三是协调村集体、村各经济组织与村民个体之间的关系，处理好行政干预与市场调节之间的关系，创新构建多元协同共赢的良性发展体制机制及运行模式。产业兴旺是乡村振兴的核心内容，但产业兴旺需要有良好的乡村产业发展环境，要处理好产、权、利，行政与产业，集体与个人，农产资源特色与多元开发供应等关系。在保证乡村集体和村民的生产生活资源不流失的情况下，发挥各类资源的最大效益，使村民们获得最大实惠。要在党组织的支持和监督下，建立起多元认同的运行机制。

四是重建乡村生活，构建新时代美丽乡村。在狠抓经济发展的同时，狠抓文明乡风建设，促进社会稳定和谐。

五是通过党的建设，发挥党组织和党员的六大作用，即党组织的政治堡垒作用、党员的旗帜作用、凝聚力作用、主心骨作用、贴心人作用、领头雁作用。

第四节　"一统三合"实践模式的社会学分析

"一统三合"是洞下槽村作为恩施州首批乡村振兴示范村，在州、市、镇、村各级党组织的领导下，在乡村振兴战略实施的实践中探索出的一种行动模式。这种模式从抓经济发展入手。因为洞下槽村刚进入乡村振兴示范村建设阶段，所以要在巩固脱贫成果的基础上，寻找振兴之路。只有把乡村产业发展放在首位，不断提升村民收入，才能确保该村不再返贫，才能使村民们有实施乡村振兴战略的信心和决心，才能使已经取得的脱贫攻坚成果与乡村振兴战略实施有效衔接。笔者在之前的部分从洞下槽村探索实践的角度入手，阐述了"一统三合"的内容、现实意义和实践效果。但作为一种经验模式，笔者最后试图用中国特色社会学的社会运行论理论进行理性分析。

一　党建统领是"一统三合"实践模式的政治保障和组织保障

坚持党建统领，将党对乡村振兴工作的全面领导落到实处，"一统三合"实践模式一定会在实践探索中不断完善，并成为推动新时代乡村振兴工作的重要模式之一。

中国共产党是中华人民共和国的领导核心，是全世界最坚定、最强大的执政党，是唯一全心全意为人民谋利益的马克思主义政党。中国共产党团结带领全国各族人民建立了新中国，并在一穷二白的土地上创建了中国特色社会主义道路和制度，正逐步迈向社会主义现代化强国。党建统领乡村振兴，必然将乡村振兴战略的实施建立在一切为了人民的利益之上，让更多人民群众真正享受到国家进步的成果，享受到美好乡村的幸福生活。"一统三合"实践模式是在结合乡村实际，充分结合一线群众和各级相关干部智慧的情况下，通过实践探究出来的，既符合当地实际，也符合国家相关政策，并产生了切实的效果，提升了村民的利益，增加了村民的实惠，乡村面貌也发生了巨大变化，让村民们看到了希望，也坚定了干部和村民的信心。因此，"一统三合"已具备了作为一种实践经验的典型性。当然，在党的领导下，"一统三合"模式会继续根据实际需要进行改进和完善。中国共产党百年历史已经用无数事实证明：只要坚定不移地坚持党的全面领导，健全坚强的政治和组织保障体系；坚定不移地贯彻党的方针和战略决策，并不断创新前进，就没有不能战胜的困难，乡村振兴战略的伟大目标就一定能够如期实现；人民向往的美丽幸福的乡村社会就一定能够建成。

二　"村企协合"是乡村产业运行的机制

"村企协合"是实现民、企、村互利互信，共同创新推动新时代乡村高质量发展的良性运行机制。

"村企协合"的本质是一种制度改革，它是发挥企业市场优势和创新精神的一种现代企业管理机制；它建立起民、企、村三者之间平等（包括权力平等、地位平等）、协同、创新、合作、共赢（共享）运行的机制，首先削弱村集体对企业的管控权，强调企业与村集体是代表不同权益的两个相对独立的主体，充分体现了党和政府对企业的高度重视，它确立了民营企业与国有企业和集体企业同等重要的基本立场和态度，给乡村企业发展提供了足够的发展空间和政策优惠环境，使企业及其经营者得到应有的尊重，从而激发了企业及其经营者的积极性，进一步增强了产业高质量发展的信心。村、企的协调度高，自然加深了企业与村集体、企业与村民感情的融合。乡村的社会关系变得更加和谐，乡情更加浓厚；企业、村民和村集体三方各自发挥其优势，发挥其主动性和创造性，使企业更具有生机与活力，效益不断得到提升，三方的获得感都得到了实质性的提升。在村、企之间实施协同创新、合作共赢的"村企协合"运行机制，是促使乡村企业实现高质量发展的良性运行机制。

三 "产农融合"是激发产业发展内生动力的内部良性机制

"产农融合"使得乡村及其村民具有的农业资源得到有效利用，村民获得了更多就近就业的机会，获得了应有的经济效益，并且解决了农村家庭老人照料和孩子上学的问题，村民减少了外出务工的奔波；村民融入乡村产业，家庭生活水平也得以不断提高。这一切得到了村民的高度认同，村民的归属感不断增强，以村为荣的自豪感也得到了提升，还强化了村民对建设美好乡村家园的自信心、主动性和责任感。"产农融合"的发展方式也坚定了村民们扎根乡村发展的决心。这不仅有利于乡村人口的稳定，增强乡村的生机与活力，也促进了乡村的繁荣。在"产农融合"的机制下，民、企、村形成的利益共同体必然发展成为乡村共同体建设的重要支撑。因此，"产农融合"促进了乡村产业发展和社会发展，是一种乡村社会运行的良性机制。

四 "五治结合"机制是乡村产业发展的保障

"五治结合"的乡村社会治理机制，保障了产业建设和社会建设协调发展。"村企协合"和"产农融合"分别是关于乡村产业发展的外部、内部运行机制。前者是实现村集体组织与企业组织之间权利平衡和协调合作的机制，其内涵是"协同创新，合作共赢"；后者是涉农产业发展的内部运行机制。这两个机制为产业发展提供了基本规范。这个规范实际上也为产业发展中的利益分配问题提供了需要遵循的制度，那就是在党组织的统一领导下，推行"协同民主、合作共赢"的民主协调制度，做到公正、公平、公开，确保民、企、村三方利益分配合理合法合情。然而，要使乡村产业实现高质量发展就必须创造一个和谐、平安、团结、公平、法治的社会环境，而"五治结合"的机制不仅提升了社会建设和社会治理水平，还可确保"村企协合"与"产农融合"机制发挥出更大的作用。

强化"五治结合"，把乡村的村民自治能力提高到一个新的水平，增强村民的自主意识、公共意识、群体意识、互帮互助精神和相互守望精神；提升村民的法治意识、公约意识、纪律意识以及自律意识；提升村民的文明素质，以及爱乡的自觉性，不断提升乡村社会治理的内生动力，不断推进社会治理创新；通过"五治结合"推进社会治理的信息化、智能化和数字化建设与应用，从而进一步提高乡村社会治理现代化水平和治理效果。"五治结合"使整个"一统三合"机制更加完善，对推动乡村整体文明进步具有重要意义。随着社会发展加速、社会流动加快，乡村社会结构发生深刻变化，也给社会治理带来了挑战，只有通过"五治结合"将各种类型的组织或个人通过一定的形式和机制，组织动员起来参与乡村的社会治理，才能更加准确及时地处理好乡村社会运行中的突发事件，发挥各方面的优势，调解好各类矛盾，让乡村社会更加和谐，使社会治理不留死角。所以"五治结合"正是解决这一问题最有力的运行机制。总之，将"五治"有机结合起来，既有利于推动乡村社会治理，也为乡村振兴"一统三合"模式的良性运行提供了重要的支撑。

五　"一统三合"是乡村振兴战略实施的制度创新

推动"一统三合"机制的创新实践进一步说明，正确把握"制度创新"是推动乡村全面振兴发展的关键。

"一统三合"是恩施州乡村振兴示范村——洞下槽村实践探索的一种概括表述。它构成了一种有效的乡村振兴战略实施架构。这个架构的顶层是"党建统领",按"两条主线"发展：一是经济发展，二是社会发展，经济与社会要"协调发展"。经济发展的路径是"发展产业"，产业发展的外部机制是"村企协合"，产业发展的内部机制是"产农融合"；社会发展的路径是"乡村社会治理"，乡村社会治理的创新在于"五治结合"。这个模式的主要意义在于"制度创新"，这些制度除了表面的"村企协合""产农融合""五治结合"外，其中还蕴含产权与分配制度的变革、乡村精神文明建设水平的提升，是新时代乡村振兴战略实施的一种有益探索。

　　总之，本章提出的乡村振兴"一统三合"实践探索模式，只是全国众多乡村振兴示范村实践模式的一种，无论是从实践探索时间上还是经验的检验程度上，以及笔者总结论述的深度上，都有待进一步深化与提升。乡村振兴战略实施是一个长期的过程，"一统三合"模式也需要在实践中不断完善，在理论阐释上也需要进一步深入研究和提炼。

参考文献：

[1] 习近平：《习近平谈治国理政》（第一卷，第二卷），人民出版社，2023。

[2] 胡锦涛：《高举中国特色社会主义伟大旗帜 为夺取全面建设小康社会新胜利而奋斗》，人民出版社，2007。

[3] 陆学艺：《当代中国社会结构》，社会科学文献出版社，2010。

[4] 郑杭生：《郑杭生自选集》，学习出版社，2013。

[5] 郑杭生：《社会学概论新修》（第五版），中国人民大学出版社，2019。

[6] 郑杭生、杨敏：《和谐社区建设的理论与实践——以郑州市实地调查为例的河南特色分析》，党建读物出版社，2008。

[7] 李培林：《村落的终结：羊城村的故事》，商务印书馆，2004。

[8] 李培林：《大变革：农民工与中产阶层》，中国社会科学出版社，2019。

[9] 陆益龙：《百年中国农村发展的社会学回眸》，《中国社会科学》2021年第7期。

[10] 陆益龙：《乡村振兴要做好农民工工作》，《中国社会科学报》，2019年9月

25 日。

［11］卢春龙：《新中国 70 年社会治理之回顾与新时代展望》，《学习与探索》2019 年第 10 期。

［12］王晓毅：《重建乡村生活实现乡村振兴》，《华中师范大学学报》（人文社会科学版）2019 年第 1 期。

［13］王曙光：《易迁扶贫搬迁的意义与约束条件》，转自王曙光《易地扶贫搬迁与反贫困：广西模式研究》，载《西部论坛》2019 年第 1 期。

后 记

　　本书是笔者作为课题负责人和首席专家承担的湖北省人文社科重点研究基地——三峡大学区域社会管理创新与发展研究中心2020年度开放基金重大委托项目课题"武陵民族地区易地扶贫安置社区的社会治理研究"（项目编号：2020 – SDSG – 01）的最终成果，我们的这项研究历时近4年，遭遇了新冠疫情的冲击，也遇到许多无法言表的困难。但最终我们完成了！我们成功了！此时此刻，我感受到的是研究过程中学者之间无私无忌的交流与讨论、真诚支持与合作的团队精神给人带来的温暖和幸福，合作的成功加深了我们的友情。

　　这项研究工作开始于恩施州巴东县。2018年，笔者招收了一名公共管理专业的在职研究生黎同学。考虑到她毕业论文的选题，我提出去她工作的地方见一下她的领导顺便考察一下巴东县的社会治理情况。黎同学的领导王国玮（时任巴东县委副书记、县政法委书记）曾任我的老家恩施市白杨坪乡（后更名为白杨坪镇）的党委书记，那个时候我们就已经很熟悉了。所以，在调研期间我们受到他的热情接待和大力支持，当我们提出想在巴东县调查脱贫攻坚的易地扶贫搬迁实施情况时，他当即表示同意。巴东县因此成为本课题实地调研的第一个县。2020年课题立项后，我们团队就去了巴东县，与相关县职能部门负责人进行了热情的交谈，还去县城附近的一个易迁安置小区现场考察。由此，我们开始对巴东县进行初步考察。通过此次考察我们了解到，巴东县其实不仅取得了脱贫攻坚的全面胜利，而且在易地扶贫搬迁工作方面有许多创新实践成果和经验。在当地干部的建议下，我们调整和完善了课题调研的全面计划和日程安排，开始进行实地全面调查。

我们先后去了恩施州人民政府，得到了相关领导的大力支持和直接指导，我们在副州长田金培同志（现任恩施州党委常委、统战部部长）的帮助下，联系到了州扶贫办主任（州乡村振兴局局长）向超同志，经过向主任的周密安排和协调，访谈对象已经提前按我们之前发来的调研函和调研座谈会提纲与要求做了充足的准备。座谈会由州人民政府副州长曾凡胜同志主持，近3个小时的热烈交谈使我们收获满满，十分愉快。此次座谈会结束后，课题组成员相继去了（有时是分组去、有时是集中去）恩施州8县（市）以及周边的湖南省龙山县和重庆市黔江区，所到之处都得到了当地领导的重视和支持，其中部分地区去的次数相对多一些。有个别地区因其他原因没能深入实地考察，依据当地相关职能部门提供的比较详细的资料，对当地有了一定的了解，同时在电话里与当地领导进行了一定的沟通。所有这些支持都使我们的调查研究收到满意的效果。

首先我感谢恩施州各级领导对这项研究的重视和大力支持，更感动于他们在脱贫攻坚中克难奋进的精神；他们将一切为了人民的重要思想内化于心、落实于行，把每一个易迁群众的利益落到实处；他们为解决好易迁群众的困难不惜牺牲自己的利益，如巴东县罗溪坝社区党支部书记兼主任钱贤坤为解决易迁群众的菜园子问题，不惜从自己承包的土地中划出1亩地无偿分给易迁群众，这让易迁群众感受到当地党员干部的先进性和当地原住居民的热情与关怀，也提升了易迁群众的归属感和融入感。曾经在易迁群体中有一户人家的老人去世，该户人家没条件也没人力张罗丧葬事宜，钱书记就带头组织社区干部、党员和部分群众帮助其办理，还亲自帮忙将逝世老人安葬好。此类事迹深深地感动了易迁群众，其精神也在社区产生了重要影响，也让社区群众感受到了当地干部的真诚与热情，心里也更愿意留居在易迁社区。

笔者还感动于一些支持乡村产业发展的优秀企业家的爱农精神、爱乡情怀和反对贫困、推动乡村发展的壮举。洞下槽村的阳家寿同志就是其中的优秀代表。进入全国脱贫攻坚阶段，白杨坪镇党委书记等人找到阳家寿，这时的他已经是远近闻名的企业家了，书中第八章中谈到了他的义举。他首先提出给建档立卡贫困户每户5万元的扶贫支持资金，接着又干脆应邀回洞下槽村开办企业，发展特色产业，拿出自己通过创业获得的大部分家当回乡创业，先后已投资近1亿元，为洞下槽村的特色产业发展做出了重要贡献。他是一个有思想、有办法、有胆略、有担当的优秀企业家，当地干部群众特别感谢他，研究人员也被他的事迹深深感动。

在恩施州，类似的感人故事还有很多，这里也无法尽述。建议读者可以以旅游观光和休闲休假的方式到已经发生翻天覆地变化的美丽如画的恩施州境内去感受和体验。恩施州人民真诚欢迎您！

在后记结束前，笔者还要代表全体研究人员表达对相关领导和同志的感激之情。他们是恩施州原州委书记柯俊同志①，州长刘芳震同志，恩施州委常委、州政府秘书长郑开国同志，州委常委、统战部部长田金培同志，州人民政府副州长曾凡胜同志，副秘书长、办公室主任匡乐轩同志（现为二级巡视员），州扶贫办（乡村振兴局）主任（局长）向超同志。并感谢州发改委及易迁办、州民政局、州人社局、州政法委、州文明办、州民委、州文旅局等州职能部门负责人给予的大力支持。感谢恩施州各县（市）的相关领导：巴东县委书记单艳平，县长郭玲，副书记王国玮、谭若峰，县政法委副书记陈雷，巴东县沿渡河镇两任书记黄祖贵和贾阳刚②

---

① 有一次我们正在巴东县调研时，秘书长郑开国刚陪同柯俊书记在该县看望前来视察的国家和省有关领导，得知我们正在巴东县调研，郑开国打电话向我转告了柯书记对我们的问候和关怀，还给了相当好的指导性意见，让我们很受感动和鼓舞。柯俊同志2021年4月升任湖北省副省长，现任河北省委常委、省委组织部部长。

② 巴东县几个领导都有晋升：单艳平任恩施州委常委、州政府秘书长，郭玲任咸丰县委书记，王国玮任恩施州政府副秘书长兼州信访局局长，谭若峰任恩施州住建局局长，黄祖贵任巴东县副县长。

以及巴东县政府各职能部门及其工作人员；恩施市常务副市长刘涛同志，市政府办公室副主任谭松涛同志及其相关职能部门工作人员，白杨坪镇两任党委书记张金元同志、陈坦同志，副书记邹平安同志以及洞下槽村第一书记谭剑同志等；还有恩施市芭蕉乡党委书记朱永恒同志；宣恩县委书记习覃同志，常务副县长邵爱华同志，副县长段小鹏同志，宣恩县沙道沟镇党委书记孟友顺同志，以及酉水情社区书记等；咸丰县委副书记李娟同志，副县长来国红同志以及相关职能部门负责人；来凤县委书记李伟同志，常务副县长刘志煌同志，副县长柯长仁同志，县政府办公室副主任李斌同志，以及来凤县漫水乡乡长冯婷同志等；建始县发改局副局长许远康同志及县政府相关部门工作人员等；鹤峰县人大副主任熊敏同志和县政府办公室负责人；利川市副市长朱廷辉同志及政府相关职能部门工作人员等；重庆市黔江区政协副主席王稀晖同志及相关部门负责人；湖南省龙山县副县长张高振同志以及各职能部门负责人。还有各县（市）相关乡镇和安置点等单位负责人、受访群众。感谢他们为本次调研提供了极大的帮助和支持。在此，笔者要代表课题组全体成员对他们的帮助和指导表示衷心的感谢。

　　本课题的研究虽然已经结束，但由于我们的水平和能力有限，可能还有许多不足，对有些问题的研究还不够全面和透彻，对有些地方创造的成就、经验和精神概括得不够准确。请相关领导批评、指正，也请大家包容和谅解。

谭志松
2023 年 10 月 18 日

图书在版编目（CIP）数据

易迁安置区域的治理与发展研究：以恩施州实地调
查为例 / 谭志松等著. -- 北京：社会科学文献出版社，
2024.3

ISBN 978 - 7 - 5228 - 3556 - 3

Ⅰ.①易⋯ Ⅱ.①谭⋯ Ⅲ.①不发达地区 - 扶贫 - 移
民 - 研究 - 恩施土家族苗族自治州 Ⅳ.①D632.4
②F126

中国国家版本馆 CIP 数据核字（2024）第 077762 号

易迁安置区域的治理与发展研究
——以恩施州实地调查为例

著　　者／谭志松　胡孝红 等

出 版 人／冀祥德
责任编辑／徐崇阳
责任印制／王京美

出　　版／社会科学文献出版社・生态文明分社（010）59367143
　　　　　地址：北京市北三环中路甲 29 号院华龙大厦　邮编：100029
　　　　　网址：www. ssap. com. cn
发　　行／社会科学文献出版社（010）59367028
印　　装／三河市龙林印务有限公司

规　　格／开 本：787mm × 1092mm　1/16
　　　　　印 张：18　字 数：249 千字
版　　次／2024 年 3 月第 1 版　2024 年 3 月第 1 次印刷
书　　号／ISBN 978 - 7 - 5228 - 3556 - 3
定　　价／88.00 元

读者服务电话：4008918866